VOLKER GIENCKE

Projekte / Projects

Mit einem Essay von /
With an essay by
Roger Connah

SpringerWienNewYork

Das Werk ist urheberrechtlich geschützt.
Die dadurch begründeten Rechte, insbesondere die der Übersetzung,
des Nachdruckes, der Entnahme von Abbildungen, der Funksendung,
der Wiedergabe auf photomechanischem oder ähnlichem Wege und
der Speicherung in Datenverarbeitungsanlagen, bleiben, auch bei nur
auszugsweiser Verwertung, vorbehalten.

© 2001 Springer-Verlag/ Wien
Printed in Slovenia

Gestaltung / Layout: Doris Fritz
Luzie Giencke, Michael Neubacher

Cover: Gewächshäuser im Botanischen Garten der
Universität Graz, Foto Hans Georg Tropper

Übersetzung ins Englische: Karl Thomanek
Übersetzung ins Deutsche: Marie-Therese Pitner, Susanna Grabmayr

Reproduktion: Grasl Druck & Neue Medien, A-2540 Bad Vöslau
Druck: Gorenjski Tisk, Kranj, Slovenia

Gedruckt auf säurefreiem, chlorfrei gebleichtem Papier - TCF
SPIN: 10780092

Die Deutsche Bibliothek – CIP-Einheitsaufnahme
Ein Titeldatensatz für diese Publikation ist bei
Der Deutschen Bibliothek erhältlich

Mit zahlreichen (teilweise farbigen) Abbildungen

homepage Atelier Giencke: http://www.giencke.com

ISBN 3-211-83554-7 Springer-Verlag Wien New York

Inhalt		Contents	
Essay Roger Connah	7	Essay Roger Connah	7
"Odörfer", Klagenfurt	20	"Odörfer" Klagenfurt	20
Abtei Seckau, Steiermark	32	Abbey of Seckau, Styria	32
Verwaltungsgebäude, Bozen	42	Administration Building, Bolzano	42
Music Center 1+2, Helsinki	43	Music Center 1+2, Helsinki	43
Hotel "Speicher Barth", Ostsee	50	Hotel "Speicher Barth", Baltic Sea	50
Kirche in Aigen im Ennstal, Steiermark	60	Church of Aigen, Styria	60
Hypo-Bank, Klagenfurt	72	Hypo-Bank Headquarters, Klagenfurt	72
Haus Benedek, Graz	76	Benedek House, Graz	76
Hörsaal – Architekturfakultät Universität Innsbruck	80	Lecture Hall –University of Innsbruck School of Architecture	80
Rhodarium Bremen	84	Rhodarium Bremen	84
Wohnbau "Carl-Spitzweg-Gasse", Graz	90	Residential Housing "Carl-Spitzweg-Gasse", Graz	90
"Rote Bühne", Graz	100	"Red Stage", Graz	100
Doppelturnhalle BRG Kepler, Graz	104	Double Gymnasium – Kepler Secondary School, Graz	104
EXPO '92 – Österreichischer Pavillon, Sevilla	112	EXPO '92 – Austrian Pavilion, Seville	112
STEWEAG, Graz	118	STEWEAG, Graz	118
"EGON" – Überdachung Hauptbahnhof Helsinki	120	"EGON" – Roofing, Helsinki Central Station	120
Landeskrankenhaus Hartberg, Steiermark	124	Hartberg Hospital, Styria	124
"Beyond Bjorvika" – Neue Oper Oslo	126	"Beyond Bjorvika" – New Opera House Oslo	126
Universität Brixen	134	University of Bressanone	134
Mega-BauMax, Klagenfurt	136	Mega-BauMax, Klagefurt	136
Landesarchiv Kärnten, Klagenfurt	144	Archives of Carinthia, Klagenfurt	144
Mega-BauMax, Graz	146	Mega-BauMax, Graz	146
Landeskrankenhaus Bregenz	148	Bregenz Hospital	148
Gewächshäuser Botanischer Garten der Universität Graz	150	Glass Houses for the Botanical Garden – University of Graz	150
Biographie	162	Biography	162
Bibliographie	163	Bibliography	163
Werkverzeichnis	168	List of Projects	168
Mitarbeiter	173	Assistants	173
Dank	175	Credits	175

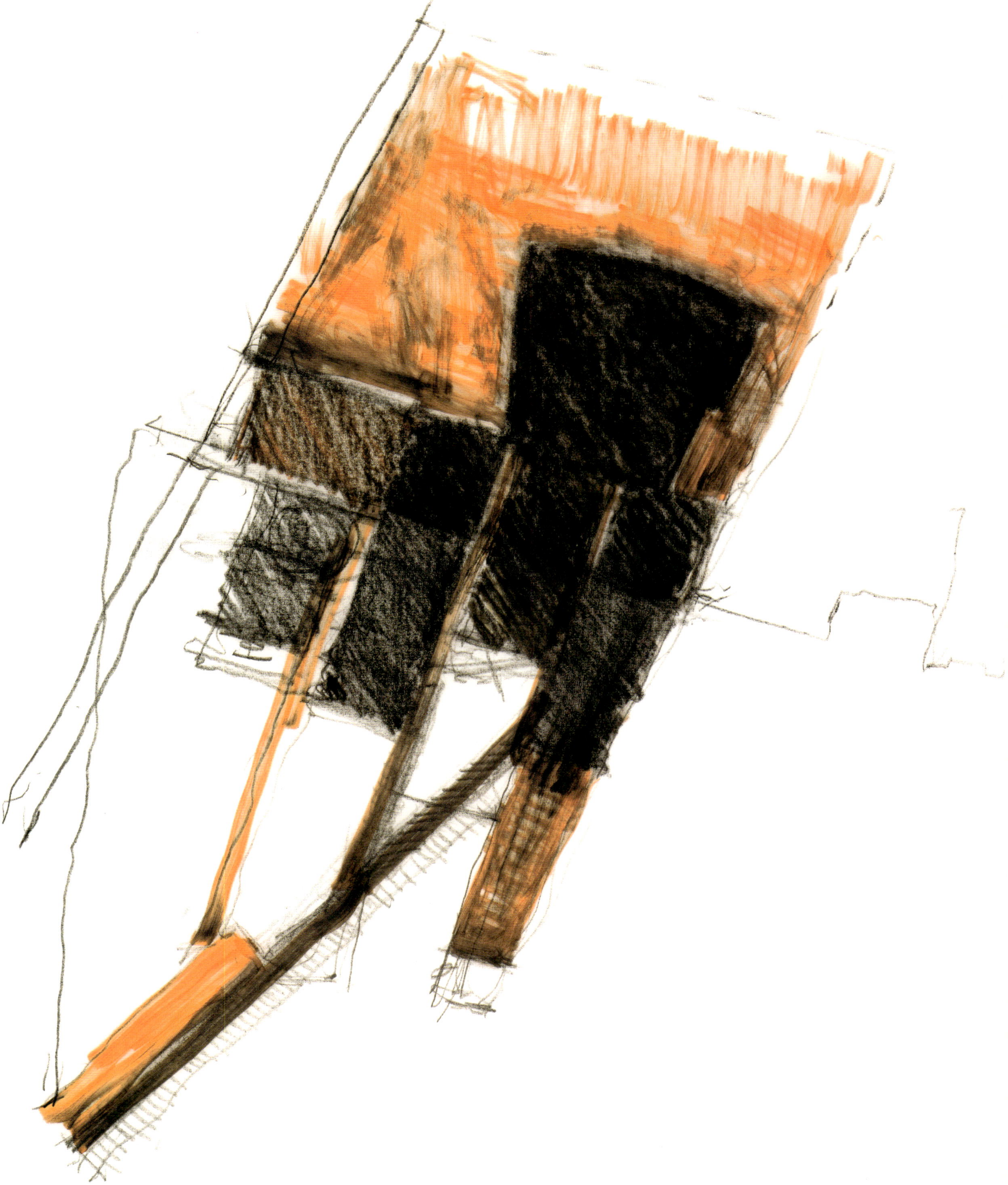

Falling Backwards, Softly Cushioned, an Architect in an Alpine Meadow

Roger Connah

We call it a grain of sand
but it calls itself neither grain nor sand.
It does just fine without a name,
whether general, particular,
permanent, passing,
incorrect, or apt.
Wislawa Szymborska[1]
(Wislawa Szynborska, *View with a Grain of Sand*, Faber 1996.)

Architecture, at best invention, occasionally ecstasy! It was after a symposium entitled "The Ethical Function of Architecture", sitting in a guest house in Briol in the Dolomites with an assorted group of architects and philosophers, that I realised how inappropriate it might be for me to attempt an introduction to the architecture of the Carinthian-born architect Volker Giencke. Giencke had in fact telephoned me and suggested, even though I was about to retreat to open the first Hotel Architecture in North Wales, that I make the journey to Austria (once more!). In a way I felt something valedictory in the trip, a feeling which passed over to the Symposium. I was reminded of V.S. Naipaul's chapter called The Journey from his novel, The Enigma of Arrival. In it Naipaul oscillates between his organisation of "material" in his past and from his past, and the way his narrative could be managed for the present. Tracing, carefully as ever, Naipaul manipulates the narrative of the work and page, thereby revealing the distance between man and writer and the way another type of "literature" eventually closed this distance. Was I about to close the distance between the man and the architect and arrive, unenigmatic, at the secrets of the pure Giencke? Doubtful.

I remember sitting in the Café Thalia in Graz in 1990. It was around the time architects were being coerced into camps of various sorts. Deconstruction was hitting the New-Modernist fan and reaching the suburbs of the globe, Post-modernism had pushed for more carnival than it could muster. The juvenile thrill of pulling things apart and putting them together again, and the politics of architectural despair, slowly invited a renewed responsibility for architecture and the profession. Legible architecture for Richard Rogers, flawless, concessionless architecture for Norman Foster, undecidable and generative for Peter Eisenman, innovatively anguished for Daniel Libeskind, off-the-wall for Rem Koolhaas and carnivalesque for Frank Gehry. Big ideas were symbolically achieved. Public architecture was to become a billboard and the search for the encyclopaedic thrill specific to each architect ought to have cautioned us. Architecture was watching over us more than we ever knew!

---

[1] Nobel Prize for Literature 1996

die Genauigkeit bei ersteren eine disziplinierte, eine attraktive Offenheit bei letzteren. Geboren 1947 in Kärnten, im Süden Österreichs, studiert Giencke 1966-74 Architektur und Philosophie in Graz und Wien. Da sind genügend Preise, Stipendien und Ausstellungen, um den Erwartungen zu entsprechen, die ich mir damals im Cafè vom Architekten Volker Giencke machte, nachdem er irgendwann mehr und Größeres gebaut haben würde. Die Monographie würde ihren Inhalt noch finden. Sie würde weder mit Wittgensteins Aufsatz über die Architektur beginnen, noch mit Thomas Bernhard, sondern eben mit der Betrachtung eines Sandkorns. Und im Gegensatz zum gemeinsamen Hintergrund Graz, erinnert Giencke mehr an Italo Calvino und Milan Kundera als an Peter Handke. Wen wundert es also, wenn er mit Vorliebe Peter Falk in Wenders "Himmel über Berlin" zitiert.

Während ich dies auf dem Frühstücksbalkon des Hotel Briol schrieb, die Dolomiten als effektvolle Kulisse, bemerkte ich, dass ich in die magische Falle getappt war. Der kleine Weg, der eine Schlangenlinie in die Alpenwiese schnitt, musste mehr bedeuten als auf den ersten Blick ersichtlich war, oder zumindst mehr, als die Landschaft ihm an Bedeutung zugestand. Wenn die Architekten nur tun würden, was Naipaul getan hatte, und ihren Vorlieben für Scheinwelten und ihren Wünschen nachgehen würden. "Die Expansion des Bewusstseins, das Abenteuer im Denken, und ein leidenschaftliches Gefühl können nicht allein mit besserer Architektur erreicht werden. Aber Architektur kann zumindest gegen die Langeweile und die Monotonie des Alltagslebens ankämpfen", sagt Giencke einmal. Das ist ein mutiger Anspruch.

Die starke Sonne hatte den mächtigen Charakter der Landschaft abgeschwächt, als wollte sie uns daran erinnern, dem Augenblick keine allzu große Bedeutung beizumessen und sich nicht abermals verführen zu lassen. Zudem war es eine Erinnerung daran, dass die Landschaft und stets auch der von ihr eingefangene Kosmos die Architektur ebenso einbezieht, wie die Architektur ihrerseits versucht, die Landschaft einzubeziehen und mit ihr in Dialog zu treten. Begründungen, die das Hin- und Hergleiten zwischen Objekt und Subjekt betreffen, können diese Augenblicke fassbarer werden lassen, aber nur für ganz kurze Zeit. Es wäre einfach gewesen, sich mitreißen zu lassen. Die Architekten und Professoren waren gerade dabei, sich für eine Gruppenaufnahme am Swimmingpool zu versammeln.

Einfache Worte, schöne Zeilen und klare Sätze bringen mehr als ein bloßes Ins-Gedächtnis-Rufen. Der Ruf nach Verantwortung könnte so manchen Architekten dazu bewegen, sich stärker einzubringen, einzusehen, dass Bauen vor den eigenen Augen geschieht und doch mehr ist als das, was das bloße Auge sieht – eine tektonische Poesie und nicht der Versuch, die Unterschrift, die gerade, oberflächliche Form zu replizieren. Ideenreiche Architekten wie Giencke erkennen, wie die Architektur sie zur Selbstkritik zwingt. Ruhig, kontrovers, aber keineswegs unangenehm. Der Mensch und der Architekt sind sich einig, eine gefährliche, zugleich magische und kraftvolle Situation.

True, the social and technical innovations in architecture should count more than aesthetics, style and form. Yet even in an architect of the stature of Richard Rogers or Renzo Piano, exactitude in the former still allows disciplined but attractive licence in the latter. Born Carinthia, Austria 1947, studies in architecture and philosophy in Graz and Vienna 1966-74, enough prizes, scholarships and exhibitions to suggest promise, I imagined then, in the Café, a moment in some years time when the architect Volker Giencke had completed yet more and larger works. The monograph would search for its content. It would begin, not with Wittgenstein on architecture, nor with Thomas Bernhard, but a view with a grain of sand. And contrary to the mutual backdrop of Graz, Giencke would still suggest more Italo Calvino and Milan Kundera than Peter Handke. And did he not have a habit of referring to Peter Falk in Wenders' "Wings of Desire"?

Writing this on the morning-sun balcony of the Hotel Briol, the Dolomites backdropped for effect, I knew the romantic called. The small path cutting a snake-line through the alpine meadow had to mean more than it could offer, or more perhaps than the land held meaning right now. If only architects could do what Naipaul had done and trace their preferences for manipulating hallucination and desire. "The expansion of consciousness, the mind's intoxication, a feeling of ecstasy," Giencke has said in one of his lectures, "cannot be achieved with better architecture alone. But architecture can at least counteract the boredom and monotony in everyday life." It is a brave claim.

The strong sun left the awe of the landscape slightly muffled as if reminding us not to award an oversignificance to the moment, not to be seduced once more. A reminder too that landscape, and always the cosmos it invites, engages architecture as much as architecture tries to engage and negotiate it in turn. Arguments about oscillations and slippage between object and subject might stabilise these moments but too briefly. It would have been easy to get carried away. The architects and professors were about to meet for a group photograph at the swimming pool!

Fine words, fine lines, fine sentences can offer more than a retrieval. The contemporary call for responsibility might invite some architects to come off the side line, to attempt a more rigorous engagement, to see building as built in front of their eyes, a tectonic poetry, instead of the attempts to replicate signature, identifiable form. More than meets the eyes, in this process architects as inventive as Giencke see architecture move them towards their own critical selves. Calmly, in opposition, then against the forest everything else but inconvenient. Man and architect converging, dangerously, romantically and powerfully.

Während des Symposiums gab es natürlich endlose, meist kollegial geführte Streitgespräche über die Rolle der Architektur, über deren ethische Funktion bzw. ihren Umgang mit Heideggers "Ethos". Extreme wurden heraufbeschworen, die Rolle der Architektur in der Gesellschaft in Frage gestellt. Andererseits sahen die meisten Anwesenden neue Möglichkeiten, um der zeitgenössischen Architektur Bedeutung zu geben, doch niemand dachte daran, diese verordnen zu wollen. Angesichts der offenkundig widersprüchlichen Metaphern für Architektur als Schirm oder als Antenne, wurde klar, dass es wieder einmal Zeit war für Architektur – ja sogar das Überleben der Architektur an sich auf dem Spiel stand. So forderte der Hauptredner, Professor Karsten Harries, bei aller Offenheit der Diskussion, es den Architekten deutlich schwieriger zu machen, ethische Fragen zu umgehen. Demgemäß wäre es die schlimmste Form des Rückzugs derartige Fragen und Themen anderen zu überlassen.

In der allgemeinen Zustimmung zu diesem Aufruf zu den "Waffen" und zur "Ethik" traten allerdings Risse auf, als andere von ihrer Beziehung zur Landschaft, zu den Umrissen der neuen Welt, zur digitalen Revolution und zu architektonischen Algorithmen erzählten. Allmählich kristallisierte sich heraus, dass Architektur nicht nur Gepäck war, wie Professor Harries uns mit Kant erinnert hatte, sondern Netzwerk, Landschaft, Information, Impuls, Intervall zwischen dem Jetzt und dem Später im Leben. Der Streit war eröffnet, die Architektur zurückzuholen. Doch wozu? Als Wirklichkeit? Als Inhalt? Als Inhalt der realen Welt?

Es sah aus, als würde die mediale Invasion, die passiert, das Internet, das Mittelmäßige und das Nivellierende weiter Druck auf das neu entdeckte Verantwortungsbewusstsein in der Architektur ausüben. Einige sahen eine Entwicklung vorher, die auf Selbstzerstörung hinauslief, andere fürchteten eine verstärkte Verwundbarkeit, die schließlich die Architektur überhaupt in Frage stellen würde. Man begrüßte die Architektur des Unspektakulären, aus der sich wieder das Spektakuläre entwickeln könnte. In diesen Wünschen lag nicht so sehr eine Nostalgie, auch kein blinder Widerstand. Die Architektur oszilliert vielmehr, formt Neuland aus Gewesenem und Gegenwärtigem. Man kann das Rad nicht jeden Tag neu erfinden. Für die Architektur im Speziellen gilt, was für Erfindung im allgemeinen gilt. Volker Giencke, der weiß, dass gebaute Architektur Landschaft verbraucht, betont wie wichtig es ist, Landschaft sinnvoll, d.h. durch gute Architektur, zu nützen. Stirb nicht, gib nicht auf, bevor deine Zeit gekommen ist, weise den Gedanken nicht von dir, eine neue Lösung für ein altes Problem zu finden. Eine hingekritzelte Bemerkung und wir wissen, dass es nicht nur Aufgabe des Architekten ist, den Missbrauch von Landschaft zu vermeiden, egal ob dieser Missbrauch bis auf Michelangelo zurückgeht oder sich in das Zeitalter des Internet fortschreiben lässt. Ich sehe in Giencke gern einen Architekten, der wie ein Pilot agiert. Bei Turbulenzen muss man äußerst geschickt vorgehen, um die Maschine sicher ins Wasser eintauchen und dennoch

There were of course endless arguments during the Symposium, mostly good-natured, about the architecture's role, its ethical function, its commerce with Heidegger's "ethos". Extremes were invoked, challenging architecture's role and relationship to society. Most present agreed on the renewed possibilities to offer meaning for contemporary architecture however provisional, without ever dreaming of legislating for it. With the apparently conflicting metaphors of architecture as an umbrella or as a set of antennae, one could not help thinking this was once more wake-up time for architecture. The very survival of architecture was at stake. The main speaker, Professor Karsten Harries disguised generosity in his sharpness by requesting a condition that would make it exceedingly difficult for architects to avoid taking on ethical questions. To leave such questions and issues to others would be, this condition suggested, the worst type of retreat.

Inclined to agree to this call to "arms" and "ethics" it was only when others told of their relationship to landscape, to contours of the new world, to the digital revolution and architectural algorithms that cracks began to appear. Slowly architecture was not only luggage, as Professor Harries reminded us through Kant, but networks, landscape, information, pulses, intervals even between the now and then of another's life. The struggle was on to pull architecture back. But back to what? Reality? Context? The context of the real world?

The contemporary invasion of the media, the net, the forces of mediocracy and mediation looked set to continue pressing in on architecture's new-found responsibility. Some saw a development open to its own deformation, others feared increased vulnerabilty, then redundancy. Saluting architecture of the unspectacular, out of which the spectacle could once again arise. Not a nostalgia so much in these pleas, nor blind resistance, architecture was oscillating, and making from a belated sense of history and contemporary architecture, new landscapes. Impossible to re-design the wheel every Monday, invention had to reason out its own feeling too for architecture. Fond of returning to the usefully wide notion of landscape, Volker Giencke is the first to stress that if architecture is to be built it must use landscape. Don't die, don't give up before your time has come, don't reject the idea of finding a new solution to an old problem. A scribbled note would tell us that it is not only the architect's role to avoid the abuse of landscape whether abuse runs back in time to a Michelangelo or on in time to the internet. I like to see Giencke the architect like a pilot. There may be turbulence but it is no slight skill which brings the craft to land leaving it submerged, yet floating. The invasion into landscape invades the architecture. We disembark.

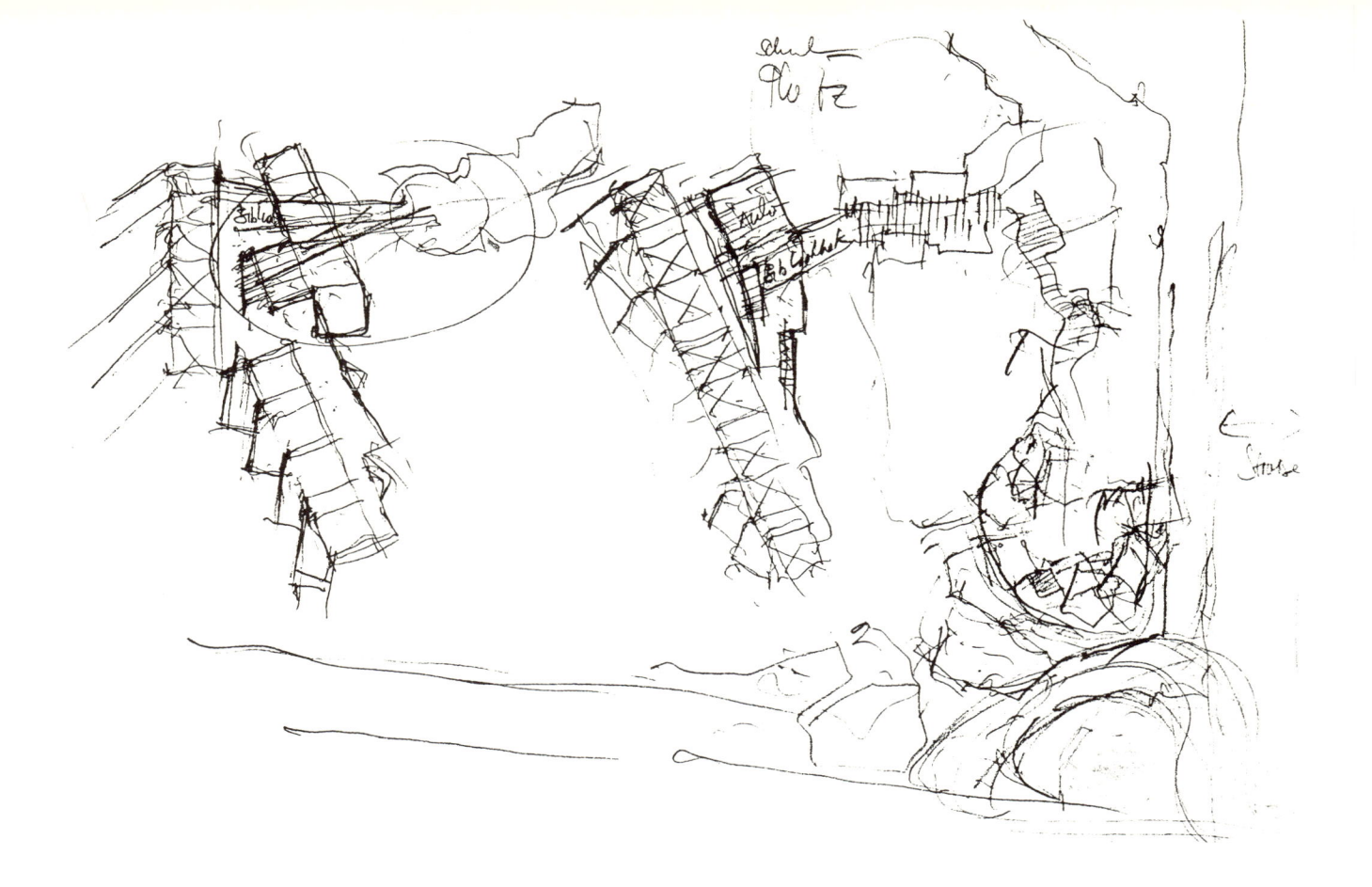

schwimmend landen zu lassen. Der Überfall auf die Landschaft überschwemmt die Architektur. Wir gehen von Bord.

Die frühen Arbeiten Gienckes zeigen eine stark ausgeprägte Architektur, klares, nicht triviales Denken; eine materielle Sparsamkeit architektonischer Mittel als Grundsatz, mit dem Ziel den Dingen das Gewicht zu nehmen. Ein sensibles Einfühlungsvermögen, eine Leichtigkeit, die ganz offensichtlich Anleihen beim skulpturalen und räumlichen Repertoire einiger "Moderner" - insbesondere bei Scharoun - nimmt; die so geschaffene Architektur erschöpft sich jedoch nie ganz darin. Bei einem Wettbewerb umreißt Giencke seine Vorstellungen klar, erklärt, warum Dinge sich öffnen oder schließen, warum Architektur wie ein Schiff oder eine schwimmende Landschaft mutig Zeugnis ablegen muss und Illusionen vermitteln kann. In seiner Beschreibung der Lesesäle anlässlich des Wettbewerbs für die Königliche Bibliothek von Kopenhagen (1993) sieht er Balkons mit schmalen Ausblick für Raucher und wetterfeste Trinker vor. Und fügt dann schelmisch, aber mit Präzision hinzu, dass diese Balkons auch "für all jene gedacht sind, deren einzige Droge der weite Himmel ist".

Ich schlage vor, Gienckes architektonisches Denken klar darzulegen, bevor man allzu schnell eine High-tech-Anerkennung für jene größeren Bauten ausspricht – die bloße Interpretation des Grazer Botanischen Gartens, des Betriebsgebäudes der Firma Odörfer in Klagenfurt oder des Österreich-Pavillons in Sevilla könnte das bewirken. Irreguläres ist immer Teil von Gienckes eigener tektonischer Poesie, strukturell gebaut und geschichtet. Für Giencke ist nicht das Explizite ein architektonisches Verbrechen, sondern das Gewöhnliche. Die starke Logik diszipliniert Gienckes Unkalkulierbarkeit, die Verbindung wird zum Drama, der Weg zum Licht, die Landschaft zum Raum. Man darf nicht vergessen, dass der Entwurf des Botanischen Gartens (1995) schon in den frühen 80er-Jahren begann, dass Mut und Wille zur Ausführung mehr als ein Jahrzehnt lang anhalten mussten: "Wie kann man vernünftig die Konstruktion eines als High-tech-Vorhaben geplanten Gebäudes erklären, an dessen Errichtung länger gearbeitet wurde als am Bau von Notre Dame in Paris? Wie erklärt man, dass man einmal jung und schön war, wenn man nun alt und hässlich ist."[2] Sein Einwand ist durchaus berechtigt, wird aber durch die Architektur der schwerelos anmutenden Glashäuser eindeutig widerlegt.

In his early works Giencke hinted at a strong architecture of clean not trivial thinking; a material economy of architectural means, rooted and routed on the way towards a regulated lightness. A sophisticated intuitivism, a lightness, obviously informed by the sculptural and spatial repertoire of some of the "moderns," especially Scharoun, architecture so created is never quite exhausted by it. Giencke will outline a competition with clarity, explaining why things open out or close, why, ship-like or a floating landscape, architecture can be daring and mediate illusions. Describing the reading rooms of the Royal Library in Copenhagen for the competition (1993) he will envisage narrow-outlook balconies for smokers and weather-resistant drinkers. And then he'll add, a tease, but a very precise tease, "and for all those for whom the broad sky is the only drug."

I would propose however that a sharper identification of Giencke's thinking in architecture should come before any hasty hi-tech recognition of those grander structures suggested by interpretations of the Graz Botanical Gardens, The Odorfer Factory in Klagenfurt or the Austrian Pavilion in Seville. Irregularity has continually been harnessed to Giencke's own tectonic poetry, displaying structure, layering elements, the crime of architecture to Giencke has never been to be explicit but to be ordinary. The firm rationale disciplines Giencke's unpredictability, the junction is drama, the route is light, the landscape is space. It is as well to remember the Botanical Gardens (1995) began in the early 1980s, courage and execution having to last well over a decade: "How can one explain reasonably the construction of a building intended as a high-tech project which takes longer than the construction of Notre Dame in Paris? How does one explain that one has been young and beautiful when one is already old and ugly."[2] He has a point which is however justly refuted by the architecture itself, by the freshness and lightness of the glasshouses even today.

---

2 Giencke zitiert von Peter Blundell Jones, *Architectural Review*, 11.95 p.50.

2 Giencke cited by Peter Blundell Jones, *Architectural Review*, 11.95 p.50.

"Aufgrund der komplexen Geometrie sind die Verbindungen zwischen den Häusern mit Stoff ausgeführt," erklärt Giencke, oder: "eine doppelschichtige Acrylhaut über dem primären Aluminiumskelett verleiht dem Bau eine parabolisch geschlossene Form." Wir haben eben nicht einen abgeschrägten Flugzeugflügel vor uns, der die Richtung im geplanten Grundriss des Botanischen Gartens überbetont. Es wird auch kein symmetrisches Schiffswrack mit Stahlstrebebögen in Leichtbauweise simuliert. Stattdessen weisen die sanften Auflösungen beim Haus Benedek, das zur gleichen Zeit entworfen wurde, auf die Leichtigkeit und Genauigkeit in Gienckes Werk hin. Auch wenn manche dies vielleicht als eine Reinheit interpretieren, die jener Sehnsucht gleicht, die von der Vorstellung der vollkommen erreichten Moderne ausgeht, verneint Giencke diese Sehnsucht weder, noch überinterpretiert er sie. Er vermeidet jede nostalgische Hinwendung. Die daraus resultierende angewandte und zeitgenössische Transparenz war und ist ein konsequentes Merkmal in Gienckes Schaffen.

Blundell-Jones charakterisiert Gienckes Leistung bei einer Beschreibung des Wintergartens im Hotel Speicher Barth (Deutschland) folgendermaßen: "Wie alle architektonischen Anfügungen Gienckes ist dieser Zubau eindeutig ein Werk unserer Zeit und trägt ihr Rechnung. Doch mit seiner besonderen Leichtigkeit und Körperlosigkeit, mit der Art, wie er zart ohne Bodenberührung hängt, steht er in mächtigem Gegensatz zum alten, Last tragenden Ziegel- und Eisenbau."[3] Für Italo Calvino ist Leichtigkeit der Begleiter von Präzision und Entschlossenheit, nicht von Unbestimmtheit und Zufall. Und die Leichtigkeit und Genauigkeit von Gienckes Architektur lässt natürlich keines dieser Anliegen außer Acht. Im Zusammenhang mit Lucretius und Ovid spricht Calvino von der Leichtigkeit als einer Möglichkeit, die auf Philosophie und Wissenschaft begründete Welt zu betrachten. "In beiden Fällen ist die Leichtigkeit auch etwas, das dem Schreiben selbst entspringt, aus der eigenen sprachlichen Kraft des Dichters kommt." Ersetzt man nun linguistische Kraft durch architektonische Kraft, so lässt sich ein architektonisches Denken erkennen, dass völlig unabhängig von jeglicher philosophischen oder architektonischen Lehrmeinung ist, welcher der Architekt zu folgen meint. "Durchdachte Leichtigkeit kann", wie Calvino schreibt - und Giencke ist ein hervorragendes Beispiel hierfür - "Frivolität langweilig und schwerfällig wirken lassen."[4] Als herausragendes und recht ungewöhnliches Beispiel für dieses Gleichgewicht zwischen Bewahrung und Neuerung stellte Giencke ein vollkommen neues Gebäude hinter den alten Speicher. In dem zur Gänze mit Holz verschalten, in rot gehaltenen Bau mit einem kühn auskragenden Dach gelingt Giencke mehr als nur eine orthogonal einfache Lösung.[5] Verstärkt man diese architektonische Schwingung mit der Lösung für den Choralraum der

"Because of the complex geometry the connections are executed with membrane structure," Giencke explains, "a double-layer of acrylic skin over the primary aluminium skeleton gives the parabolic closed form." Here we do not suddenly get a skewed aeroplane wing over-emphasising the directional in the plan of the Botanical Gardens scheme. Nor does this simulate a symmetrical shipwreck idea with strutted light steel butterfly buttresses. Instead it is the gentle dissolves in the Benedek House designed at the same time which hint at the lightness and exactitude within Giencke's work. Though some might interpret this as a purity similar to that claimed for a fully achieved modernism, and though there are signs of an increased yearning for this redemptive stage of modernism, Giencke neither denies nor over-interprets this yearning. Always avoiding any nostalgic turn, applied and contemporary, the resulting insubstantiality has been a consistent feature throughout Giencke's career.

Writing about the apartment hotel, Speicher Barth (Germany) Blundell Jones characterises Giencke's achievement: "As with Giencke's other new additions, it is clearly of our time and applied, but its very lightness and insubstantiality, the way it hangs delicately without touching the ground, produces a powerful contrast with the old load-bearing brick and iron structure."[3] Lightness, for Italo Calvino, accompanies precision and determination, not vagueness and the haphazard. The lightness and exactitude of Giencke's architecture, of course, ignores none of these concerns. Talking about Lucretius and Ovid, Calvino speaks of a lightness as a way of looking at the world based on philosophy and science. "In both cases the lightness is also something arising from the writing itself, from the poet's own linguistic power." Substituting architectonic power for linguistic power allows us to indentify an architectural thinking quite independent of whatever philosophic or architectural doctrine the architect claims to be following. In fact, as Calvino states - and Giencke is perfect for this - "thoughtful lightness can make frivolity seem dull and heavy."[4] For an exquisite and rather unusual example of this balance between conservation and innovation, Giencke sited a completely new building behind the old granary-hotel. Clad entirely in timber, dressed in red with a boldly overhanging roof, once again Giencke succeeds in achieving more than the orthogonal simplicity of the solution.[5] Temper this vibrancy with the choral room for the exhibition "The Monks' World" and the monastic conversion for the Benedictine Abbey in Seckau in the Styrian Alps and one begins to

---

3 Peter Blundell Jones, *Dialogues in Time: New Graz Architecture*, Graz 1998, S. 274–277.
4 Italo Calvino, *Six Memos for the Next Millennium,* Cape, 1992.
5 Diese Einblicke verdanke ich in erster Linie Blundell Jones; er war es auch – dies sei besonders betont –, der stets auf Giencke's "Originalität" hingewiesen hat. In seinen Texten versteht er es immer wieder, die Stabilität der wichtigeren Entwürfe Giencke's herauszuarbeiten.

3 Peter Blundell Jones, *Dialogues in Time: New Graz Architecture*, pp.274-277.
4 Italo Calvino, *Six Memos for the Next Millennium,* Cape. 1992.
5 I owe these insights in main to Blundell Jones and it must be stressed he has been an indefatigable supporter of Giencke's "originality" and his texts always manage to excavate the subtleties within some of Giencke's larger gestures.

Ausstellung "Die Welt der Mönche" und den gesamten Umbau für das Benediktinerstift in Seckau in den steirischen Alpen, dann beginnt man zu verstehen, warum Pater Albert als Bauherr Giencke mit jeder kleinsten Veränderung in der Abtei beauftragte: "Wir haben hier die beste Architektur des 11. Jahrhunderts, die beste des 14. Jahrhunderts und die beste barocke Architektur: deshalb brauchen wir auch die beste Architektur von heute."[6] Es wird kein Zweifel daran gelassen, was alt und was neu ist, unauffällige Deutlichkeit - es genügt ein Blick auf den schrägen Handlauf, der das neue Wegesystem markiert - Gienckes Engagement raubt jeder Mittelmäßigkeit die Chance, Pater Alberts Vision abzuschwächen.

*

Wann immer eine Architekturströmung kritische Anerkennung erfährt, wie der Dekonstruktivismus, fühlen sich die Kritiker bemüßigt, jene Architekten auszumachen, die sie richtig umsetzen, bevor das Paradigma das Szepter übernimmt und fast turnusmäßig Übertreibung und Wiederholung die Architektur wieder verschwinden lassen. Eine solche Entwicklung verzerrt eher als dass sie erläutert. Giencke so zu sehen, wäre falsch und ginge am Wesentlichen seiner Arbeit vorbei. Man engt sein architektonisches Denken ein, interpretiert man ihn rückblickend als Proto-Dekonstruktivisten. Seine Arbeiten erlauben uns, es anders zu sehen. Giencke kooptiert den Dekonstruktivismus bewusst für seinen eigenen Gebrauch. Er sieht die Konstruktion selbst als baulichen Ausdruck und als Fassade, wobei konstruktive Aufgaben spielerisch bewältigt werden. Ungeachtet des theoretischen und philosophischen Überbaus betont Giencke, dass seine Arbeit als materielle Reduktion dekonstruktivistisch ist. Weder wird die Subtilität einer Konstruktion eliminiert noch reduziert sich das strukturelle Konzept auf ein Minimum. Giencke findet eine leidenschaftlichere, ja ethische Antwort, wenn er seine eigene Architektur durchdenkt, wo Leichtigkeit und Eleganz, ja die Irregularität des Prozesses selbst durch die Vielfalt an Material und räumlicher Komplexität betont werden. Was nicht sichtbar ist, reflektiert, durchdringt die Architektur und entdeckt sie neu. Unterbrechungen werden komponiert und was vielleicht mit Papierservietten-Schmetterlingsdächern und verkipptem, skulpturalem "frameless glazing" beginnt, wird durch konstruktive Strenge und - manchmal - spielerischem Einfall vervollständigt. Zweifellos ist es eine Architektur die "durchdacht" wird, die Konstruktion ist geschichtet und transparent. Es ist eine Architektur, die von dem Architekten eine erschöpfende Vorstellungskraft verlangt. Wohl jene Bedingung, die Karsten Harries in Bezug auf das zeitgenössische Architekturschaffen fordert.

Giencke scheint der Architektur eigene Erfindungskraft zuzugestehen, eine Wunderwelt der optischen und komponierten Form. Das Visuelle ist nicht bedeutungslos. Die Bewegung des Auges führt zu einer natürlichen Unruhe. Sie kann, wenn wir dies wollen, Paradoxa wie schwimmenden Beton oder eine reflektierende (Nicht-)Fassade erzeugen. "Ich bin nicht sicher", schreibt Giencke über eines seiner Frühwerke, das Trockendock am Wörthersee (mit Günther Domenig),

understand why Father Albert began asking Giencke to do every minor alteration to the abbey: "We have the best eleventh century, the best fourteenth century, the best Baroque architecture here: we must have the best architecture of today."[6] Leaving no confusion about what is old and new, unobtrusively explicit - glance at the leaning hand-rail mapping the new path system - Giencke's engagement robs mediocrity its chance to dampen Father Albert's vision.

*

Whenever any movement in architecture gains critical currency, like Deconstruction, it becomes a critical must to identify those architects that got it right before the paradigm takes over, before all the rotational sophistication and skewing began and thinned out architecture once more. This distorts rather than elucidates. To use Giencke so would be damaging and completely miss the point of his work. His architectural thinking would be restricted by a critical retrieval that interprets him as any proto-deconstructionist. We can and are offered by the works themselves to formulate differently. This is also why Giencke insists on mischievously co-opting Deconstruction for his own critical ends. He sees it as the "action of construction" itself, displaying construction, a teasing tectonics. Ignoring the theoretical and philosophical scaffold, he emphasises time and time again his work is deconstructive only in terms of a reduction, which neither eliminates subtlety nor involves itself in a reduction of the structure to a minimum. Veiling and unveiling, Giencke identifies a more passionate even ethical response in thinking through his own architecture where lightness and speed, the irregularity of the route, are enhanced by the richness of material and spatial complexity. The veiled zone reflects, penetrates, rediscovers architecture. Interruptions are composed and what may begin with paper-napkin butterfly roofs and raking structural frameless glazing are complemented by a constructive rigour and - at time - a playful invention. In this sense we can speak without difficulty of an architecture being "thought through" as the action of construction itself is both layered and revealed. Here architecture demands back from the architect an exhausting but necessary invention, possibly the condition that Karsten Harries requires in relation to contemporary architectural production.

Giencke seems to allow architecture to take up its own invention, an invention of optical and composite form. Optics is not insignificant. The movement of the eye produces natural unrest. It can if we so desire obviously help build attractive critical paradoxes like floating concrete or a reflective (non)facade. "I'm not sure", Giencke writes about his early dry dock in Worthersee, "whether it's an island on which a train has arrived or a concrete raft with

---

6 *Architektur Aktuell*. 1999, S. 120-129. Kommentar von Nikolaus Hellmayr.

6 *Architektur Aktuell*. 1999, pp.120-129. Comment by Nikolaus Hellmayr.

"ob es eine Insel ist, auf der ein Zug angekommen ist, oder ein Betonfloß mit Häusern darauf. Mir gefällt die Illusion von schwimmendem Beton! Stahl, verchromter Stahl, verzinkte Bleche, Wände aus lackierten Stahlpaneelen, die an italienische Eisenbahnwaggons erinnern, bogenförmige Türen und andere Details aus der Serienproduktion."[7]

Die Entscheidung für Glas und Stahl, ein meditativer Materialismus und eine reflektierende Architektur, die offensichtliche Auflösung der Grenzen, die das Glas zwischen Außen und Innen herstellt; Dinge, die nicht notwendigerweise von selbst zu höchster architektonischer Prägnanz führen. Einige von diesen Entscheidungen mögen für Giencke am Anfang seiner Arbeit stehen. Durch Optik und Mechanik eine Architektur des Raumes und der Funktion zu schaffen, verlangt mehr als billige Transparenz und Leere, vor der man sich schlussendlich fürchtet. Architektur muss nicht brennen, sie kann auch schwimmen! Giencke sieht keinen Sinn darin, einen Symbolismus des leeren Raumes anzudeuten, wie das bei den Dekonstruktivisten vorkommt, oder wie dies einige andere österreichische Architekten mit expressiveren Variationen über die Ästhetik von kaputten Winkeln und Flammenflügeln getan haben. Vielmehr erledigt dies das Auge für uns. Zu verführerisch, weil visuell zwingend; Giencke entwickelt da mehr Widerstand. Die Herausforderung liegt anderswo. Giencke gibt sich nicht damit zufrieden, eine identifizierbare Auswahl von Technik und Form zur perfekten Vollendung zu bringen, er setzt Innovation ein, um die vorhandene Auswahl architektonischer Optionen in Frage zu stellen. Wir sprechen hier nicht von Interpretationen, von semiotischer Bedeutung. Wir sprechen von einem modus operandi, der zu einem modus vivendi wird. Wir sprechen von Architektur zum Mitnehmen, nicht von Pizza, PCs, Flüssigkristallbildschirmen oder von Burgern.

Wenn uns der Idealismus des Augenblicks auch vor Ansprüchen und Gegen-Ansprüchen an die Funktion der Architektur warnt, dieser Kampf für eine leidenschaftliche und verantwortungsvolle Architektur begann für Giencke schon vor langer Zeit. Ausgehend von einer Affinität zu Scharoun[8] glich Gienckes Architektur und Entwicklung dieser Almwiese, eher gerade, aber nie ganz gerade, mit einer lang gezoge-

houses on its top. I like the illusion of floating concrete! Steel, chromed steel, galvanised sheet metals, walls of lacquered steel panels like Italian railway carriages, arched doors and other details from series production."[7]

Opting for glass and steel, a meditative materialism and reflective architecture, the obvious dissolve that glass provides between the outside and inside; such options do not necessarily produce an automatic architectural sophistication. Some of these may be Giencke's primary manoeuvres. But to avoid a naive transparency and a dreaded emptiness, to create an architecture of space and function from optics and mechanics, demands more. Architecture does not have to burn if it can float! Giencke sees no reason in suggesting a symbolism of liquid space which the Deconstructionists might do, or as some other Austrian architects have done with more expressive variations on the smash-angle, burnt-wing aesthetics. Rather, the eye does that for us. Too seductive, too visually compulsive, Giencke sets up more resistance. The challenge is posed elsewhere. Not content to perfect an identifiable choice of technology and form, Giencke uses innovation to question the actual choice of architectural options. We are not speaking here of interpretations, of semiotic import. We are speaking of a "modus operandi" turned "vivandi". We are speaking about an Architecture to go, not pizzas, pc's, liquid crystal screens or burgers!

However much the idealism of the moment warns us about claims and counter-claims for architecture's function, this struggle for a passionate and responsible architecture began way back for Giencke. From an affinity to Scharoun,[8] Giencke's architecture and development has been like that alpine meadow, straightish but never quite so straight, with a long, quieter but unquestionably firm turn somewhere out of sight, up to the left just before one enters the forest. Now after the disciplined success of the "rehearsals", with the recent spate of larger projects (Oslo Opera House, The Hypo Bank in Klagenfurt, Graz Town Hall, The Rhodarium in Bremen

---

7   Siehe Peter Daveys Text über das Trockendock. Davey erkannte bald die frappierende Einfachheit und das technische Raffinement Giencke's und – was wichtig ist –, dass das Strukturelle als topologisches Netz die Landschaft erst definiert. Dieser topologischen Rahmen bestimmt die Arbeiten Giencke's, je größer die Stahl- und Glaskonstruktionenwurden. Siehe auch *Domus 628*, Mai 1982, und Blundell Jones weitere Gedanken zu diesem rahmenlosen "Framing".
8   Dieses Vorgehen bezieht sich auf Merete Mattern, die Tochter Herman Mattern's, der Scharoun's Landschaftsarchitekt war. Giencke arbeitete für sie nach Abschluß des Studiums. Auch hier der Hinweis auf Peter Blundell Jones. Giencke sagt selbst darüber: "Ich würde nicht behaupten, dass ich von den Arbeiten dieser Architekten stark beeinflusst wurde, vielmehr von deren moralischer und ethischer Sicht der Architektur. Scharoun war eine wichtige Persönlichkeit. Ich habe ihn zwar nie kennen gelernt, hatte aber mit seinem Kreis zu tun." Siehe dieses Interview mit Peter Blundell Jones in: *Architektur und Bauforum*, Nr. 170, 1995.

7   See Peter Davey's text on the dry dock. Davey some time ago recognised Giencke's apparent simplicity and sophistication and, importantly, recognised structure as a webbing (here with nautical reference) enhancing rather than obscuring the landscape. This significance of framing can be traced through all Giencke's work as he has proceeded to greater spans of steel and glass. See also *Domus 628*. May 1982 and Blundell Jones further insights into this frameless "framing".
8   The connection is to Merete Mattern, architect daughter of Hermann Mattern, Scharoun's main collaborator for landscape. Apparently Giencke worked for her after finishing university. Again see Peter Blundell Jones for more on these connections. As Giencke himself has said: "I would not say I was influenced so much by the architect's works as by their moral and ethical view of archtiecture. Scharoun was an important person. I never met him personally but was involved in the circle around him." See this interview with Peter Blundell Jones in *Architektur und Bauforum*, no.170, 1995.

nen, ruhigen, aber fraglos entschiedenen Kurve nach links, irgendwo außer Sichtweite, gerade bevor es in den Wald geht. Nun, nach dem disziplinierten Erfolg der "Proben", mit der jüngsten Flut größerer Projekte (Opernhaus von Oslo, Krankenhaus Bregenz, Hypobank in Klagenfurt, Stadthalle Graz, Rhodarium in Bremen und den Projekten in Helsinki) beginnt Giencke selbstbewusst, die Herausforderung und den Kampf um die Architektur auf die Landschaft zu übertragen. Das Selbstverständnis, mit dem er diese Projekte entwickelt, lässt einiges in Zukunft erwarten. An wen jedoch außer Scharoun könnten wir noch denken? Eero Saarinen, Kahn, Schindler, Wright, Borromini, Le Corbusier, Paxton und Aalto – sie alle könnten genannt werden. Wir könnten daraus sogar eine kritische Gemeinschaft machen und entdecken, dass Architekten wie Prouvé und Piano in einer ähnlichen Geschichte, Gedanken und Ideenwelt zu Hause sind. Aber erfahren wir dadurch mehr über Gienckes architektonisches Denken? Könnten wir beispielsweise dadurch besser verstehen, warum er ein natürliches Misstrauen gegen den Symbolismus hegt, eine distanzierte Wertschätzung und Argwohn gegenüber einer "kosmischen" Tradition wie der japanischen empfindet und in der Lage ist, in der Villa Savoye die B-Seite der Hochromantik zu sehen? Die Offensichtlichkeit von Form und Raum sowie ein Materialmix waren von Anfang an da, wie auch die Fähigkeit, das Skelett mit Poesie zu umgeben. Nur allzu deutlich gewährt der Verkaufsraum von Maxonus in Graz einen frühen Einblick in Gienckes kontrollierten Widerstand, diesen Zauber innerhalb von Klarheit und Sparsamkeit.[9] Ein Fenster ist immer eine potentielle Öffnung auf die Welt, und dennoch umrahmt es ebenso wie es in seiner Rahmenlosigkeit reflektiert. Giencke macht hier eine Anleihe bei Calvino: "Die Stadt erscheint dir wie ein Ganzes, wo kein Wunsch verlorengeht, du bist ein Teil von ihr, und da sie sich an all dem erfreut, was dir versagt ist, bleibt dir nichts anderes übrig, als in diesem Wunsch zu leben und dich damit zufrieden zu geben."

*

Einige wenige im Hotel Briol waren bereits aufgestanden. Die Sonne gewann an Kraft, und als das Frühstück serviert wurde, glaubte ich zu wissen, wie ich an die Einführung zu Gienckes Architektur herangehen würde. Ich hatte keine bessere Idee als in der Nacht zuvor. Aber es hatte sich etwas bewegt! Zauber und Verführung waren durch offenes Bemühen abgeschwächt worden. In jedem Augenblick das Gefühl zurückschrauben, Bauen immer wieder neu entdecken, der Architektur Reverenz erweisen. Das ist es für mich, was Giencke gelingt. Im Gegensatz zu anderen bekannten Architekten, von denen viele in der Lage sind, mit der Vorstellung ihrer eigenen Unterschrift hausieren zu gehen, und deren spezifischer "Touch" in ihren Arbeiten sofort ins Auge springt, ist es eine viel größere Herausforderung, die "Architektur" bei Giencke zu erkennen. Visueller Zwang gelingt vielleicht im Augenblick, erinnern wir uns nur an Flaubert. Wenn man etwas lange genug ansieht, wird es interessant. Sieht man es zu lange an, schlägt es ins Gegenteil um. Reduziert man Architektur bis

and the Helsinki projects) Giencke begins confidently to take architecture's struggle and challenge back to landscape. The confidence with which he extends his concern to these projects suggests there is more to come. But what of the wider community we might conjure up besides Sharoun? Eero Saarinen, Kahn, Schindler, Wright, Borromini, Le Corbusier, Paxton and Aalto could all be cited. We could even gather this into a critical community and discover architects like Prouvé and Piano inhabiting similar history, invention and idea. But does it tell us any more about Giencke's architectural thinking? How, for example, could we get more understanding of his natural distrust in symbolism, of his distant value and suspicion of a "cosmic" tradition like the Japanese, of his ability to read the Villa Savoye as the flip side of high romanticism? The self evidence of form, space and a mix of materials has been present from the beginning, as has been the ability to invest the skeletal with poetry. An early insight into Giencke's controlled resistance, the romance within clarity and economy is only too apparent in the Maxonus showroom in Graz.[9] A window is always a potential opening onto the world, yet it frames as much as it reflects in its framelessness. Giencke loans Calvino: "La ville t'apparaît comme un tout, ou aucun désir ne se perd, tu en fais partie et comme elle jouit de tout ce dont tu ne jouis pas, il ne te reste plus que de vivre dans ce désir et de t'en contenter."

*

Few had arisen at the Hotel Briol. The sun grew hotter and by the time breakfast was served I thought I had the idea how to introduce Giencke's architecture. I had no better idea than the night before. Except, something moved! The romance and seduction were tempered by reduction. At each moment cutting back sentiment, inventing building over and over again, to salute architecture. This to me is what Giencke achieves. Unlike other well-known architects, many able to self-promote with the idea of their own signature, and the instant recognition of that "flourish" in their works, to recognise the "architecture" in Giencke is more challenging. Visual compulsion only succeeds momentarily, for all of us remember Flaubert. Look at something long enough it becomes interesting. Too long and the reverse follows. Cut architecture to the quick and it dematerialises, no longer insubstantial it disappears in aesthetic styling, fitting a magazine like Wallpaper rather than the landscape

---

9 Zur weiteren Diskussion über Maxonus siehe Eeva-Liisa Pelkonen, *Achtung Architektur!: Bild und Phantasma in der zeitgenössischen österreichischen Architektur*, Ritter Verlag 1996.

9 For further discussion on Maxonus see Eeva-Liisa Pelkonen, *Achtung Architektur!: Image and Phantasm in Contemporary Austrian Architecture*, MIT Press 1996.

zur Schmerzgrenze, löst sie sich auf, ist sie nicht mehr körperlos, sondern verschwindet sie im ästhetischen Styling, passt besser zu einer Zeitschrift wie Wallpaper als in die Landschaft, die sie usurpiert. Denken wir nur an die aktuelle japanische Eleganz, die in der Verschwommenheit dematerialisiert, eine Transluzenz, durch die nur ebensoviel Licht wie Architektur dringen kann. Obwohl Giencke darauf beharrt, den Dekonstruktivismus für seine eigenen Reduktionszüge neu zu definieren, sieht er keinen Gewinn darin, die Unterdrückung von Bauplatz, Landschaft und Erinnerung "über Gebühr zu strapazieren", noch sieht er einen Vorteil in der Agonie einer diagonalen Verschiebung oder im Ausgraben einer historischen Kraft, nur um in einer überfrachteten architektonischen Absicht wieder aufzutauchen. Giencke entwirft Reinheit, zieht sich nicht auf die Leere zurück und ein Leben, das im Trend liegt. Er lebt für seine Architektur. So reagierte er auf eine Reihe choreographierter Bilder der zeitgenössischen japanischen Leere, bei der Museumsarchitektur und normale Gebäude zu irreführender Stagnation verschwimmen, mit Klarheit. Gerade dadurch stellte er sich außerhalb der Leere, die einem aufgedrängt wird.

Ist Gienckes Leichtigkeit eine emotionale und ethische Aufgabe? Das was passiert ist wichtig. Das scheint mir die notwendige Erklärung für die verhaltene Begeisterung, die sorgfältige Vielfalt im Detail und im Material zu sein, die schon in Gienckes frühen Arbeiten erkennbar war. Kleinere Projekte und eine sorgfältige Tektonik weisen auf Expansion, auf künftige Höchstleistungen hin. Es stimmt wohl, dass das Niveau von Gienckes architektonischer Qualität nicht immer so hoch gewesen ist, wie er es gewünscht hätte - er ist der erste, der dies eingesteht - sie war jedoch immer erfindungsreich. Gewohnt, mit dem Einfallsreichtum von B-Filmen auskommen zu müssen, wie ein Filmemacher von Low-Budget-Produktionen, zeigten schon Gienckes frühe Ladenentwürfe, seine Ausstellungen und Innenraumgestaltungen die doppelte Sparsamkeit der Mittel – einen perspektivischen Raum und eine disziplinierte, aber poetische Konstruktion, die er in den meisten seiner späteren Projekte perfektioniert hat, wie jüngst im Benediktinerstift Seckau und im Speicherhotel von Barth.

Über die Modeboutique Maxonus (1985) schrieb Giencke: "Architektur ist eine unterstützende Geste, bei der ein einfaches Rezept zum Einsatz kommt: das Grundprinzip ist die Ökonomie der Mittel, das Raumerlebnis, optische Effekte sind das zweite Prinzip." Ökonomie und Optik; wieder bleiben diese beiden Prinzipien durchgängig bestehen. Ob die frühen Arbeiten wie die Umgestaltung der Ingenieurkammer in Graz, Maxonus oder die Rote Bühne, oder die späteren größeren Projekte, immer hat die Architektur Gienckes ein gültiges, in Bewegung befindliches Modell zur Verfügung; fließend aber reflexiv, diszipliniert aber ungezwungen. Da ist es nicht weiter erstaunlich, dass

it usurps. Take current Japanese elegance, dematerialising into an opaqueness, a translucency that lets only so much of light as of architecture to penetrate. Though Giencke insists on re-defining Deconstruction for his own reductive manoeuvres, he sees no gain in "worrying out" the repression of site, landscape and memory, nor does he see gain in the agony of a diagonal displacement or excavating historical force to re-emerge in a charged architectural intention. Giencke designs pure, unable to pull back to an emptiness or remain interested in a lifestyle living for his architecture. His reaction to a set of choreographed images of contemporary Japanese emptiness, the architecture of the museum and house blurring into misleading stasis, was one of clarity. It situated him outside the emptiness it so clearly offered and achieved.

Giencke's lightness, emotional and ethical charge? It takes the present day. This seems to me the necessary backdrop for the downbeat delight, the careful ambiguity of detail and material that could be experienced already in Giencke's early works. Small scale devices, a careful tectonic, suggest expansion, future sophistication. True, the level of Giencke's architectural quality has not always been as high as he would have wished - he is the first to admit this - but it is always ingenious. Trained on a B-movie inventiveness, like a film maker on a low budget project, Giencke's early shops, exhibitions and interiors demonstrated the twin economy of means - a perspective space and disciplined but poetic construction - that he has perfected in most of the later projects, including the recent Benectine Abbey of Seckau and the Apartment Hotel in Barth.

On Maxonus, the fashion boutique (1985), Giencke wrote, "Architecture is a supporting gesture with the use of a simple recipe: the basic principle is the economy of means, the experience of space and optical effects the other principle." Economics and optics; again the two principles remain consistent throughout. Whether the early works like the office headquarters of the Engineering Association in Graz, Maxonus or the Red Stage, or the later larger scale projects, architecture presents Giencke with a valid model on the move; fluid but reflective, disciplined but unconstrained. Unsurprising then that The Red Stage is highlighted

die Rote Bühne am Schluss von Karsten Harries' Buch "The Ethical Function of Architecture" besonders hervorgehoben wird, ist diese doch ein besonders gutes Beispiel für Harries' Leitgedanken, für die flüchtige, aber intensive Antwort auf die Funktion von Architektur in der Landschaft: "Heutzutage sollten wir auf der Suche nach Architektur vielleicht nicht so sehr nach Gebäuden Ausschau halten, sondern vielmehr nach dem potentiellen Festcharakter von öffentlichen Räumen, Plätzen, Straßen und Parks, die durch bescheidene, oft kurzfristige Strukturen zu Re-präsentation einladen. Volker Gienckes Rote Bühne in Graz lädt zur Nachahmung ein."[10]

Können wir dies noch treffender ausdrücken, die Körperlosigkeit, Flüchtigkeit, das Provisorische? Ist nicht ein völlig neuer Zugang zur Redundanz gefordert? Es ist nicht weiter erstaunlich, dass Giencke bereitwillig zugibt, dass ihn Gebäude irritieren, die aus dem Boden herauswachsen, weil Bauen eine schöpferische Herausforderung ist; da ist die Dualität zwischen künstlicher und natürlicher Landschaft, die geschlossene Form im offenen Raum. Er bevorzugt eine ausgeglichene, fließende Architektur, eine Architektur, die gleichsam schwebt. Die Metaphern deuten eine überzogene Flüchtigkeit an, es handelt sich hier aber nicht um das "satanische Chaos" der Endlosigkeit oder um die stilisierte Leblosigkeit sandgestrahlter Fassaden. Gerade wenn man diese Vorstellung von Flüchtigkeit hat, sollte man jeden Gedanken an ein unvollendetes Projekt im Keim ersticken. Im Gegensatz zur modischen Architektur des Verschwommenen deutet Gienckes Werk gerade an Punkten großer Übereinstimmung eine Divergenz an.[11] Es geht darum, eine Architektur zu durchdenken und gleichzeitig das Projekt als "Bauwerk" an dem beständig gebaut wird, zu sehen. Die Beziehungen zwischen primären architektonischen Anliegen und sekundären Detailfragen werden dabei laufend aufeinander abgestimmt. Gegensätzliche architektonische Vorstellungen werden zusammengeführt, mit einem Paukenschlag wird darauf reagiert. In größerer Annäherung an Scharoun als an Domenig (Giencke war früher sein Mitarbeiter), erreicht Giencke immer wieder eine effektivere, leichtere, weniger formale Flexibilität. "Es gibt keine Fassade, nur Reflexion", hat Giencke gesagt und damit das schräge Dach gemeint, das im Abendlicht gegen den Himmel dematerialisiert. Reflexiv denken heißt in Schichten denken, heißt Kontrolle. Diese sucht nicht nach Bildern. Es ist zuerst und vor allem eine Architektur der Genauigkeit und Hierarchie – Eigenschaften, die nur durch das Bauen selbst erreicht werden.

Das Nachdenken über das Denken geschieht bei Giencke genauso konzeptionell wie materiell. Ich muss es wiederholen: es ist nicht Unentschlossenheit, die auf eine infinite Architektur schließen ließe, noch ist es bloß modische "Transparenz". Durch das, was man nicht genau erkennt, lässt sich dieses Werk viel besser verstehen, wie Pelkonen schreibt, es ist eine Architektur ohne Organe.[12] Es ist weder eine begonnene Arbeit, noch eine liegengebliebene. Giencke über-

for special attention at the end of Karsten Harries' book "The Ethical Function of Architecture." Here is Harries's clue, the ephemeral but charged response to achitecture's function in the landscape: "But perhaps today it is not so much buildings to which we should look in search of architecture, but to the potentially festive quality of public spaces, of squares, streets, and parks, which invited re-presentation by modest, often ephemeral structures. Volker Giencke's Red Stage in Graz invites emulation."[10]

Can we be sharper about this, about insubstantiability, ephemerality and the provisional? For does it not invite quite new approach to redundancy? It is no surprise that Giencke readily admits to be troubled and thus creatively challenged with buildings that grow out of the ground, always that duality between the artifical object and the natural landscape, inviting new versions of the closed form in an open space. An architecture that is poised, floating, an architecture of hovering is preferred. The metaphors themselves suggest a sophisticated impermanence, but it is hardly the "satanic chaos" of unendingness nor the stylised lifelessness of opacity. And whilst on this notion of unpermanence, it would be wise to scotch rumours of an incompleted project in architecture. Unlike more fashionable architecture of indeterminacy, Giencke's work suggests a divergence just at points of intense convergence.[11] This is a question of thinking an architecture through, whilst holding the building at all times, potentially setting within the "built" phase, within landscape. The relations between the economy of primary, more formal architectonic moves, and secondary refinements are always attuned during this process. This resonates with the ability to put contrary architectural imaginations together and respond with a flourish. Closer to Scharoun than Domenig (his early collaborator) time and again Giencke achieves a more effective, lighter, less formal flexibility. "There is no facade only reflection", Giencke has said and will go on saying about the tilted roof of various projects that can dematerialise in the evening light. Architectural reflection invites layering and layering must invite control. Not an architecture on picture search only, this is, first and foremost, an architecture of exactitude and hierarchy, achieved ultimately only through building itself.

Throughout Giencke's work the idea of reflection is achieved conceptually and materially. It is worth repeating, this is not an indeterminacy suggesting an infinite architecture, nor is this a more fashionable "transparency". The veil is a much sharper way to understand this work, as Pelkonen writes, an architecture without organs.[12] Neither an open work, nor undecidable, Giencke translates a spontaneity, even accident, into material, form and optics; the composite "ephemeral" construction. Or as he puts it, an active construction.

---

10   Karsten Harries, *The Ethical Function of Architecture,* MIT Press, 1997, S. 367.
11   Zur Vertiefung dieses Themas siehe Peter Blundell Jones' Gedanken über Divergenz und Konvergenz, über Genauigkeit und die reflektive Reaktion in Giencke's Werk. Neben Blundell Jones beschrieb auch Peter Davey die konsequente und disziplinierte Tektonik in Giencke's Architektur.
12   Für eine tiefer gehende Analyse dieser Fragen siehe Pelkonens aufschlussreichen Aufsatz *Toward the Aesthetics of the Incomplete.*

10   Karsten Harries, *The Ethical Function of Architecture,* MIT Press, 1997, p.367.
11   To follow up, see Peter Blundell Jones for such aspects of divergence and convergence, an exactitude and reflective response in Giencke's work. Besides Peter Blundell Jones, Peter Davey has also assessed the consistent and disciplined tectonic characteristics of Giencke's architecture.
12   See the intelligent essay *Toward the Aesthetics of the Incomplete* (Pelkonen) for a deeper analysis of these issues.

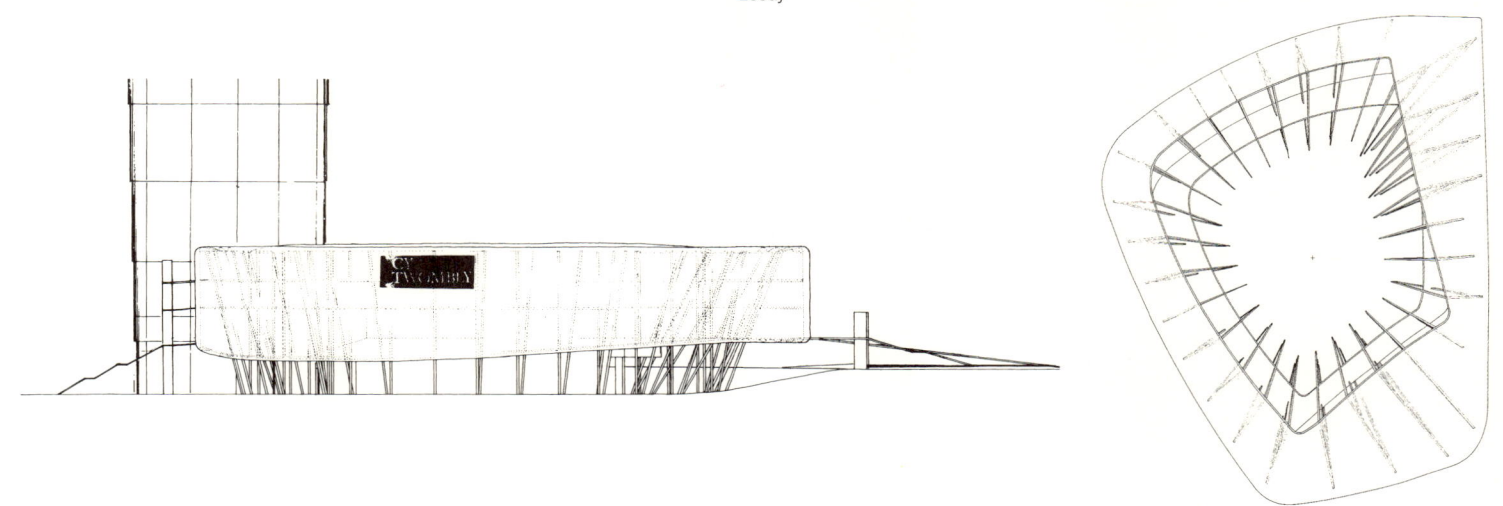

setzt vielmehr Spontaneität, sogar Zufall, in Material, Form und Optik; eine "flüchtige" Komposition, oder,- wie er es ausdrückt, eine aktive Konstruktion.

Zweifelsohne hätte Gienckes Gesamtwerk ohne die jüngsten größeren Projekte in Oslo und Helsinki lose in eine ebenso kritische wie erzählerische Auseinandersetzung zwischen Wien und Graz eingeordnet werden können. Seit die Grazer Schule archiviert wurde, sehen Kritiker in ihr eine Strategie, den hysterischen Trends sowohl der Moderne als auch der Postmoderne zu widerstehen. Giencke, der irgendwo näher bei Scharoun als bei Hollein, näher bei Wright als bei Mies angesiedelt werden kann, sondiert eine alternative, exklusiv zeitgenössische Architektur. Der Eindruck eines mit raschen Pinselstrichen entstandenen Entwurfs, den Gienckes beste Arbeiten vermitteln, deutet auch auf keine einfachen Mythen von Klarheit oder Reinheit hin. Der innovativen Ökonomie des Materials haftet nur wenig materielle Romantik an. Der Zauber, das notwendige Selbstverständnis herrscht hier im Kopf des Erfinders.

In einer Zeit, in der die Oberflächlichkeit die Architektur beherrscht, kann scheinbar auf immer weniger zurückgegriffen werden, insbesondere wenn das Symbol der Architektur an sich, die Fassade, zur Disposition steht, sich sozusagen "von der Wand gelöst" hat. Poetisches, sei es nun strukturell oder semiotisch, ist oft ein erwünschtes, aber immer kurzes Geheimnis. Phänomenologisches kann dabei förderlich und oder hinderlich sein. Ganz offensichtlich verliert makelloses "structural glazing" so rasch an Bedeutung wie der Halbkreis, der als postmodernes Symbol verschwenderisch eingesetzt wurde. Giencke zeigt Schlichtheit und Einfühlungsgabe, eine ruhige, sehr effektive Kultiviertheit. Diese lässt sich aber nicht einfach als österreichische Eleganz abtun.[13]

*

Gibt es nicht genauso viele Möglichkeiten, in das Werk eines Architekten einzuführen, wie es Verfasser für solche Einführungen gibt? Für mich ist Giencke einer jener Architekten, die die Raffinesse und den Schwung der eigenen Arbeit genießen. Seine unverantwortliche Leidenschaft für Architektur birgt mehr als einen revolutionären Anflug in sich. Der Mensch und der Architekt verschmelzen miteinander, eine lebenslange Passion. Große Ideen und das Magische passieren immer nur aus einer verschworenen Hoffnung. Ein Blick auf seine Bauten, auf die früheren und die jetzigen, macht klar, warum sein Werk kritischen Stoff bietet – dem Philosophen Karsten Harries, dem Historiker Kenneth Frampton, der Architektin und Wissenschaftlerin Eeva-Liisa Pelkonen und dem Architekturkritiker Peter Blundell-Jones. Deren jeweilige Erkenntnisse sollen hier nicht zur Sprache kommen, der Bezug zu Giencke ist jedenfalls kein Zufall. Es spricht "Bände", dass der temporäre Charakter der Roten Bühne Professor Harries veranlasste, dieses Werk ans Ende seines einflussreichen Buches "The Ethical Function of Architecture" zu stellen. Beispielhaft das Bemühen, einem Historiker wie Professor Frampton eine Begründung für dessen tektonische Thesen zu liefern oder Blundell-Jones mit

No doubt too without the recent larger projects in Oslo and Helsinki, all Giencke's work might be tied loosely into an Austrian, Vienna-Graz, sparring critical narrative. Critics have, since the Graz School was archived, begun to see this as a strategy resisting the hysterical trends of both Modernism and Post-modernism. Coming in somewhere between Scharoun rather than Hollein, Wright rather than Mies, Giencke probes an alternative, exclusive contemporary architecture. The relatively dashed-off air of Giencke's best works suggest also no easy myths of clarity or purity. The innovative economy of materials has little material romanticism about it. Here the mind of the inventor is the romanticism, the conspiracy, necessary.

In an architectural era where there is a crisis of superficiality, there often seems less and less to fall back on, especially once the symbol of architecture itself, the facade, has been made questionable, come "off-the-wall." Poetics, structural or semiotic, are often a desired but brief mystery. They can then be helped or hindered by phenomenological support. It is obvious to us that flawless structural glazing empties itself of meaning as fast as the semi-circle squandered post-modern symbol. Critics might speak of Giencke's apparent simplicity, his intuitivism, and a quiet, effective sophistication. But it is a sophistication not explained away by Austrian elegance.[13]

*

Are there not as many ways to introduce an architect's work as there are writers available to do this? Giencke is for me one of those architects who revels in the refinement and the flourish of his own work. His irresponsible passion for architecture does more than simmer a revolutionary turn. Man and architect converging, lifelong passion, big ideas and romance only ever emerge in a conspiracy of hope. A look at his buildings, past and present, demonstrate immediately why his work offers critical nourishment to the philosopher Karsten Harries, to the historian Kenneth Frampton, to the practising architect and researcher Eeva-Liisa Pelkonen and the architectural critic Peter Blundell-Jones. Unnecessary to repeat their own insights here, Giencke's inclusion is no accident. To offer the ephemeral of the Red Stage to Professor Harries, to be located right at the end of his influential volume, The Ethical Function of Architecture, speaks "volumes". To offer alignment, to help a historian like Professor Frampton further ground his tectonic thesis, or offer tectonic poetry of a consistently high standard to Blundell-Jones, also speaks of another commitment in Giencke, that of building first and foremost, that of solving a solution that always looks as if it took less agony that it might. These commentators however cannot limit Giencke's work just as Giencke's infectious, rogue spirit in architecture, resisting

---

13 Siehe Pelkonen für eine eingehendere Diskussion all dieser Aspekte bezüglich Giencke und der österreichischen Architektur.

13 See Pelkonen for a deeper discussion about all these aspects in relation to Giencke and Austrian architecture.

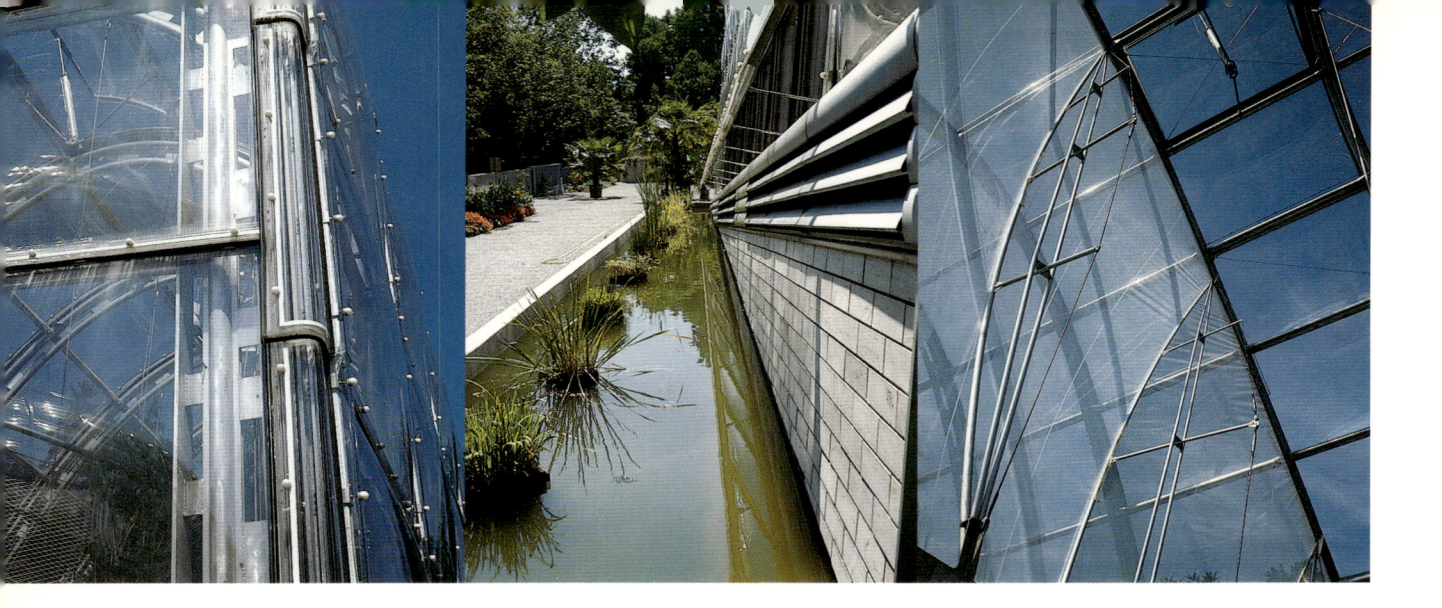

Architekturbeispielen von hohem Niveau zu versorgen. Giencke geht es zu aller erst ums Bauen, darum, eine Lösung zu suchen die immer so aussieht, als sei sie spielerisch gefunden worden, auch wenn dies gar nicht der Fall war. Wie immer, Giencke lässt sich nicht durch Beschreibung festlegen. Gienckes zweideutiger Humor, den niemand besser beschrieben hat als Pelkonen, widersteht dem Ernst und der Intellektualität in seiner Arbeit. In "Achtung Architektur" hat Pelkonen dies auf den Punkt gebracht, als sie das Essentielle in all seinen Arbeiten erfasste: Mehr als Architektur, mehr als Leidenschaft – kongenial zeigt Pelkonen die Sehnsucht als fassbares Kriterium auf: "In der neuen Glasarchitektur geht es darum den Augenblick des Sichtbarwerdens hinauszuzögern, mehr als um Transparenz und Klarheit. Gebunden an Sehnsuchtskriterien wie z.B. den Körper, der sichtbare Realität aber auch unscharfes Objekt ist, wird Glasarchitektur zu einer transformatorischen Zone, die nicht greifbar ist. Sie zeigt einen Weg zur Architektur, die neu formuliert und entdeckt wird. Eine erotische Transformation, wie Pelkonen meint, das Fließen, Sich-Entwickeln und Öffnen, von einem Zustand in einen anderen, die Schwelle zwischen dem Sichtbaren und dem Unsichtbaren![14]

Durch Giencke angesteckt, können wir unseren Weg über Scharoun, Aalto, Pietilä und Le Corbusier zu einer Architektur finden, in der die ethische Funktion durch Leidenschaft, großes Können, ja Ekstase gebündelt ist. Aus begrenzten Mitteln, aus einer Sparsamkeit, die zu Überschuss verführen muss ohne dazu einzuladen, aus einem besonders harten Vertrag entspringen großartigere architektonische Gesten und Erfindungen. Kommen wir zu Gienckes Auffassung von Landschaft zurück. Zutiefst weil zeitbedingt in der Ortlosigkeit angesiedelt, ist es eine Architektur, die sich der eigenen Geschichte schmerzhaft bewusst ist, nicht negiert, sondern vielmehr zelebriert, und - was Giencke am wichtigsten ist -, ihren Zweck durch das Bauen erreicht. Für Giencke ist die Diskussion über Theorie, der endlose Wettstreit jedes Symposiums, eine ehrliche Ausgangsbasis für den Architekten. Der Architekt ist aufgefordert, die vom Philosophen gestellte Herausforderung anzunehmen. Wenn es eine Absicht und eine Notwendigkeit gibt, dem Architekten das Leben schwerer zu machen, dann muss den Architekten von heute erlaubt werden, zu reagieren und nicht zu kapitulieren. Volker Giencke tut das. Man kann es so beschreiben, dass er die Architektur an diesem zeitbedingten Geschehen vorbei zu einem neuen Selbstverständnis führen will. Be-arbeitet und ge-liebt, Architektur bedeutet Giencke nichts, wenn sie nicht gebaut ist. Gleichzeitig muss sie als gebaute Landschaft sichtbar sein und verschwinden können. Im tibetischen Buddhismus ist dies einer jener "bardo"-Zustände, langsam erleuchtet, ein Zwischenzustand, bevor man sich wieder entfernt.[15]

*

the spirituality that will also be claimed of some of his work, has had no better commentator than Pelkonen. In "Achtung Architecture" she has put it succinctly when assessing the essential tensions that are present in any of Giencke's works. Wider than architecture, tighter than passion, Pelkonen brilliantly indicates the economics of desire present: "The new glass architecture is generally more about this ability to avoid stasis by suspending the moment prior to unveiling than it is about transparency and revelation. Tied to the economics of desire, like the body that is both veil and veiled, it becomes a transit zone that cannot be possessed, but signifies a way to architecture, its rediscovery." An erotic transit, Pelkonen suggests, that promises the possibility of movement from one state to another, an unfolding, a liminal space between the visible and the invisible![14]

As reponsible then as he is infectious we may also find our way though Sharoun, Aalto, Pietilä and Le Corbusier to an architecture in which the ethical function is tightened by passion, immense skill, even ecstasy. From limited means, from an economy that must tempt excess without inviting it, an extremely hard contract, comes grander architectural gestures and a re-discovery. Here we return to Giencke's notion of landscape. Situated very much in a contemporary placelessness, not denying but celebrating architecture's ability to cut to the quick of its own history and, above all to Giencke, achieve itself by being built. For Giencke the discussion on theory, the symposium's interminable contest, layer honesty for the architect without ever losing sight of its difficulty. Ultimately they prod the architect to take on the challenge thrown down by the philosopher. If there is an intention and an urgency to make life more difficult for the architect, then it is the contemporary architect who must be allowed to respond and not capitulate. Volker Giencke does so. By what can only be described as a way to take architecture beyond all this contemporary mediated fiddle and arrive however fragile and floating, once more to a permanent conspiracy. Be-laboured and be-loved, architecture is nothing to Giencke if not built. At the same time, it must also veil and unveil itself as a built landscape. In Tibetan Buddhism, one of those "bardo" states, enlightened slowly, in between, before departing once more.[15]

*

It is often only when we leave the symposiums, in departure, that we begin to measure the possibility in our own lines, the responsibility to write in a way appropriate to the architecture and the moment. Here I sense Giencke might agree. Poetry can be as

---

[14] Pelkonen schließt: "So gesehen, kann Architektur Bedeutung verschmelzen und kondensieren, statt zu trennen und zu klären, und so Symbolik und Poesie innerhalb der modernen Tradition evozieren." (S. 125). In *Achtung Architektur!* geht es um Giencke und das geistige Umfeld, wahrscheinlich wird dieses Buch für das Studium der österreichischen Architektur des 20. Jahrhunderts einmalig und ohne Vergleich bleiben.

[15] Mehr zu diesem Gedanken über das architektonische "bardo", siehe mein Essay *How Architecture Got its Hump*, MIT Press, 2001.

[14] Pelkonen concludes: "Perceived as such, architecture is able to fuse and condense meaning rather than separate and clarify it, and thus evoke the symbolic and poetic within the modern tradition." p.125. *Achtung Architektur!* is a book both about Giencke and beyond and will probably remain an invaluable and unparallelled study of 20th century Austrian architecture.

[15] For more on this idea about the architectural "bardo" see my essay collection *How Architecture Got its Hump* MIT Press, 2001.

Häufig werden uns erst beim Abschied, bei der Abreise, unsere eigenen Möglichkeiten klar, nämlich auf eine Art und Weise zu schreiben, die der Architektur und dem Augenblick gerecht wird. Giencke, meine ich, würde zustimmen. Dichtung kann so scharfsinnig sein wie Philosophie. Als ich sah, wie die Architekten den Almweg entlang liefen, die Rucksäcke dazu da, ihren Fall abzufedern, wurde mir sofort klar, worauf sie zusteuerten. Dort, eingebettet ins hohe Gras am Waldrand lag ein Swimmingpool. Ellipsenförmig und vollkommen, welch besseren Ort könnte es für das Gruppenfoto geben? Wenn das Wasser eingelassen ist, schwimmt man auf der Höhe der Wiese, wie Giencke mir erzählte. Für ihn handelte es sich nicht um ein Schwimmbecken, das sich einfach der Bequemlichkeit halber nahe beim Haus befand, an dem man vorüberging, wenn man zum Hotel Briol aufstieg. Für ihn widerstand dieser Swimmingpool auf der Bergwiese der Bequemlichkeit, ein Swimmingpool, der durch seine Lage und seinen Entwurf mehr Mühen einforderte. Er betonte die Landschaft, grüßte sie förmlich, er war Architektur.

Beim Symposium war man, etwas gereizt, übereingekommen, dass die Gefahr bestand, die Architektur könnte ihrer eigenen Hysterie, ihres eigenen Spektakels müde werden. Die Architektur bettelt nicht um das Expressive, noch muss sie sich für das Anachronistische entscheiden. Irreguläres muss indes weder Genauigkeit noch Eleganz ausschließen. Die Architektur könnte, und bei Giencke tut sie dies, den Raum dazwischen besetzen, zwischen Übergang und Vergänglichkeit. In dieser Hinsicht deutet Giencke einen leidenschaftlichen Widerstand gegen alles an, was unnötigerweise dramatisch ist. Denn der Romantiker muss gegen den Weg, die Wiese, den Wald ankämpfen, um sich dann - durch den Rucksack weich gepolstert - ins tiefe Gras nach hinten fallen zu lassen. Ich war von diesen Gedanken gefangen, als sich die Symposiumsteilnehmer im leeren Swimmingpool versammelten und verstand plötzlich die gegensätzlichen Standpunkte. Für die einen ist der spektakuläre Anblick und die Formation der Berge, eine Landschaft, die von Architektur überrannt und missbraucht wird. Für die anderen ist es der Berg, der ruft und uns zum Schweigen bringt; fast unbehaglich der visuelle Zwang und die so leichte und unverdiente Verführung.

Hotel Briol, 1. Juni 2000

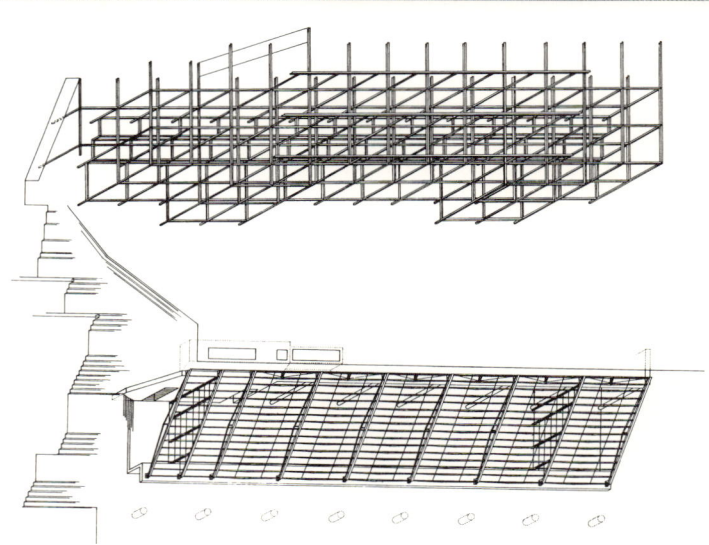

sharp as philosophy. As I saw the architects streaming along the alpine path, rucksacks ready to cushion the fall, I realised where they were going. There, nestled in the tall grass before the forest began was a swimming pool. Elliptical and perfect, where else to take the group photograph? When filled with water, Giencke was to tell me, you swim at the level of the meadow. For him, not the swimming pool simply located nearby the house for convenience, one of which we passed on the climb up to the Hotel Briol. For him, here in the alpine meadow was a swimming pool which resisted the convenience, a swimming pool which asked for more difficulty but in its location and design, saluted landscape and, thus, achieved more architecture.

The symposium had agreed, somewhat tetchily, that there was a clear danger of architecture getting tired of its own hysteria, its own spectacle. Architecture does not beg for the expressive neither must it opt for the anachronistic. But irregularity need neither exclude precision or elegance. Architecture could, and it does so in Giencke's case, occupy that liminal space, hovering with provisionality and impermanence. In this respect Giencke suggests a passionate resistance to anything quite so unnecessarily dramatic. For the romantic must struggle against the path, the meadow, the forest, and then fall backwards cushioned by the rucksack into the deep grass. Blinded by the scene, literally! I thought then, as the Symposium speakers gathered in the drained swimming pool, that I understood the contrary imaginations available for us today. For some, we take in the spectacular sight and site of the mountains, a landscape to be invaded and abused by architecture. To others, the mountain takes us in, stares us down, uneasy that it invites such visual compulsion, such easy, unearned seduction.

Hotel Briol, 1. June 2000

"Odörfer", Klagenfurt
1989–1992

"Odörfer", Klagenfurt

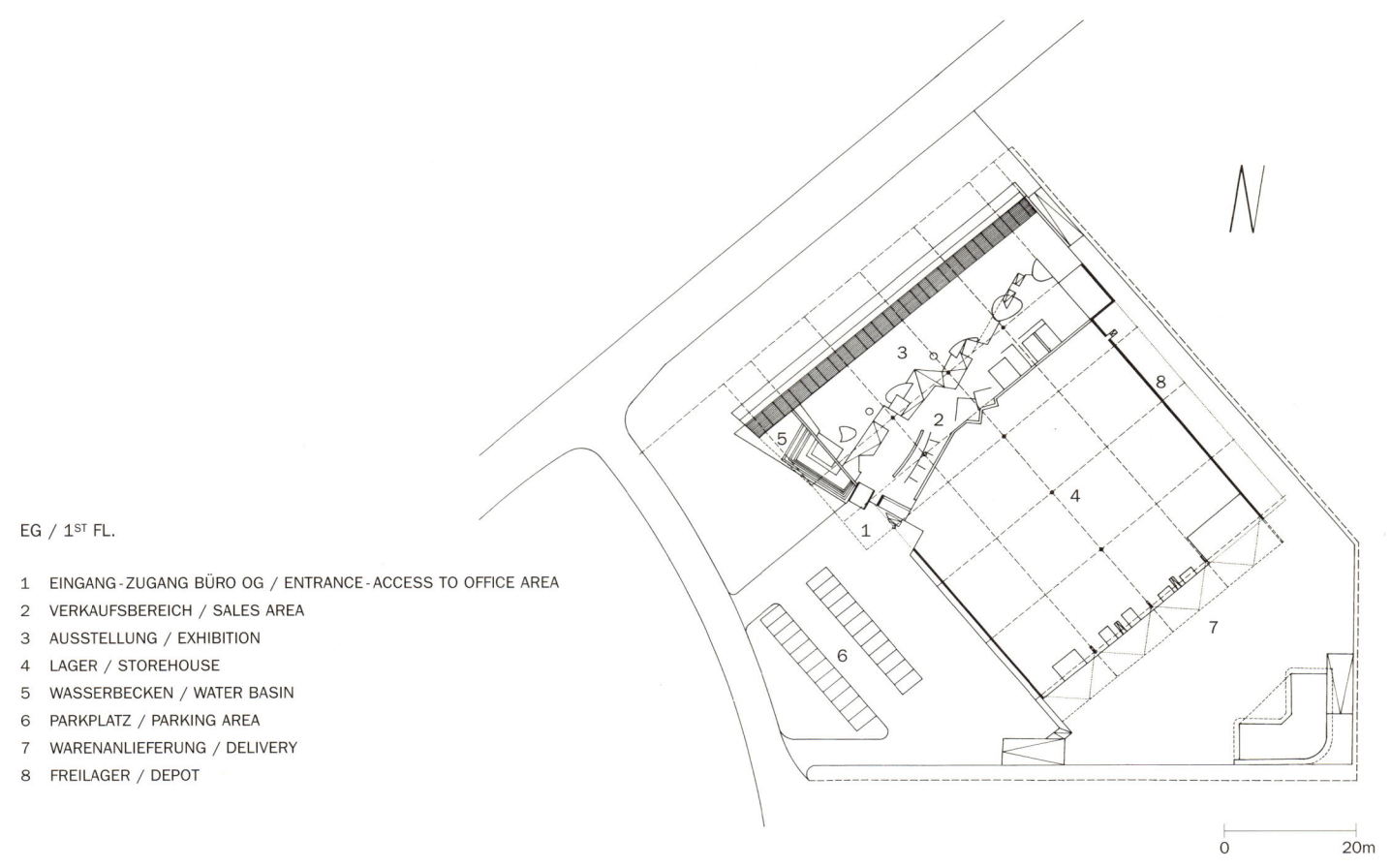

EG / 1ST FL.

1 EINGANG-ZUGANG BÜRO OG / ENTRANCE-ACCESS TO OFFICE AREA
2 VERKAUFSBEREICH / SALES AREA
3 AUSSTELLUNG / EXHIBITION
4 LAGER / STOREHOUSE
5 WASSERBECKEN / WATER BASIN
6 PARKPLATZ / PARKING AREA
7 WARENANLIEFERUNG / DELIVERY
8 FREILAGER / DEPOT

Es ist ein Fest für die Augen. Zuerst stößt man auf das weit vorgezogene Glasdach mit dem Wasserbecken darunter und glaubt, das Wasser würde ungehindert in das Innere des Gebäudes fließen – ein raffiniertes Detail läßt die Glasfassade scheinbar in das Wasser stürzen. Kaum ist man durch den Windfang, steht man im Zentrum, wo sich alles überschneidet und eine Vielzahl von Orientierungen und Eindrücken geboten werden. Links unten die Ausstellungsfläche, rechts das Informations- und Verkaufspult, dahinter die Trennwand zum Lager. Man bemerkt, dass man sich im Mezzanin befindet, zum Teil unterhalb des Büroflügels, von wo aus man den Raum nach oben und nach unten vollständig überblickt. Das Fußbodenniveau teilt sich in eine Vielzahl von Stufen und Podesten, die einem förmlich zuwinken und zur Begehung einladen ... Wie immer, der Raum fasziniert und würde eine gute Skulpturengalerie abgeben. (P. Blundell Jones)

"It's a delight to the eye. You first come across the glass roof drawn up broadly, the water basin underneath, and you believe the water would flow into the building's interior in an unobstructed manner – an ingenious detail lets the glass front seem to drop into the water. Barely passing through the porch, you find yourself in the center, where everything is overlapping and a multitude of orientations and impressions are offered. The exhibition area below, on the left side, the information and sales desk to the right, and behind, the partition to the stockroom. You notice that you're on the mezzanine floor, partly below the office wing, from which you can see the entire space above and below. The floor level is divided in a multitude of steps and pedestals, literally beckoning to come and look around. At any rate, this space is fascinating and would make a good gallery for sculptures". (P. Blundell Jones)

Das Gebäude für einen Sanitärgroßhändler, das die Funktionen einer Ausstellungshalle und eines Betriebsgebäudes mit großer Lagerhalle vereinigt, liegt an der Umgehungsstraße von Klagenfurt, heute mitten im Industriegebiet an der Peripherie der Stadt. Als es gebaut wurde, war es die erste Architektur innerhalb ausgedehnter Weizen- und Maisfelder. Seine Attraktivität, die kurzfristig sogar durch ein Verkehrsschild "Achtung Architektur" dokumentiert wurde, hat es bis heute nicht verloren.

Die Ausstellungs- und Verkaufshalle ist mit einer Reihe von spezifischen Details ausgestattet: hängende Vitrinen, schwebende Treppenläufe, freistehende Glaswände und Besprechungsterrassen, die wie Balkons mit Stoffgeländern in die Ausstellungsfläche ragen. Die Architektur wechselt sich ab mit botanischen Besonderheiten wie Mimosen, Jacarandbäumen und Dattelpalmen.

Set up for a wholesaler in sanitary articles, and combining the functions of an exhibition hall and a service building with a large storehouse, the building is located on the Klagenfurt bypass, in the middle of an industrial area on the town's outskirts. At the time it was built, it was the first piece of architecture amidst extensive fields of wheat and corn. Its attractiveness, briefly highlighted by a traffic sign reading "Watch out, architecture!", has not diminished since. The exhibition and sales hall is equipped with a number of specific details: suspended showcases and stairways, freestanding glass walls and conference terraces projecting into the sales area like balconies with textile banisters. The architecture alternates with botanical oddities such as mimosa, jacarandas and date palms.

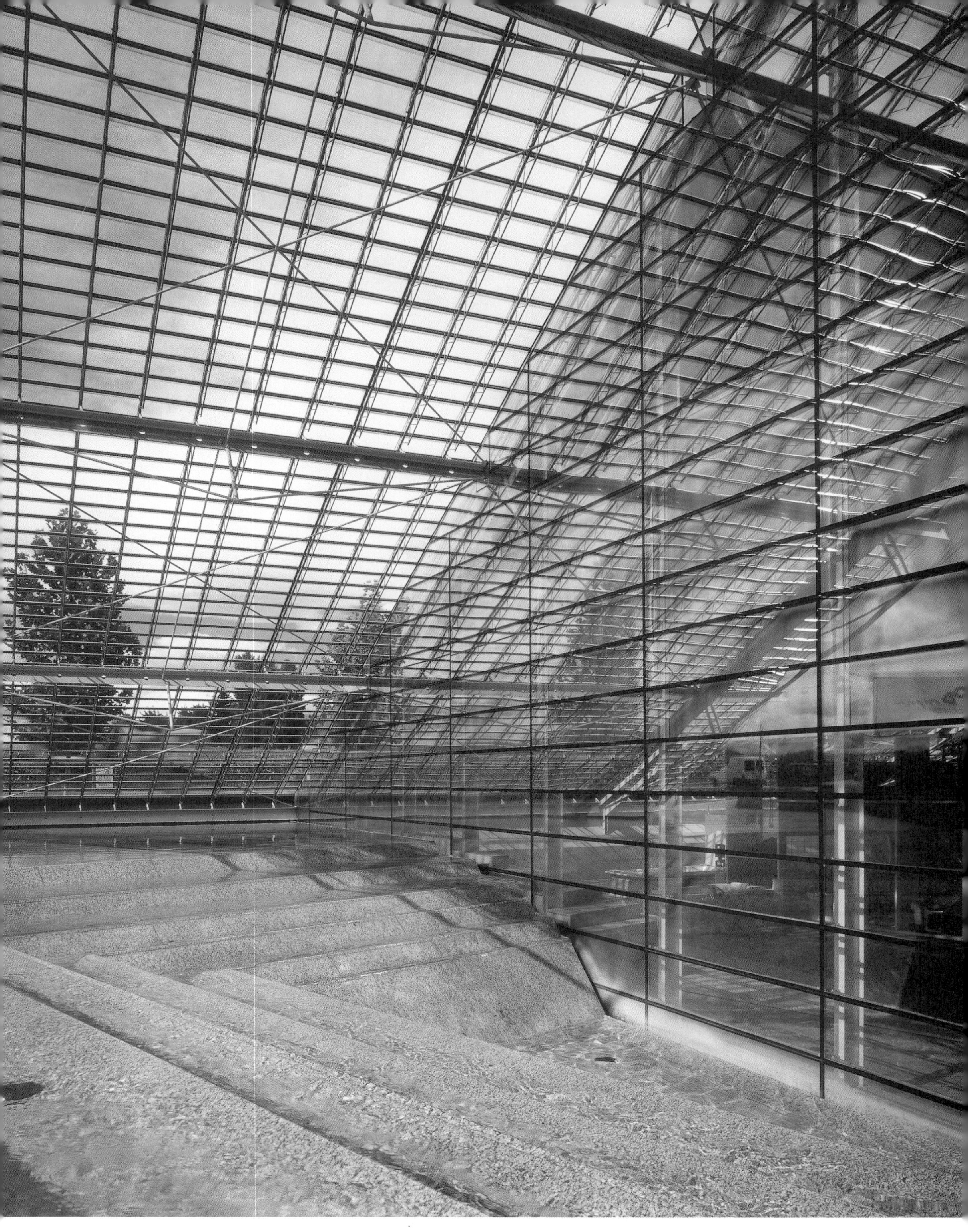

"Odörfer", Klagenfurt

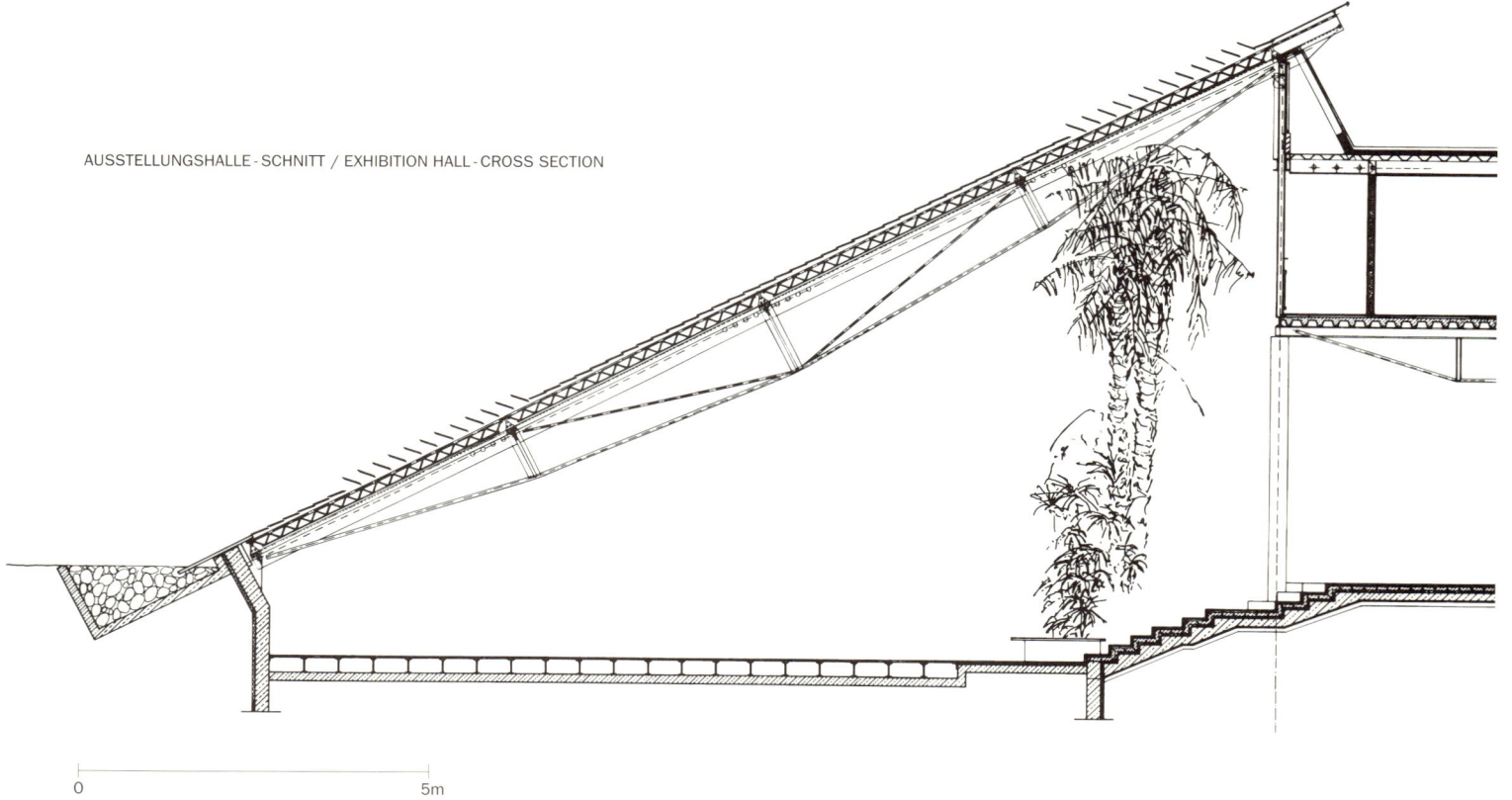

AUSSTELLUNGSHALLE - SCHNITT / EXHIBITION HALL - CROSS SECTION

0   5m

"Odörfer", Klagenfurt

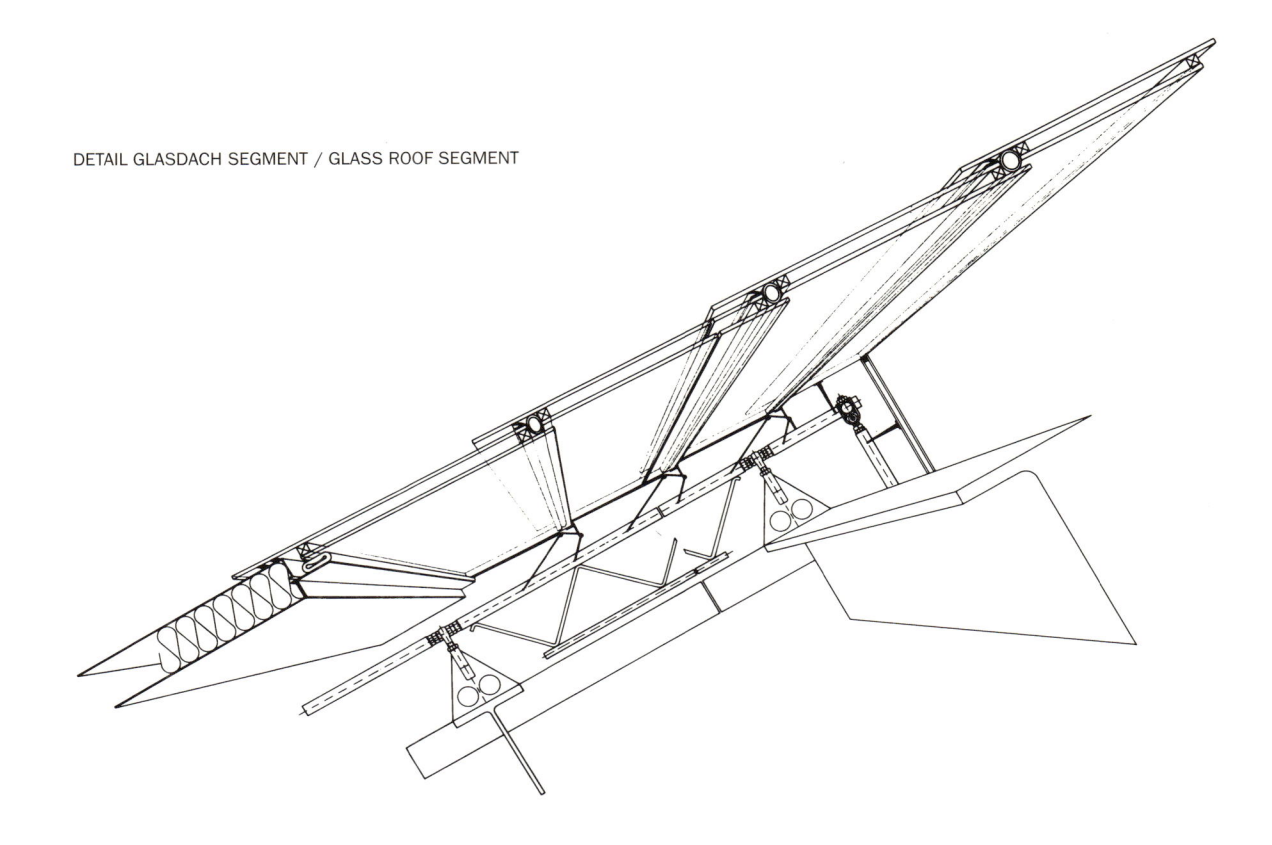

DETAIL GLASDACH SEGMENT / GLASS ROOF SEGMENT

"Odörfer", Klagenfurt

Das unter 30 Grad nach Norden geneigte, 75 Meter lange und über 20 m breite Glasdach kann in zwei Sektionen über seine ganze Länge geöffnet werden. Es ist Fassade und Dach zugleich und ändert sein Aussehen abhängig vom Himmelslicht. Es schimmert und glänzt, blendet und wird gegen Abend durchsichtig. Die gebäudehohe Glaswand vor dem Warenlager ist die Wärmedämmung der tragenden Betonscheiben dahinter. An der Südseite des Gebäudes findet die Warenanlieferung statt. Dort kragt das Dach mit einer ebenso kühnen wie einfachen Konstruktion 8 Meter über die Fassadenebene vor. Egal welches Detail, das gesamte Projekt verlangt kompromißlos nach Innovation. Plötzlich und wie selbstverständlich erkennt man Architektur als Erfindung.

Seventy-five meters long and 20 m wide, the glass roof is pitched by 30 degrees to the north and can be opened in two sectors across its entire length. It is both a facade and a roof, modifying its appearance according to the skylight. Shimmering and shining, it dazzles and becomes diaphanous in the evening. The building-high glass wall in front of the depot functions as a thermal isolation for the load-bearing concrete plates behind. Goods are delivered on the south side of the building, where the roof juts out, with a bold and simple construction, 8 m above the facade level. Regardless of its individual details, the project calls for uncompromising innovation. Suddenly, and almost as a matter of course, architecture is discerned as invention.

"Odörfer", Klagenfurt

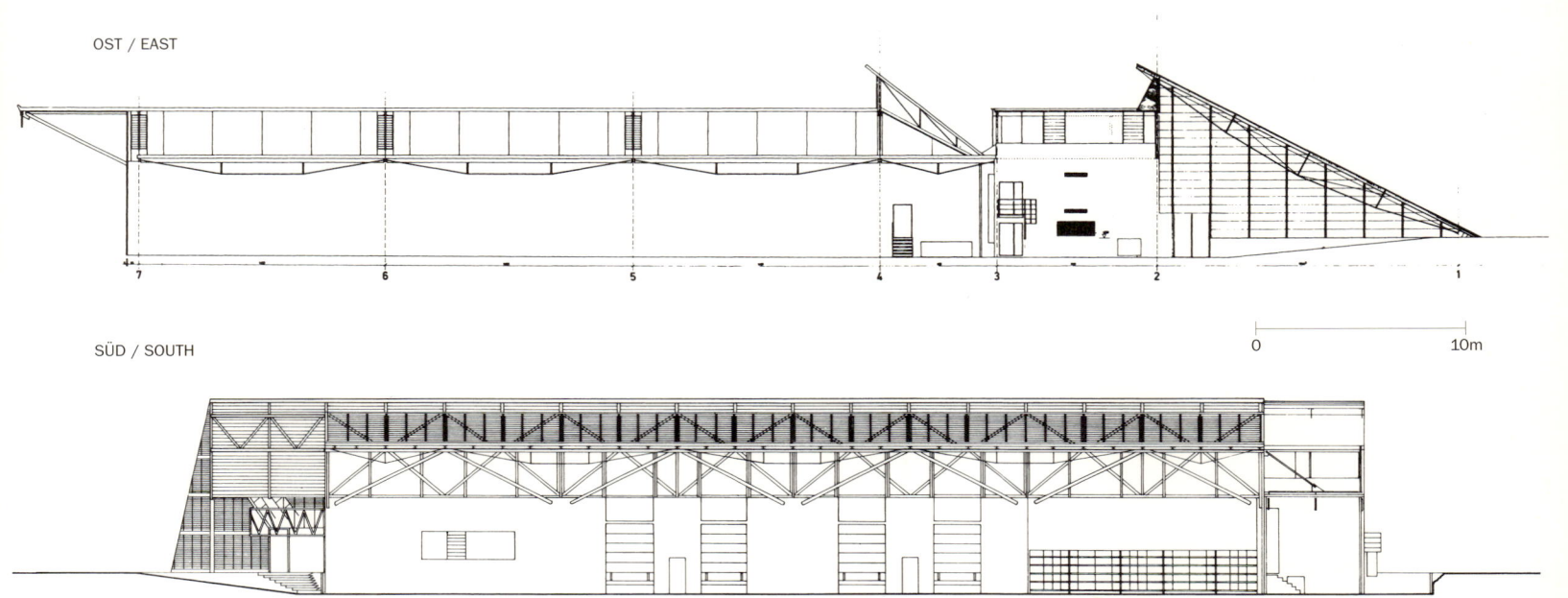

OST / EAST

SÜD / SOUTH

0　　10m

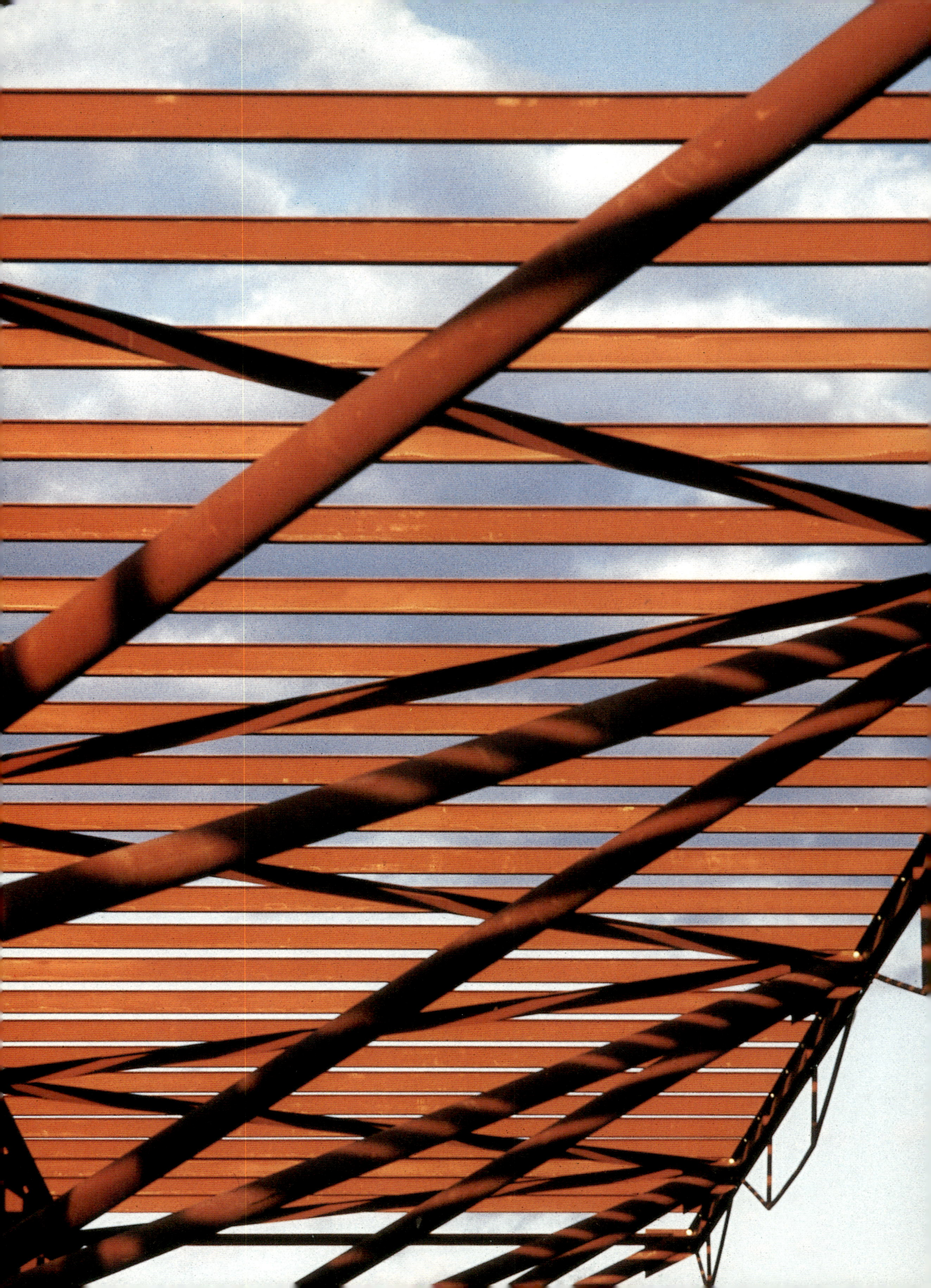

"Odörfer", Klagenfurt

Abtei Seckau, Steiermark / Abbey of Seckau, Styria

1988–2000

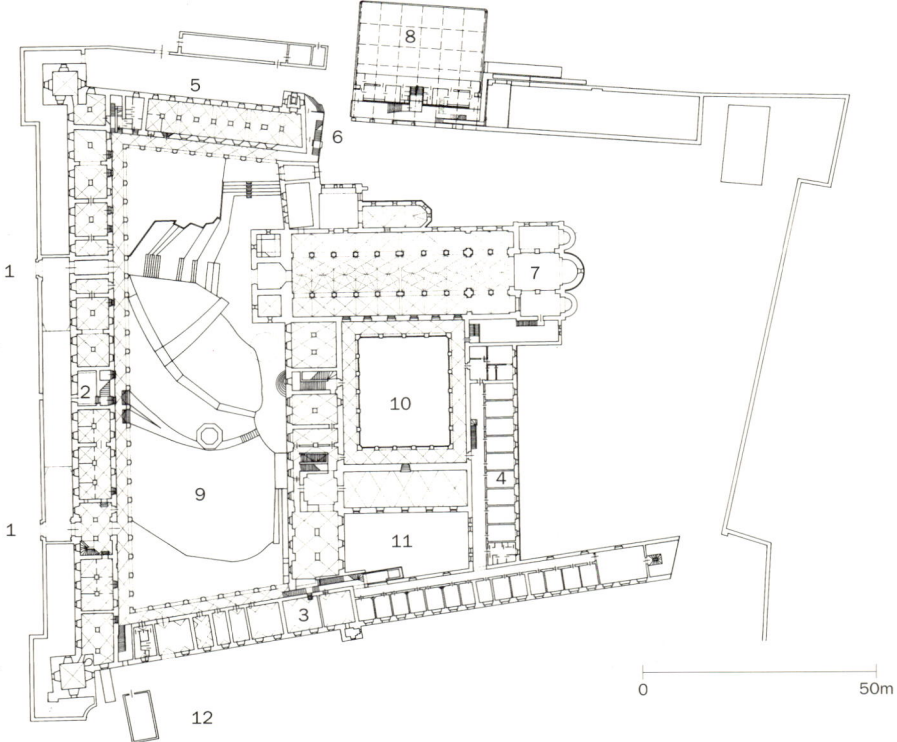

EG / 1ST FL.

1. EINGANG / ENTRANCE
2. WESTTRAKT / WESTERN WING
3. SÜDTRAKT / SOUTHERN WING
4. OSTTRAKT / EASTERN WING
5. NORDTRAKT / NORTHERN WING
6. NORDSTIEGENHAUS / STAIRCASE NORTH
7. BASILIKA / BASILICA
8. TURNSAAL / GYMNASIUM
9. WESTHOF / COURTYARD
10. KREUZGANG / CLOISTER
11. JOSEFSHOF / JOSEPH'S COURT
12. GLASHAUS / HOTHOUSE

Das um 1140 am Fuße der Seckauer Alpen in fast 1000 m Seehöhe gegründete Kloster ist durch seine Basilika ein Juwel der romanischen Baukunst. Es ist ein zeit- und stilgeschichtliches Zeugnis durch mehr als achthundert Jahre. Der Aufhebung des Klosters durch Kaiser Joseph II. folgte 1883 seine Neugründung durch Benediktinermönche. 1926 kam das Stiftsgymnasium mit angeschlossenem Internat dazu. Bevor Volker Giencke 1988 den Wettbewerb für die zeitgemäße Adaptierung der Abtei und des Abteigymnasiums gewann, hatte er Anfang der 80er Jahre in Graz einen Altbau zu einem Seminar- und Tagungsraum für Architekten und ein Abbruchhaus zu einem Studentenheim umgebaut. Es waren die ersten international bedeutsamen Beispiele für "Neues Bauen in alter Umgebung", die die sogenannte Grazer Architekturschule vorweisen konnte. Da kaum Geld zum Bauen vorhanden war, entwickelte Giencke zuerst ein langfristiges Konzept, das die Adaptierung der baulichen Substanz des Klosters an neue Funktionen ebenso vorsah wie den teilweisen Abbruch und Neubau. "Es geht darum, radikal im Denken zu sein, das heißt, an den Wurzeln zu beginnen, zurückzugreifen auf die ursprüngliche bauliche Struktur des Klosters und darauf aufbauend Neues zu schaffen. Klosterarchitektur war nie vordergründig billig, sondern immer einfallsreich.

On account of its basilica, the Abbey, founded around 1400 at the foot of the Seckau Alps some 1000 m above sea level, is a jewel of Romanesque architecture. In terms of contemporary and stylistic history, it is a testimony covering more than eight centuries. The closure of the monastery by Emperor Joseph II was followed by its reestablishment by Benedictine monks in 1883. The convent high school and an annexed boarding school were added in 1926. Before winning the competition for an up-to-date adaptation of the Abbey and high school in 1988, Volker Giencke had already rebuilt an old edifice into a tutorial and conference hall for architects, and another house to be pulled down was turned into a dormitory. These proved to be the first internationally acknowledged examples of "new constructions in old environments" produced by the so-called Graz School of Architecture.
Since capital was hardly sufficient to build, Giencke first developed a long-term concept, planning to adapt the monastery's constructional substance to new functions, alongside its partial demolition and reconstruction.
"What counts is to be radical in thinking, and that implies starting at the roots, going back to the monastery's original architectonic structure and, on this basis, to create anew.

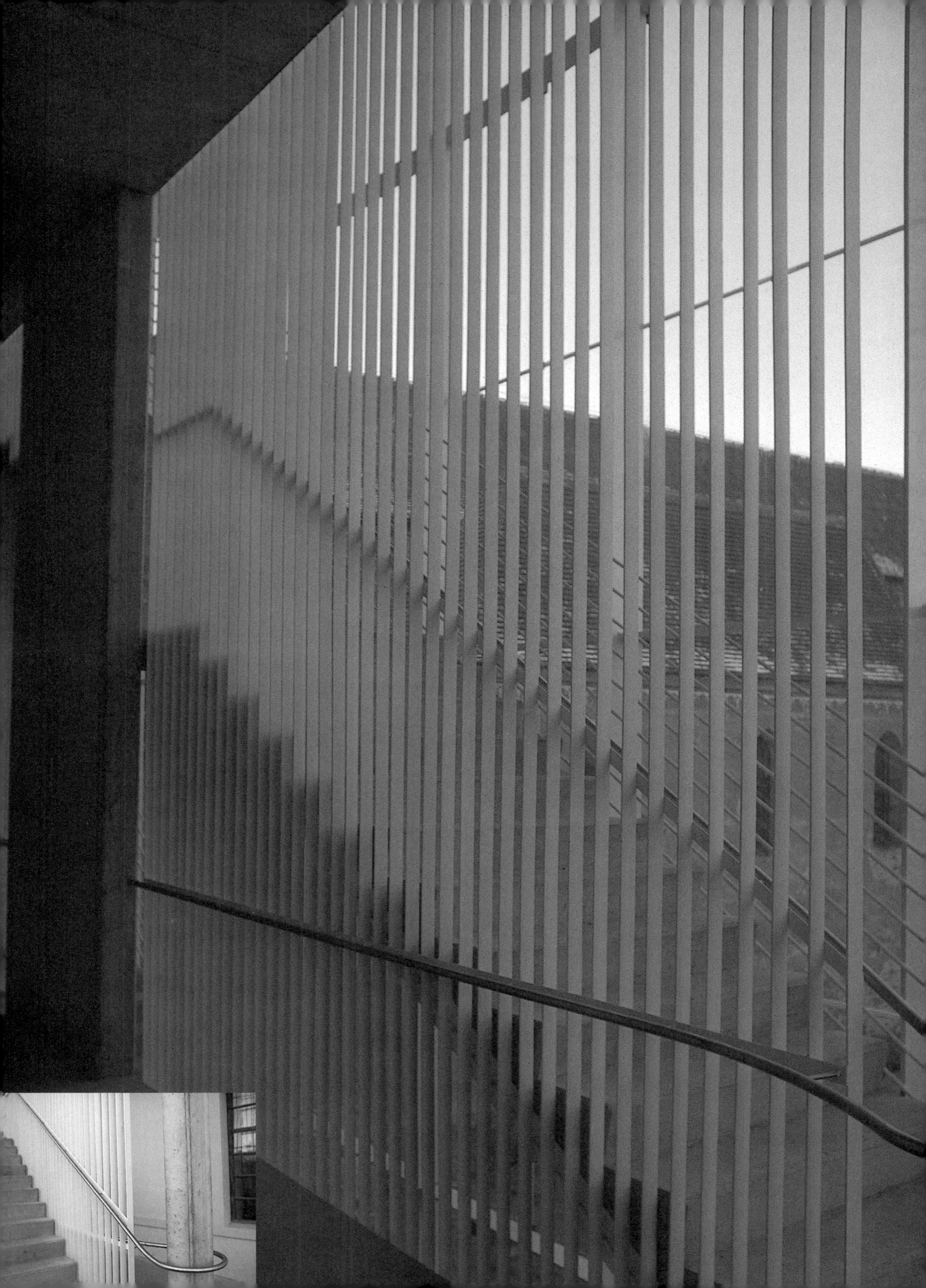

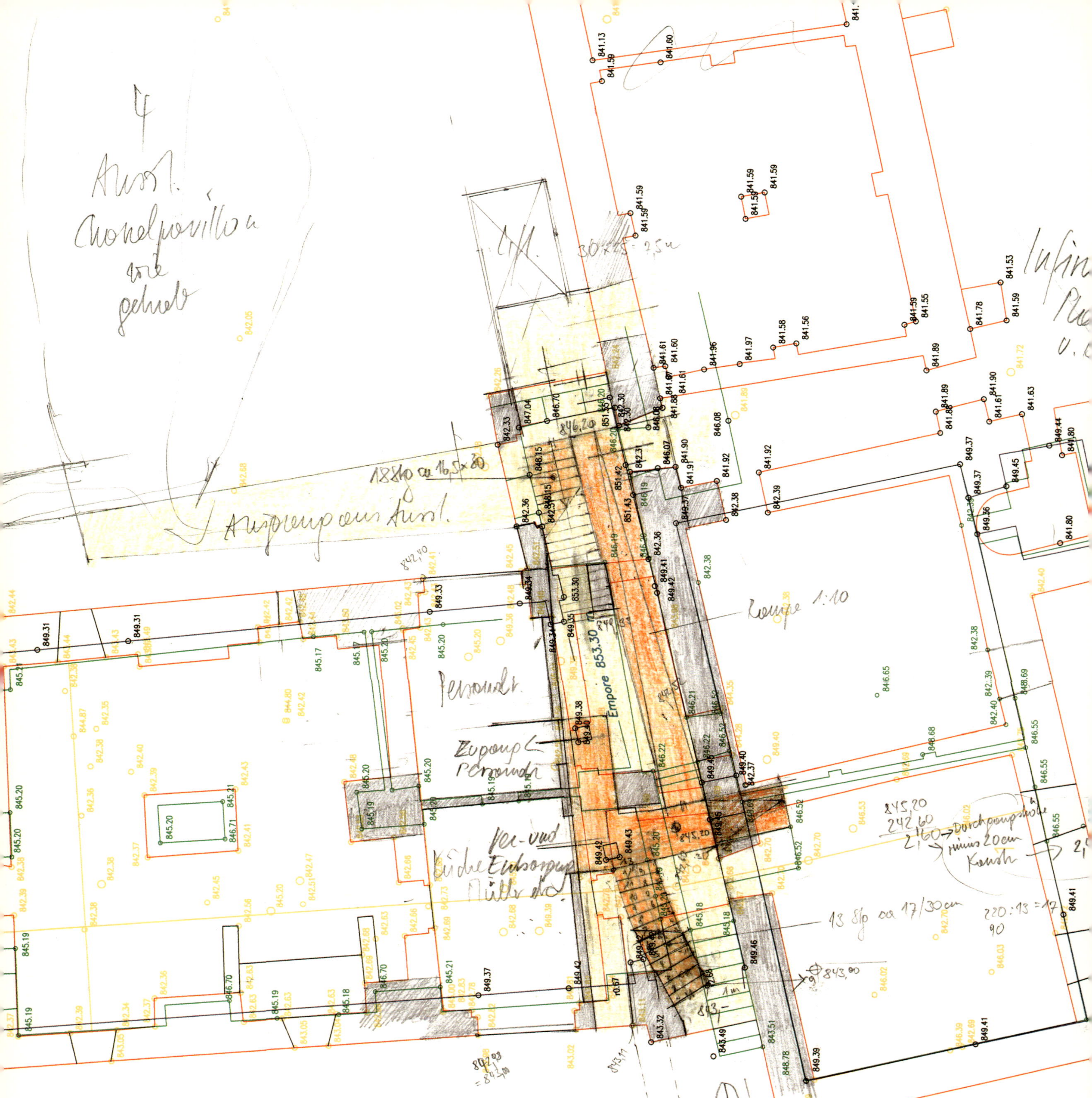
Empore 853.30
Rampe 1:10
Personal
13 Stg ca 17/30 cm
220 : 13 = 17

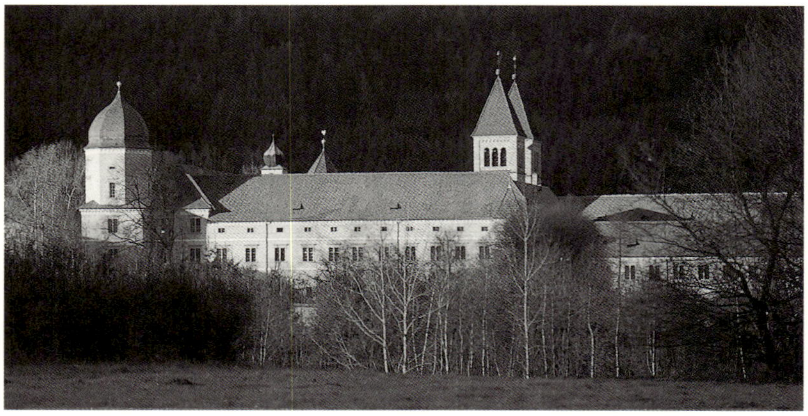

1   ABTEI / ABBEY
2   "HOFWIRT" RESTAURANT
3   TURNHALLE / GYMNASIUM
4   PARKPLÄTZE / PARKING PLACE
5   KLOSTERGARTEN / MONASTERY GARDEN

0   100m

1   ABTEI / ABBEY
2   "HOFWIRT" RESTAURANT
3   TURNHALLE / GYMNASIUM
4   PARKPLÄTZE / PARKING PLACE
5   KLOSTERGARTEN / MONASTERY GARDEN

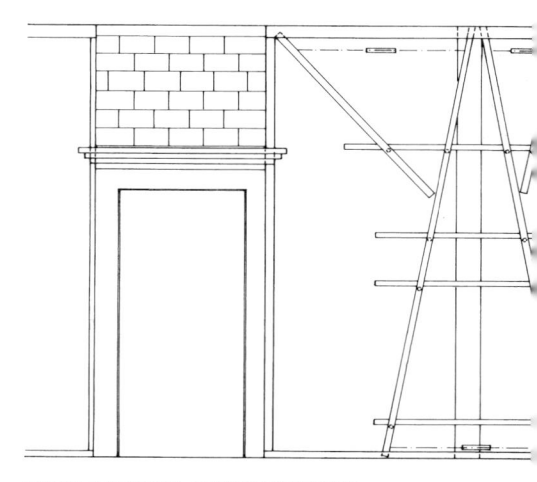

VITRINE PHYSIKSAAL / SHOWCASE PHYSICS

Wir müssen also drei Schritte nach vorne gehen, um im Ernstfall zwei Schritte zurück machen zu können. Das heißt, wir sind gezwungen, der Realität mit einer Vision zu begegnen. Ich glaube, daß Klöster nie anders gebaut wurden." (Volker Giencke) Der Nordtrakt wurde teilweise abgebrochen und neu aufgebaut, wobei das denkmalgeschützte Äußere kaum verändert, substanziell aber neues Material verwendet wurde. Im Osten wurde ein Stiegenhaus angefügt, das zugleich den Abschluß des Nordtraktes neu definiert und die Verbindung zum neu gebauten Turnsaal herstellt. Dieser, unter ein bestehendes Schuppendach gestellte Neubau, steckt voller Erfindungen. Seine Isolierglasfassade stellt ohne sichtbare Tragkonstruktion die physikalische Trennung zwischen Innen und Außen her. Im sogenannten Zwinger vor der Westfassade "schwebt" ein Glasdach über dem Eingang zur Schule, eine seilverspannte Konstruktion, die sogar dem Gewicht von Dachlawinen widersteht. Der Klosterhof mit dem Zugang zur Basilika ist in Stufen und Podesten betoniert. Fast südländisches Flair ist es, dem man hier begegnet. Das kulturelle Programm des Klosters wird durch alljährlich stattfindende Kulturwochen und Ausstellungen ergänzt. Veranstaltungsraum ist neben den Repräsentationsräumen des Klosters eine frei geformte, mit rot gestrichener Brettschalung verkleidete und mit transluzenter Folie gedeckte Holzkonstruktion. Durch die ebenfalls transluzente Wärmedämmung fällt das Licht zwischen den Brettern in den Raum. Mit fast Nichts an baulichem Aufwand wird eine räumlich faszinierende Atmosphäre geschaffen. Die geistige Wirkung über die bauliche Herstellung, und die offensive Nutzung funktionaler Ungereimtheiten bewirkt den sympathischen Charakter einer Architektur.

Abbey of Seckau, Styria

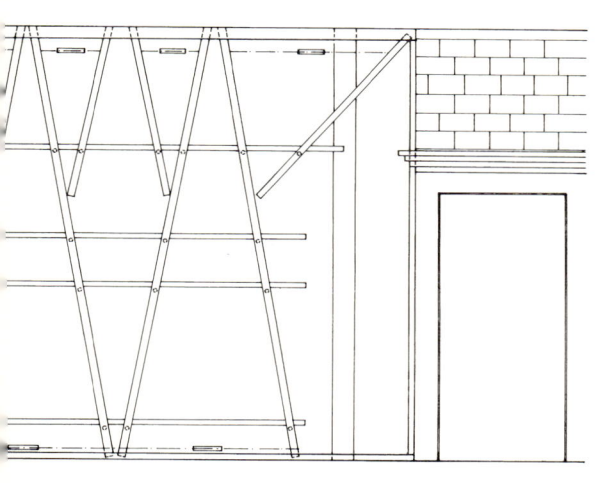

Cloister architecture has never been superficially cheap, but rather always imaginative. We'll have to go ahead three steps in order to go back two in emergency cases. This means we are forced to face reality with a vision. I have no doubt that monasteries have ever been built differently". (Volker Giencke)
The northern tract was partly demolished and rebuilt, the exterior classified as a historical monument was barely changed, yet fresh material was used to a substantial extent. A new stairway was attached in the east, redefining the end of this wing and creating a connection with the newly built gymnasium. The reconstruction, placed under an existing scale tile roof, is abundant with inventions. Without a visible bearing construction, its facade of sound-resistive glass represents a physical separation between the inside and outside. In the so-called "Zwinger" (outer ward) in front of the western facade, a glass roof "dangles" above the entrance to the school, a guyed construction that even resists the load of possible avalanches from the roof. The cloister courtyard accessing the basilica is concreted in steps and pedestals. What is encountered here comes close to Mediterranean flair. The Abbey's cultural program is complemented by annual cultural events and exhibitions. Beside the representative halls of the monastery, the rooms include a freely formed heating construction, paneled with red-coated planking and covered with translucent sheets. The likewise translucent thermal insulation allows the light to fall into the room from between the boards. A spatially fascinating atmosphere is thus created, with barely a constructional effort. This architecture's sympathetic character is brought about by a mental effect arising from the architectonic production and offensively applied functional incongruities.

Abtei Seckau, Steiermark

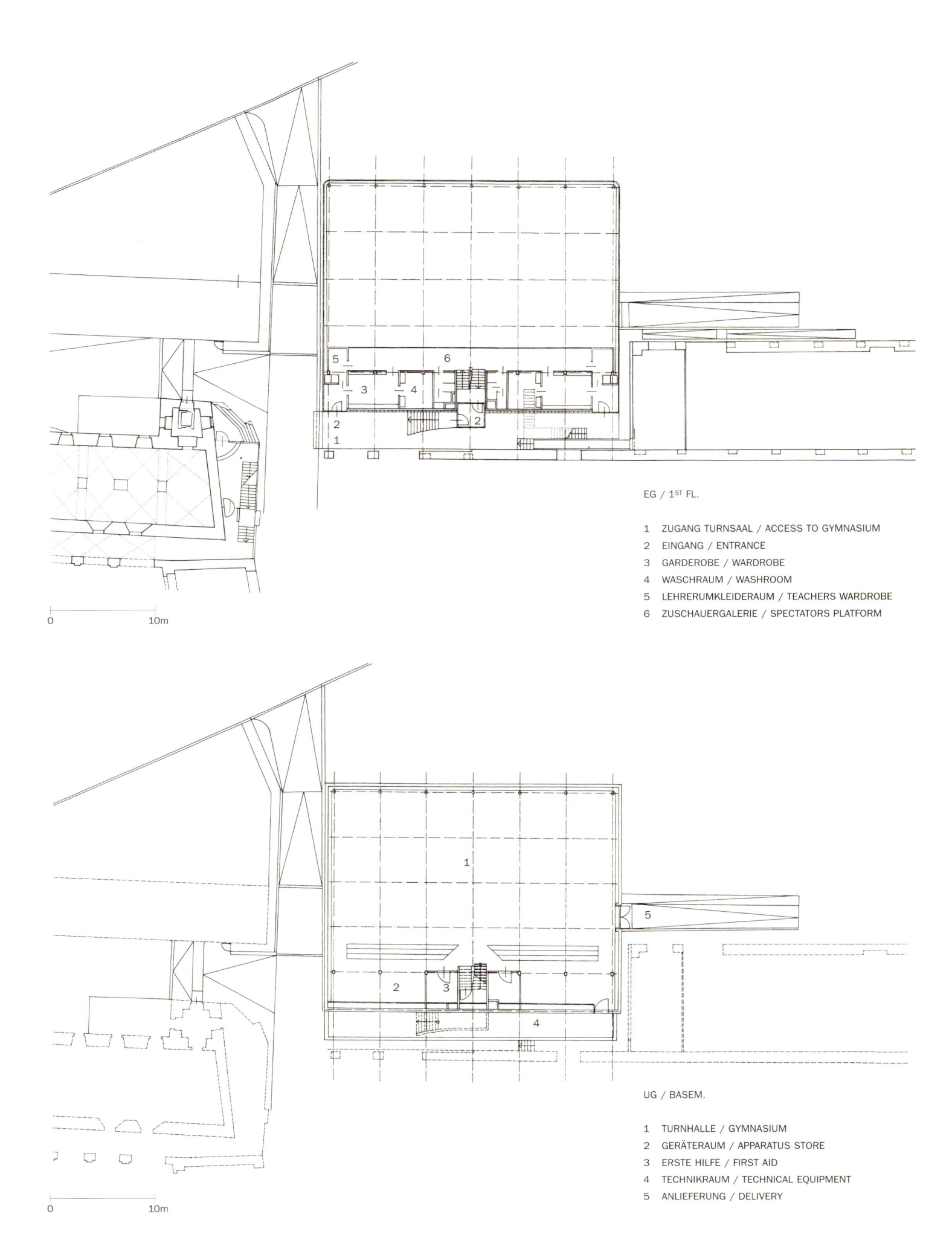

EG / 1ST FL.

1 ZUGANG TURNSAAL / ACCESS TO GYMNASIUM
2 EINGANG / ENTRANCE
3 GARDEROBE / WARDROBE
4 WASCHRAUM / WASHROOM
5 LEHRERUMKLEIDERAUM / TEACHERS WARDROBE
6 ZUSCHAUERGALERIE / SPECTATORS PLATFORM

UG / BASEM.

1 TURNHALLE / GYMNASIUM
2 GERÄTERAUM / APPARATUS STORE
3 ERSTE HILFE / FIRST AID
4 TECHNIKRAUM / TECHNICAL EQUIPMENT
5 ANLIEFERUNG / DELIVERY

Abbey of Seckau, Styria

Abtei Seckau, Steiermark

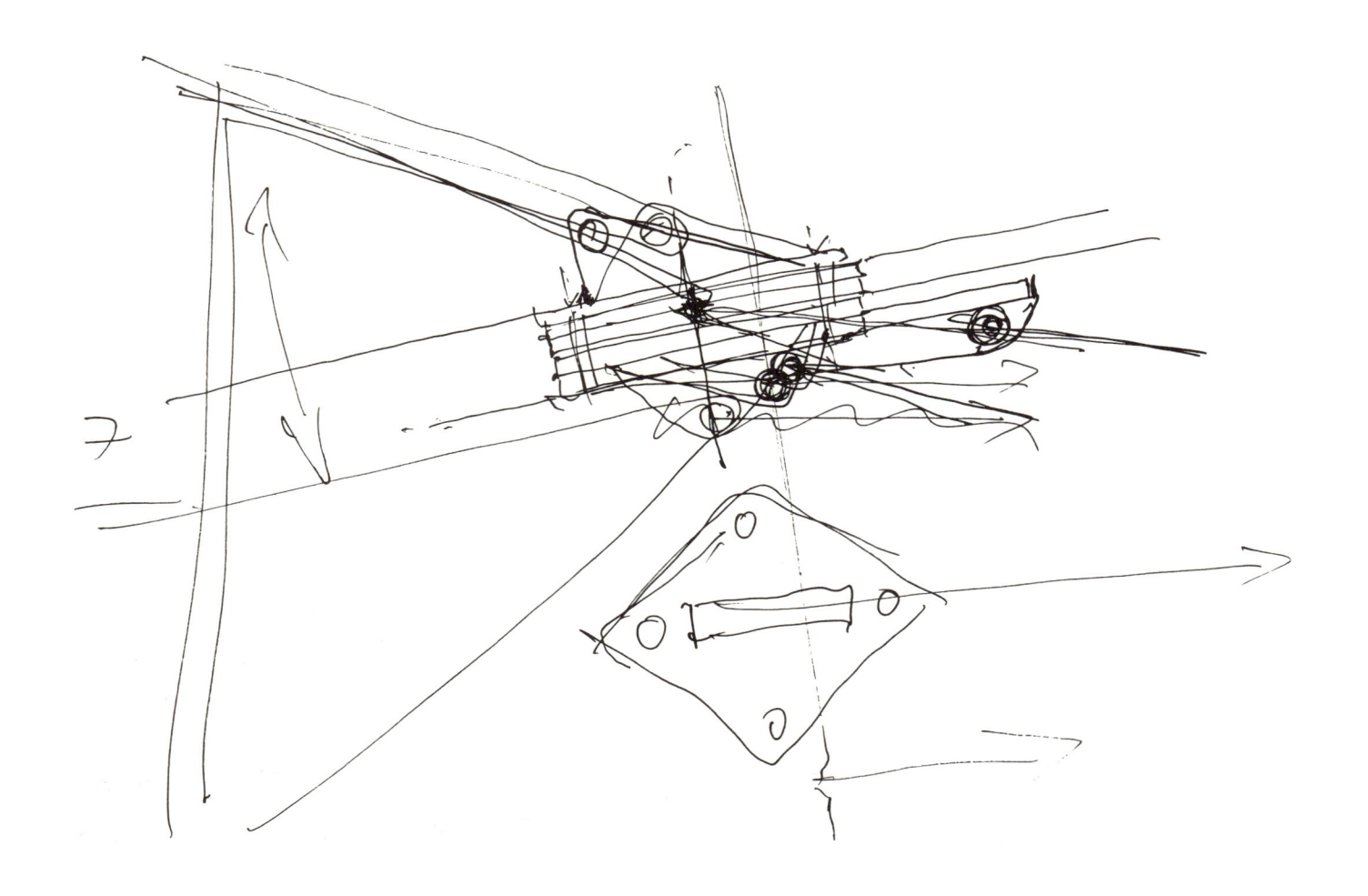

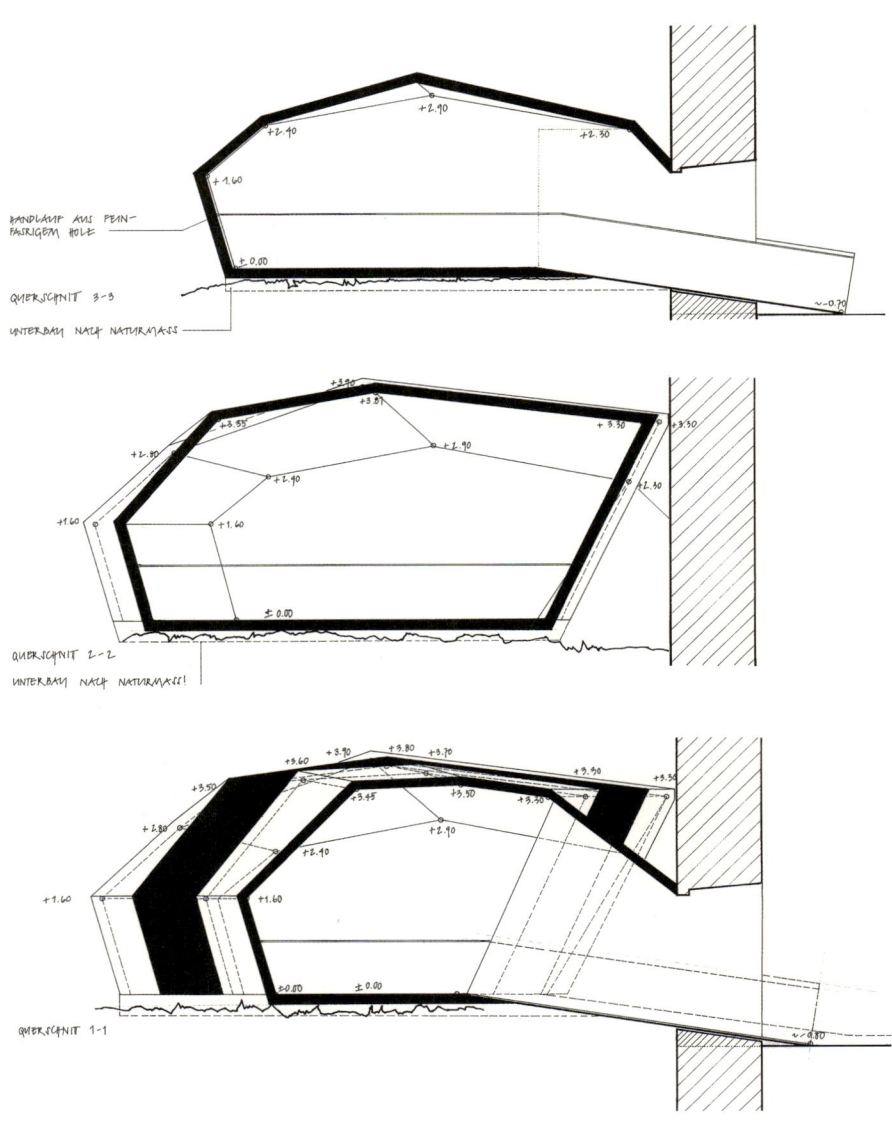

QUERSCHNITTE CHORALRAUM / CROSS SECTIONS CHOIR

41

Verwaltungsgebäude, Bozen / Administration Building, Bolzano
1999

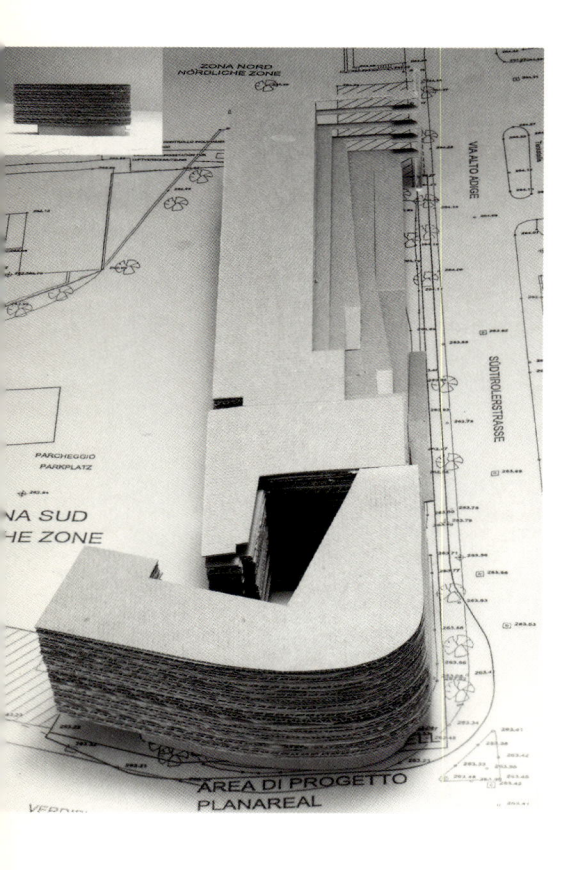

Die Südtiroler-Straße führt aus dem Zentrum von Bozen nach Süden zum Verdiplatz. Die städtische Nutzung entlang dieser Straße ist gemischt. Wohn- und Bürohäuser wechseln sich ab mit Geschäfts- und Kulturbauten. Deswegen überrascht die gestellte Aufgabe nicht, Büros der Stadtverwaltung, die Handelskammer mit Geschäfts- und Schalterbereich und das Arbeitsamt sollten zusammenhängend und doch getrennt in einem einzigen Gebäude geplant werden. Dem Raum- und Funktionsprogramm folgend wurden drei unterschiedliche Baukörper als hybride Architektur entworfen. Das Arbeitsamt prägt als geschlossener und in Boomerang-Form gekurvter Block die Kreuzung der Südtiroler-Straße mit dem Verdiplatz. Nur das Erdgeschoß ist völlig transparent gehalten. Die Handelskammer als größte Funktion ist ein langgestreckter, nach Höhe und in Gebäudetiefe abgestufter Baukörper. Man betritt das Gebäude über seine Fassade, Rampen und Treppen führen auf Terrassen, die als Freiräume vor den Bürogeschossen und von den Kronen der Alleebäume beschattet werden. Die Stadtverwaltung ist in einem L-förmigen Gebäude untergebracht, das zwischen Arbeitsamt und Handelskammer eingefügt ist und sich stärker zum Innenhof als zur Straße orientiert. Das Stadtbild ist vielgestaltig entsprechend den unterschiedlichen Formen der Häuser.

From the center of Bolzano, "South Tyrolean Street" leads southwards to the intersection with the "Verdiplatz" square. Urban occupancy along this avenue is mixed. Residential and office buildings alternate with mercantile and cultural ones. For this reason, it was no surprise that the assignment was to plan, jointly and yet separately, the offices of the municipal authorities, the chamber of commerce including business and counter facilities, and the labor office within one single building. Following the spatial and functional program, three different structures were designed in terms of hybrid architecture. A closed block curved like a boomerang, the employment office gives shape to the street crossing with the square. Only the ground floor is kept fully transparent. The chamber of commerce, the largest function, is an elongated structure that is graded according to height and in the building's depth. The building is accessed via its facade, while ramps and stairways lead to free-space terraces in front of the office floors, shaded by the avenue treetops. Municipal administration is accommodated in an L-shaped building inserted between the labor office and the chamber of commerce and is more strongly oriented towards the inner court than to the street. The townscape is variform in accordance with the different houses' shapes.

Music Center 1+2, Helsinki
1999–2000

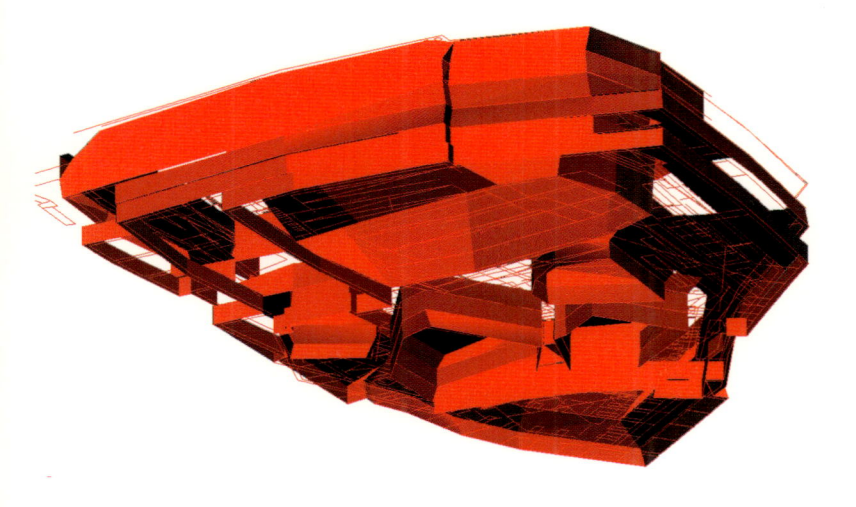

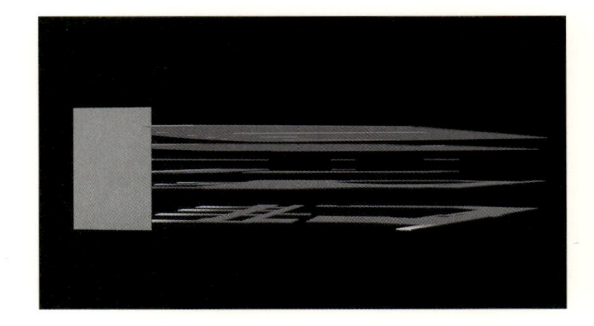

Die erste Stufe dieses Wettbewerbes sollte vor allem die städtebaulichen Randbedingungen näher definieren – und hier wiederum eine gescheite Verkehrslösung für den Bereich zwischen Hauptbahnhof und Finlandia vorschlagen. Tatsächlich wurde die einfallslose Verkehrsführung der Stadtentwicklungsplanung bestätigt, die eine Durchquerung dieses Gebietes, mit einem an der Oberfläche geführten Zubringer zur später unterirdisch geführten Stadtautobahn vorsieht. Zwangsläufig durchschneidet dieser Verkehrsweg die räumliche und landschaftliche Verbindung zwischen Bahnhof, Museum und Musikzentrum mit der Finlandia und dem Töölönlahti-Park, aber auch die Querverbindung zwischen der Mannerheim-Straße und dem Bahnhofsgelände. Auch wurde - obwohl zur Diskussion gestellt - die städtebaulich störende und architektonisch banale Bebauung des Bahnhofsgeländes samt ebensolcher Landschaftsgestaltung nicht einmal diskutiert, was zumindest für jeden mit dem Wettbewerb Befaßten den Sinn dieser ersten Wettbewerbsstufe in Frage stellen mußte.

The first step of the present competition was intended to more precisely define boundary conditions in terms of town planning – in particular, to propose an intelligent traffic solution for the area between the central station and Finlandia. Indeed, the traffic concept of urban development planning was confirmed as being unimaginative: The lot was planned to be traversed by a feeder road on the surface, directed to the city expressway that was subsequently to run underground. This traffic route inevitably cuts through the spatial and scenic connection between the railroad station, the Museum and Music Center with Finlandia and Töölönlahti Park, but also through the cross connection between Mannerheim Street and the area of the station. Moreover, the development of the site and concomitant landscape architecture, both disturbing in terms of urban planning and banal architecture, had never been thoroughly discussed - although this would well have been feasible. These circumstances made those involved in the competition query the significance of the first competition step.

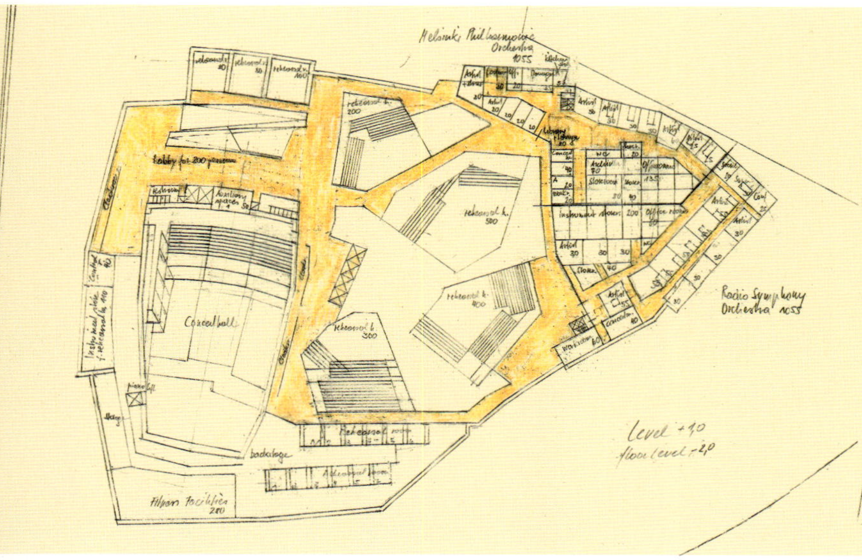
Helsinki Philharmonic Orchestra
Radio Symphony Orchestra
Concert hall
Level +9,0
floor level +2,0

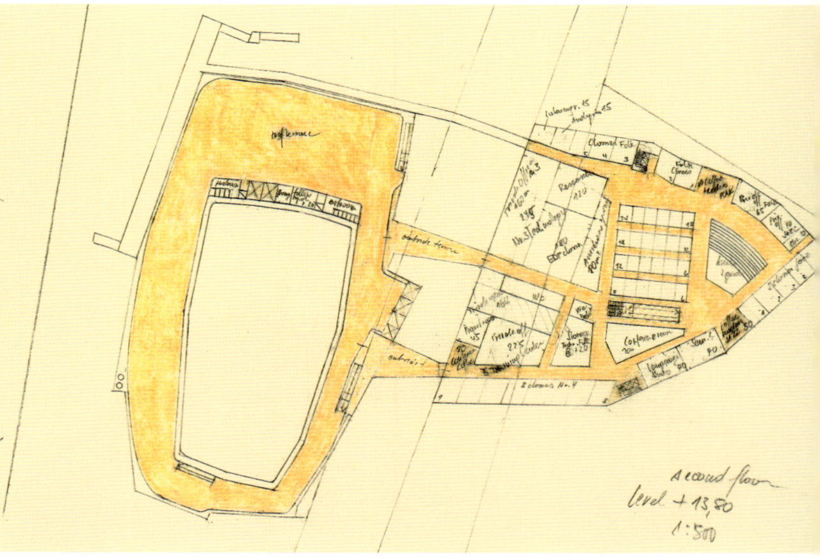
Second floor
level +13,50
1:500

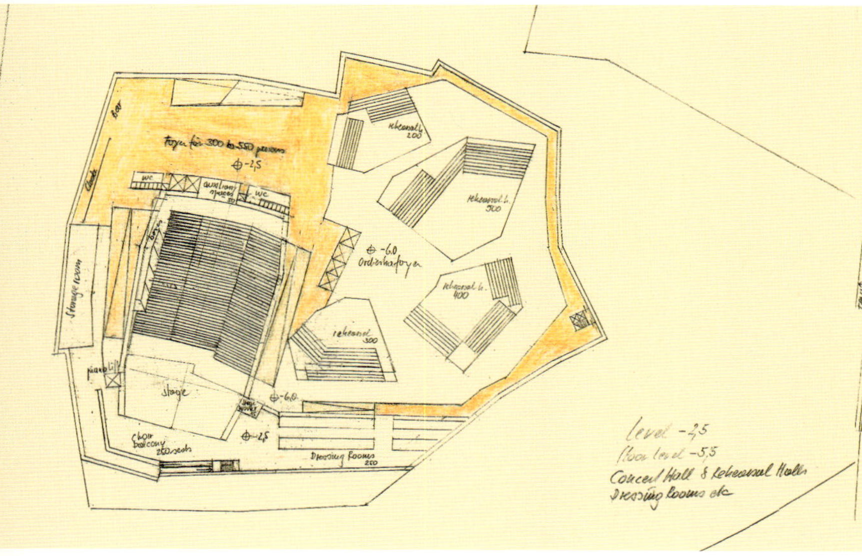
Stage
Level -2,5
Floor level -5,5
Concert Hall & Rehearsal Halls
Dressing Rooms etc

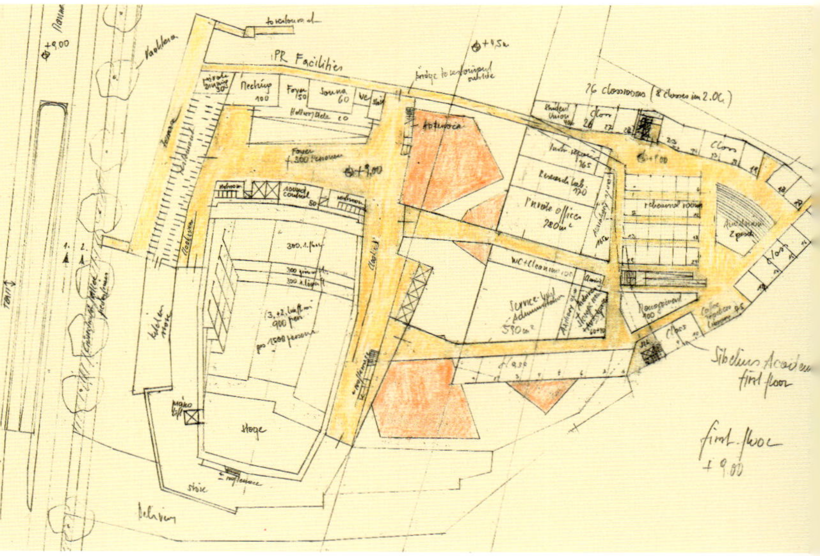
PR Facilities
Stage
Sibelius Academy
first floor
first floor
+9,80

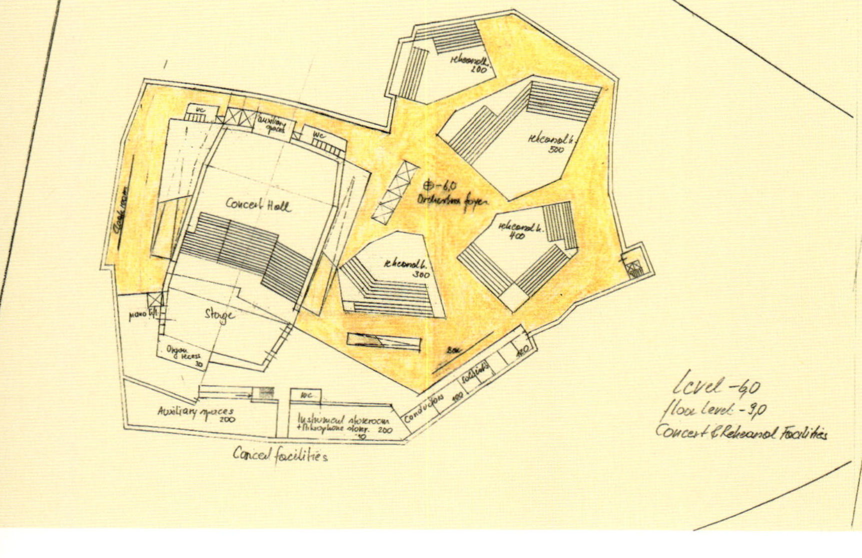
Concert Hall
Stage
Orchestra foyer
Level -6,0
floor level -9,0
Concert & Rehearsal Facilities
Concert facilities

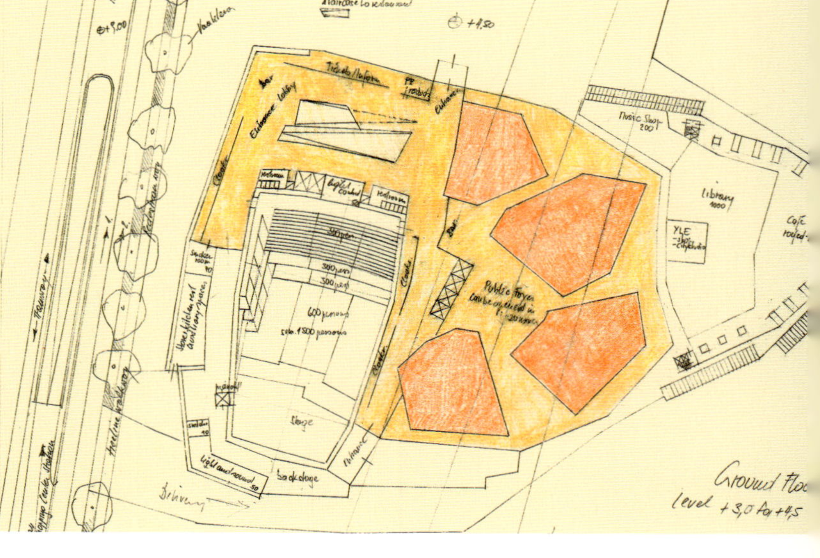
Library
Stage
Backstage
Ground floor
level +3,0

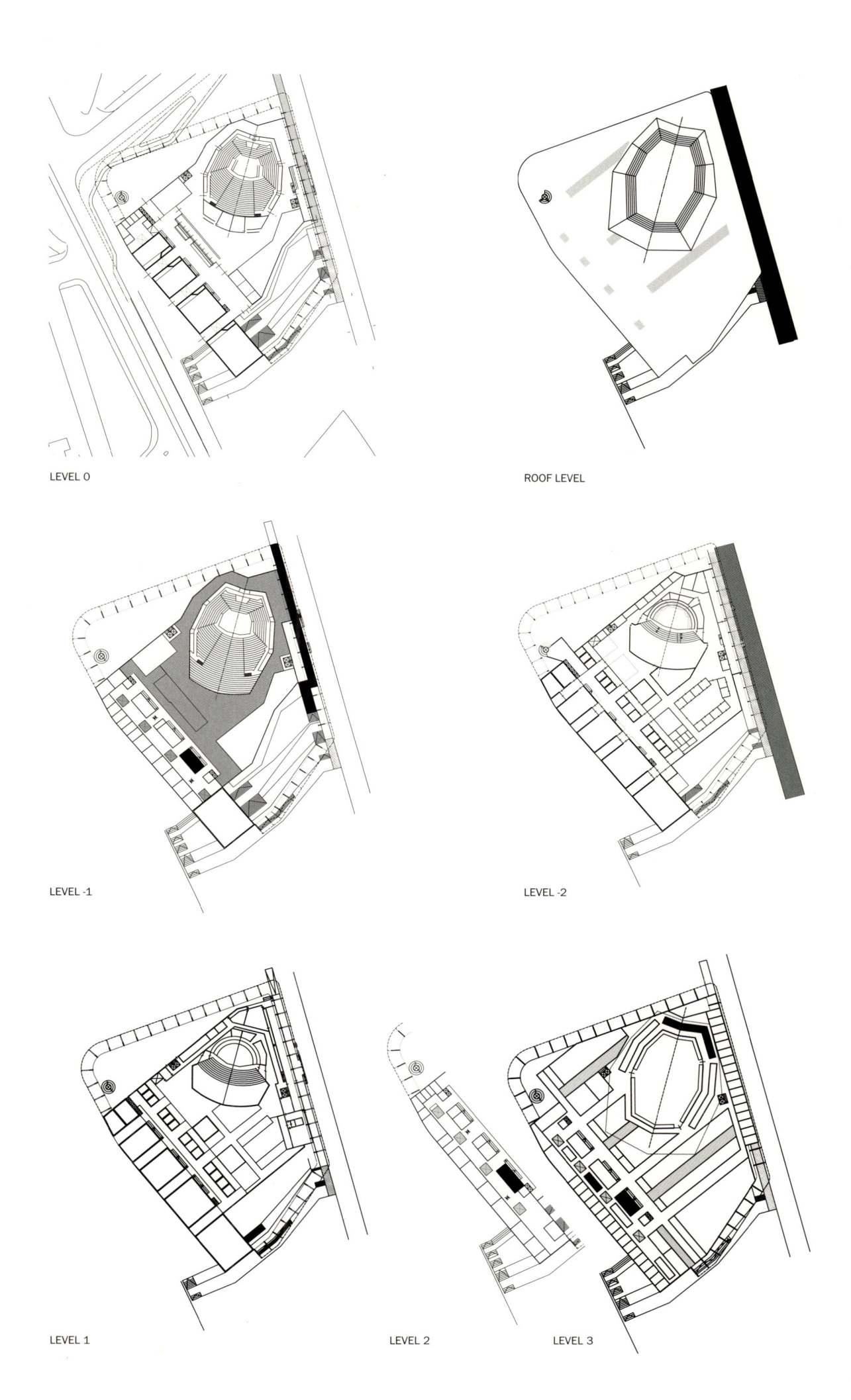

Music Center 1+2, Helsinki

LEVEL 0

ROOF LEVEL

LEVEL -1

LEVEL -2

LEVEL 1

LEVEL 2

LEVEL 3

Music Center 1+2, Helsinki

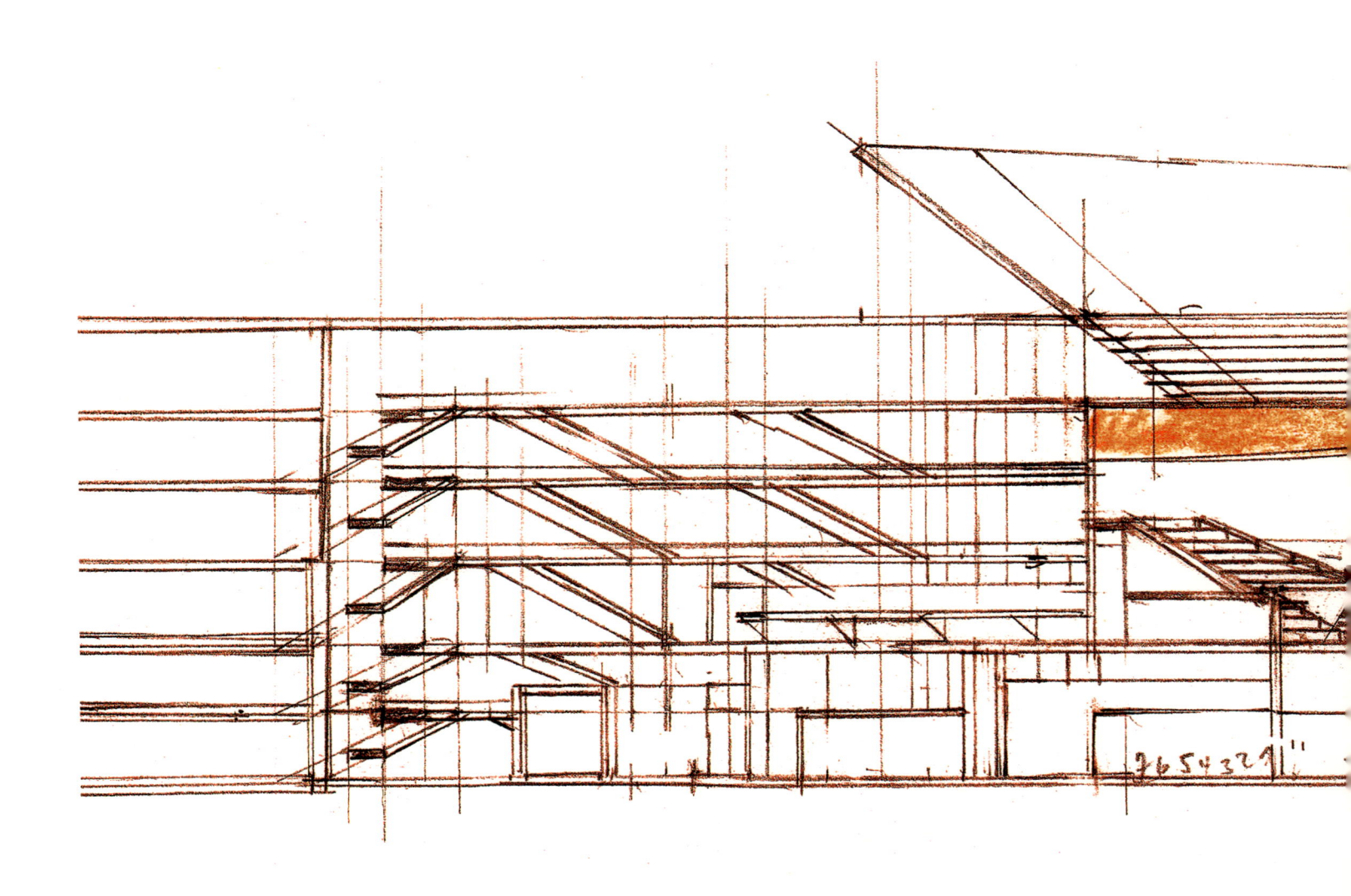

Die frustrierten Wettbewerbsteilnehmer waren offensichtlich froh, es in der zweiten Stufe ausschließlich mit dem Musikzentrum als Wettbewerbsaufgabe zu tun zu haben. Anders als idealistisch läßt sich die Teilnahme von fast siebzig Architekturbüros nicht erklären und anders läßt sich auch das Kennwort "So what?!" nicht verstehen, das Volker Giencke für seinen Wettbewerbsbeitrag wählte. Bedenkt man, dass in diesem Projekt neben der Konzerthalle mit Foyer, fünf Probesälen, die Sibelius-Akademie, das Radio-Symphony-Orchester und das Philharmonische Orchester, daneben Restaurant, Café und jede Menge von Nebenräumen untergebracht werden sollten, überzeugt dieses Projekt durch die organische Geschlossenheit, die es trotz der Betonung der eigenständigen Funktionalität aller Einrichtungen findet. Die Transparenz des Foyers, die erst an der umhüllenden

Finally, the frustrated contestants were obviously relieved to be limited to the Music Center as an exclusive task for the second step. The fact that nearly seventy architects' offices participated cannot be explained but with idealism – and no other meaning can be attached to "So what?!", the title Volker Giencke gave to his contribution to the competition. This project was intended to accommodate a concert hall with a foyer, five rehearsal halls, the Sibelius Academy, the Radio Symphony and Philharmonic Orchestras, in addition to a restaurant, cafe, and a host of side rooms. In this regard, the project is convincing in an organic consistency that does not conflict with the emphasis given to the independent functionality of all facilities. The transparency of the foyer, ending only at the enveloping shell of the concert hall itself, and the

Music Center 1+2, Helsinki

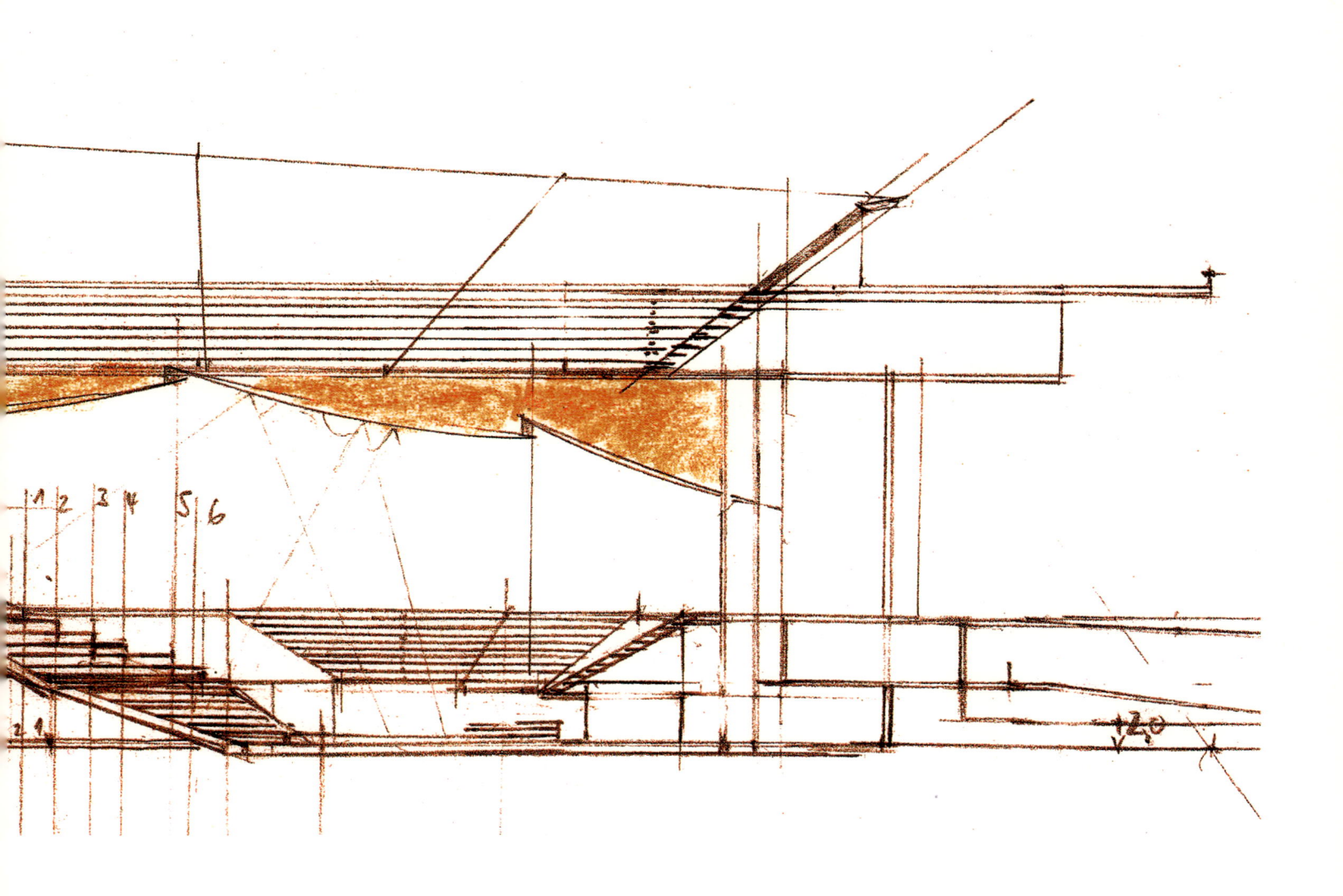

Schale des Konzertsaales selbst endet, und der Zutritt zum Konzertsaal von einer Ebene aus, sind Gedanken, die bisher im Konzerthausbau noch nicht verwirklicht wurden. Die Anordnung des Radio-Symphony- und des Philharmonischen Orchesters in einem Baukörper, der den Gebäudekomplex zur Mannerheim-Straße hin definiert, ist ebenso durchdacht wie die Unterbringung der Sibeliusakademie, die auf der obersten Geschossebene den Abschluß und Zusammenschluß des Gebäudes vorsieht, unter Einbeziehung des Daches als Aufführungsort im Freien. Das Restaurant und Café bilden einen Teil der Fassade zum Töölonlahtipark mit Blick auf die Seen und Felsen und die Stadt im Hintergrund und nicht zuletzt auf die aus dem Bahnhof ein- und ausfahrenden Züge. Die Absicht der Stadt, diese Landschaft für Kommerzarchitektur zu missbrauchen, wird einfach negiert.

single-level access to the hall are together concepts that never before had actually been put into effect in concert house building. The arrangement of the Orchestras in one structure, defining the building complex towards Mannerheim Street, is as reasoned out as the accommodation for the Sibelius Academy, in which the building is concluded and combined on its uppermost floor, including the roof as a location for open-air performances. The restaurant and the cafe make up a part of the facade towards Töölönlahti Park, with a view on the lakes and cliffs, the town in the background, and the trains pulling in and drawing out of the railway station. The City's intention to misuse this landscape for the benefit of commercial architecture is simply negated.

Music Center 1+2, Helsinki

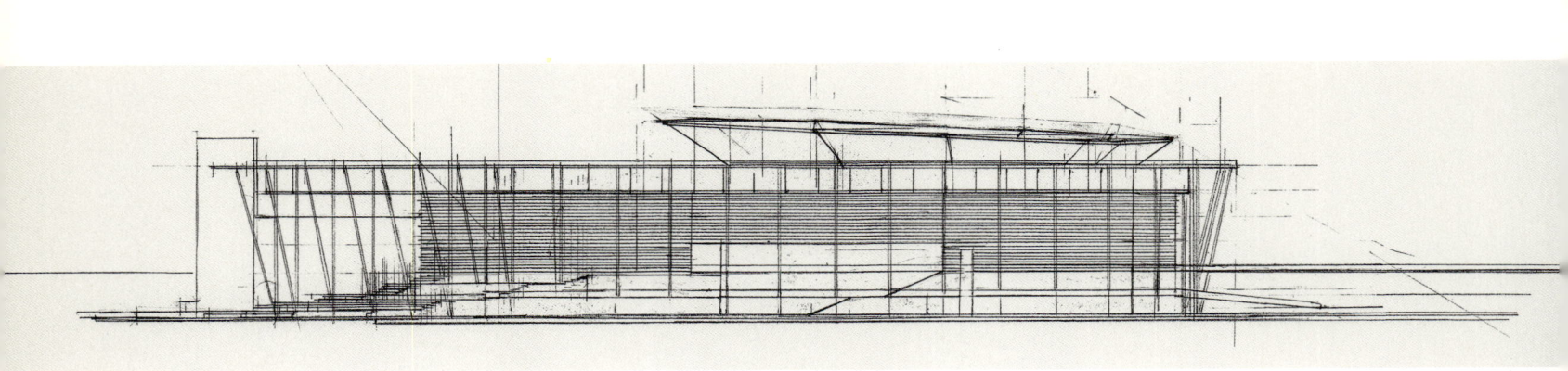

Music Center 1+2, Helsinki

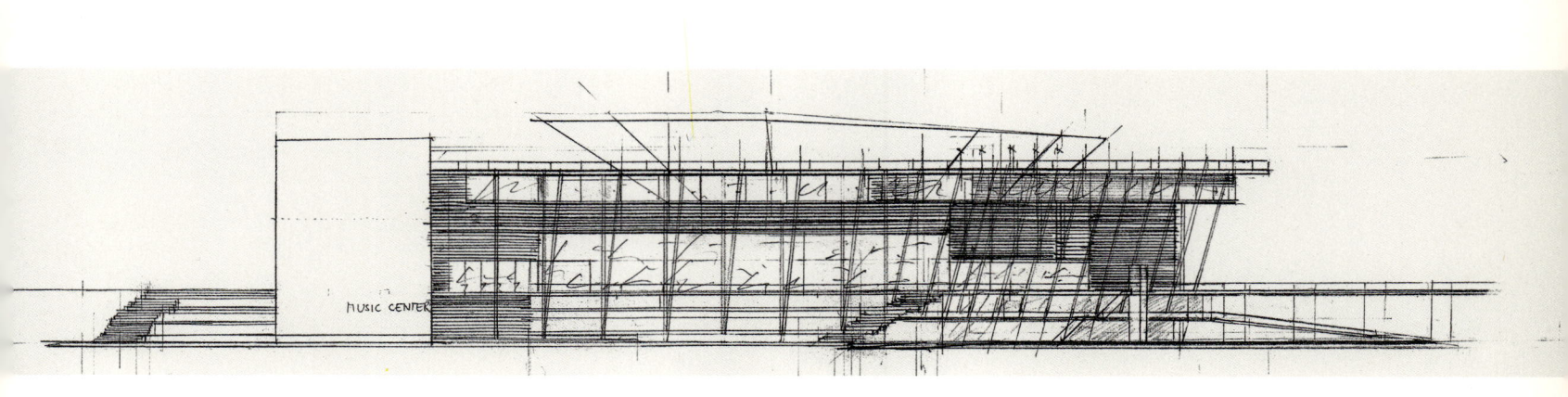

Hotel "Speicher Barth", Ostsee / Baltic Sea

1994–1997

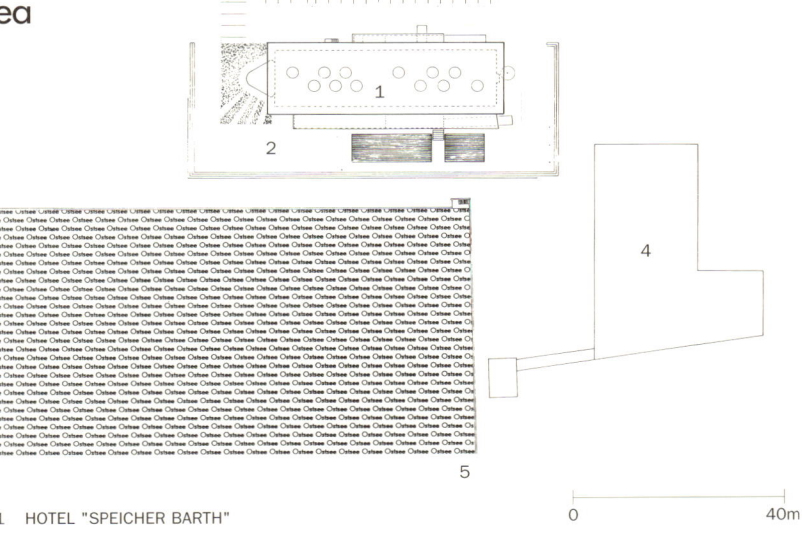

1. HOTEL "SPEICHER BARTH"
2. HAFEN TERRASSE / TERRACE
3. PARKPLATZ - NEBENGEBÄUDE / PARKING PLACE - TIMBER - CLAD STORAGE BLDG.
4. ALTER SPEICHER / OLD GRANARY
5. OSTSEE / BALTIC SEA

Die geographische Lage der Hafenstadt Barth am Eingang zur touristisch genutzten Halbinsel Fischland, Darß und Zingst sichert der Stadt an der Ostsee eine Zukunft als Naherholungsgebiet für die Bewohner aus den Siedlungsräumen von Rostock und Berlin. Ein Hafen für größere Jachten und kleinere Passagierschiffe, sowie ein eigener Flugplatz spielen dabei eine wichtige Rolle. Der landwirtschaftliche Reichtum des Küstenlandes und der Ausbau des Hafens waren der Grund, warum am Ende des 19. Jahrhunderts mehrere Speichergebäude errichtet wurden. Von diesen Speichern ist der nun zum Appartementhotel umgebaute Speicher der bedeutendste, wenn auch nicht der erste und älteste. Das alte bauliche Konzept des Speichers ist auch nach heutigen Maßstäben gemessen äußerst effektiv und konstruktiv funktionell: Die Fassaden aus hartgebrannten Backsteinen stehen für sich selbst und sind als geschlossene Umfassungswände in ihrer Höhe gestuft ausgebildet. Entsprechend der nach oben hin abnehmenden Belastung sind die Außenwände der ersten eineinhalb Geschosse 77 cm stark, im Dachgeschoss sind es nur noch 25 cm.

The Baltic seaport of Barth, an often frequented tourist center, is located at the entrance to the German peninsula of Fischland, Darss and Zingst. The town's geography is a guarantee for its future as a recreation area in the immediate vicinity of the Rostock and Berlin settlements. A harbor for larger yachts and smaller passenger ships, as well as a local airfield play an essential role in this regard.
The agricultural wealth accumulated on the coastland and the development of the port both prompted a number of storehouses ("Speicher") to be built at the end of the 19th century. Of these, the one reconstructed as an apartment hotel was the most important building, albeit neither the first nor the oldest. Measured by today's architectural standards, the old granary concept has proven extremely effective and constructively functional: The facades of hard-fired brick stand by themselves and are designed as enclosing walls that are closed and graded in their heights. Considering an upward decrease in loading, the exterior walls are 77 cm thick at the level of the first one and a half stories, thinning down to 25 cm at the top story level.

Hotel "Speicher Barth", Baltic Sea

Auf den Mauer-Rücksprüngen lagern die geschosstragenden Balken bzw. Eisenträger auf. Seiner Funktion nach war der Speicher in zwei Abteilungen geteilt: der südliche und größere Speicherteil, "Schütte" genannt, diente als Getreidesilo mit 21 gebäudehohen Silokammern aus genageltem Brettschichtholz. Der nördliche Speicherteil war ein Sacklager über 6 Geschosse, die in den Originalplänen "Böden" genannt werden. Im Sacklagerbereich tragen in jedem Geschoss gusseiserne Säulen durchbrochene Eisenkapitelle, durch die I-förmige Eisenträger gesteckt sind. Diese Kapitele sind auch die Basis für die jeweils darüberliegende Säule. Es ist ein ebenso einfaches, wie großartiges Fertigteilsystem, das nicht verändert wurde. Das neue Hotel ist funktionell ein geschlossener Organismus mit Appartements, Restaurant und Festsaal, Wintergarten, Club- und Seminarräumen, Weinkeller und Sauna.

The floor-bearing beams and iron girders rest on the walls' offsets. In terms of function, the storehouse was divided in two sections: The larger part to the south, called "Schütte" (chuting container), served as a grain silo with twenty-one house-high chambers of nailed and glue-laminated timber. The northern section was used as a stockroom for sacks, over six stories in height, called "Böden" (floors) in the original plans. On every floor in the stockroom area, cast-iron columns carry pierced iron chapiters through which I-girders are fixed. Each chapter also serves as a base for the column resting upon it. It is a simple yet splendid system building construction that in no way has been changed. Today, the new hotel is a functionally closed organism comprising apartments, a restaurant and festival hall, a winter garden, club and seminar rooms, and a wine cellar and sauna.

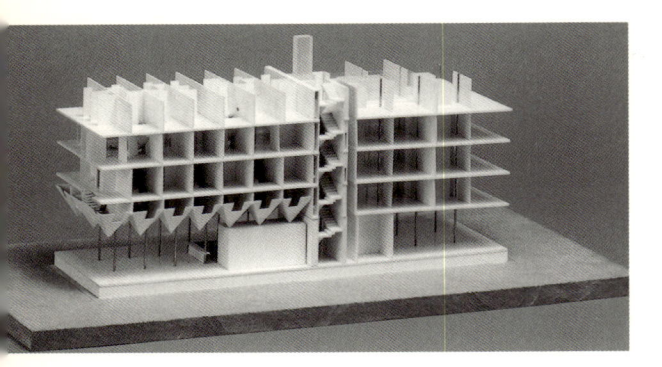

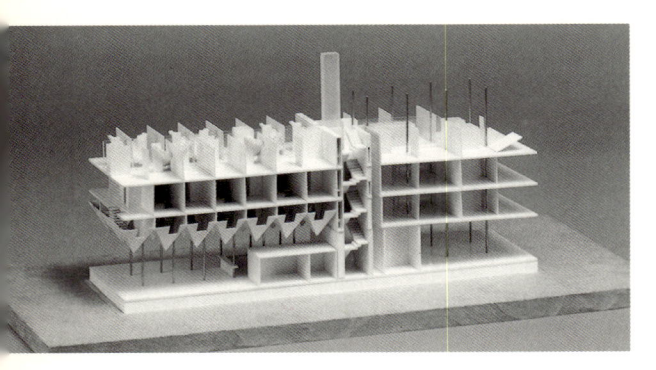

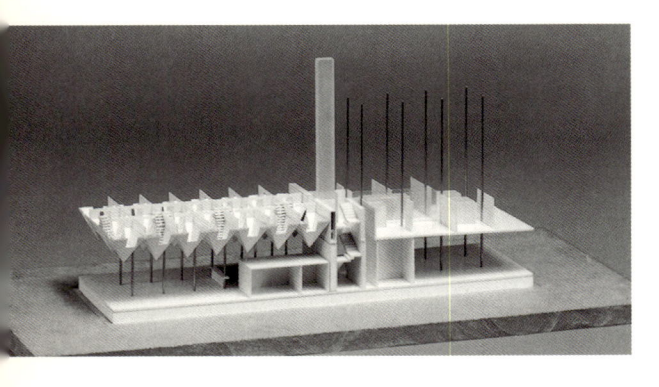

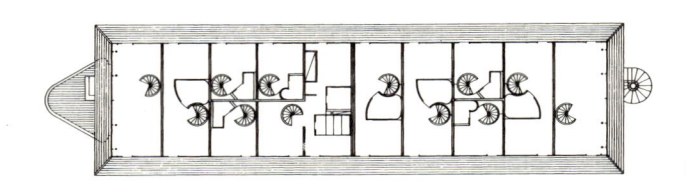

Hotel "Speicher Barth", Ostsee

PENTHOUSE 2 / 2ND FL

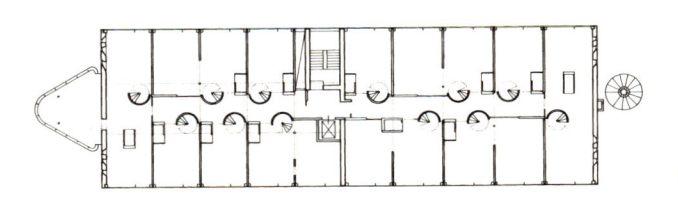

PENTHOUSE 1 / 1ST FL

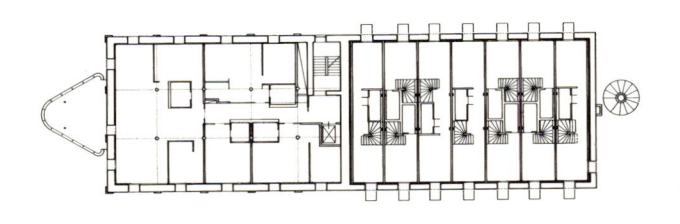

4.OG / 5TH FL.

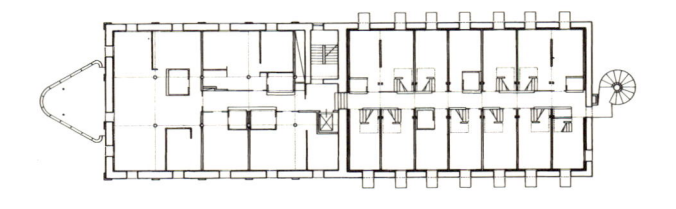

3.OG / 4TH FL.

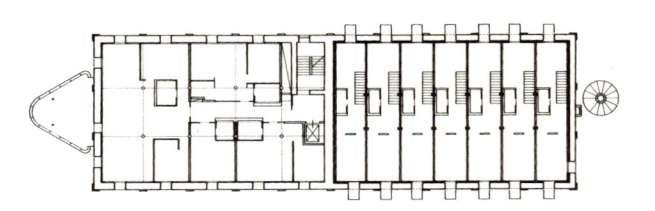

2.OG / 3RD FL.

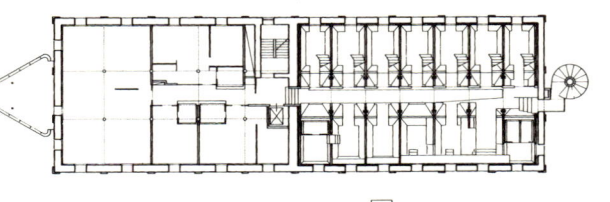

1.OG / 2ND FL.

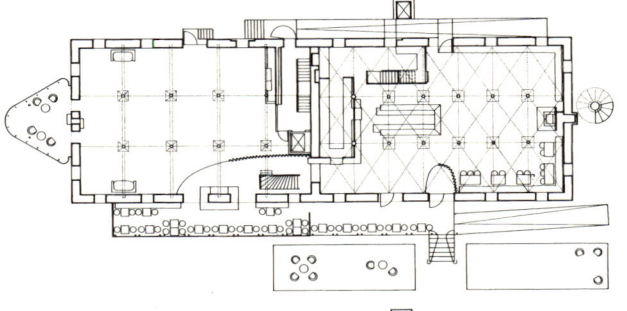

EG / 1ST FL.

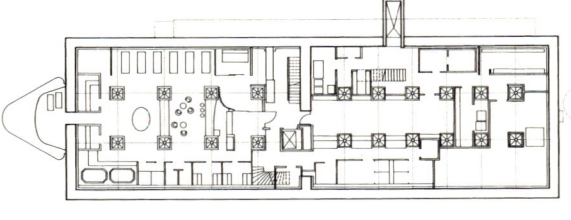

UG / BASEM.

0   15m

Hotel "Speicher Barth", Baltic Sea

Der zur Ostsee gerichteten Fassade wurden im Grundriss parabelförmige, verglaste Veranden vorgesetzt. Vor die Südfassade wurde eine Wendeltreppe gestellt, die als Fluchttreppe über alle Geschosse und als Hotelzugang in das 1. Obergeschoss führt. Die Hotelrezeption und der Empfang liegen mit den Seminarräumen im 1. Obergeschoss. Die Appartements wurden in die bestehende Silokonstruktion ("Schütte") eingebaut. In die Trennwände der ursprünglichen Getreidesilos wurden Öffnungen geschnitten, und die einzelnen Kammern miteinander zu Wohnungen verbunden. Es sind schmale, aber zweigeschossige und gebäudetiefe Grundrisse. Im ehemaligen Sacklager-Bereich wurden die offenen Grundrisse der "Böden" mit Trennwänden, Bädern und Küchen zu Appartements "möbliert". Den Fassaden der westseitigen Appartements sind kleine Balkone vorgehängt, mit weißen Schiebeläden vor den Öffnungen, die geschlossen sind, wenn die Zimmer frei sind, und geöffnet, wenn die Zimmer besetzt sind. Nordseitig geben die neuen Veranden den Blick auf Bodden und Ostsee frei. Der offene Kamin, jeweils zwischen Veranda und Wohnraum eingebaut, heizt beide Räume. Das Penthouse, als Betonkonstruktion mit umlaufender Dachterrasse und Vordach, ist mit dem Dachgeschoss darunter durch eine Wendeltreppe verbunden.

Paned sun porches upon a parabolic ground plan are placed in front of the shoreside facade. In front of the southern facade, a winding staircase serves as an escape facility for all floors and as a hotel entrance into the first upper story. The hotel reception area is located on the second floor, as well as the seminar rooms. The apartments are integrated in the existing "Schütte" silo construction. Openings were made in the dividing walls of the original grain silos and the chambers connected to form apartments. The ground plans are narrow, yet two-story and building-deep. In the former stockroom for sacks, the open ground plans of the "Böden" were "furnished" with partitions, bathrooms and kitchens to become apartments. Small balconies were attached to the facades of the apartments to the west, with white sliding shutters in front of the openings which are closed when the rooms are vacant and open when occupied. The new verandahs to the north give a view over the inlet and the Baltic Sea. Open fireplaces were built in between the verandahs and the living rooms and heat both units. Winding staircases link the penthouses, concrete constructions with circumjacent roof gardens and canopies, to the top story lying underneath.

Geschosshohe vertikale bzw. horizontale Schiebefenster und Lichtkuppeln belichten diese Duplex-Wohnungen.
Im Erdgeschoss, das mehr als einen Meter über dem Hafenniveau liegt, befindet sich das Restaurant. Man betritt das Restaurant über die Terrasse, zu der eine Rampe und eine Treppe führen. Die Theke des Restaurants ist in den Raum betoniert. Ein weit geschwungener, schwerer Stoff trennt als öffenbare Wand den Vortragssaal mit Clubraum vom Restaurant. Terrasse und Wintergarten liegen außerhalb des Speichers. Konstruktiv sind sie aus lauter gleichen Elementen zusammengesetzt, wobei V-förmige Stützen Boden und Dach verbinden. Als Dachhaut dient ein Segelstoff. Die Sauna mit Dampfbad, Kaltwasserbecken und Frischluftterrasse liegt im Untergeschoss zwischen den Fundamentmauern des Speichers. Dieses Geschoss wurde nachträglich ausgehoben und liegt unter dem Wasserspiegel. Vor der Ostfassade des Speichers wurde ein dreigeschossiges Nebengebäude errichtet. Es liegt als auskragende Betonkonstruktion über den PKW-Abstellplätzen und birgt mehr als fünfzig, mit rot gestrichenen Holzbrettern verschalte, Abstellräume. Darin sind heute Strandkörbe, Schwimmreifen, Surfbretter und aufblasbare Motorboote verstaut.

Floor-to-floor vertical and horizontal slide windows and dome lights illuminate these duplex apartments.
The restaurant is located on the first floor, over a meter above seaport level. It is accessed through the terrace, itself reachable over a ramp and a stairway. The restaurant bar is concreted into the room, and an openable wall of broadly curved and heavy cloth separates the restaurant from the lecture and club room. The terrace and winter garden are located outside of the storehouse and built of exclusively uniform elements, V-shaped supports connecting the ground floor to the roof and canvas applied as cladding. Along with a hot room, cold-water basin and fresh-air terrace, the sauna is located on the basement floor, between the storehouse's foundation walls.
This story was dug more recently and lies below sea level. A three-story annex was set up in front of the building's east facade. Protruding over the car parking area, this concrete construction shelters more than fifty storage rooms paneled with red-coated wooden boards.
Nowadays, canopied wicker beach chairs, water wings, surfboards and inflatable motorboats are all stored there.

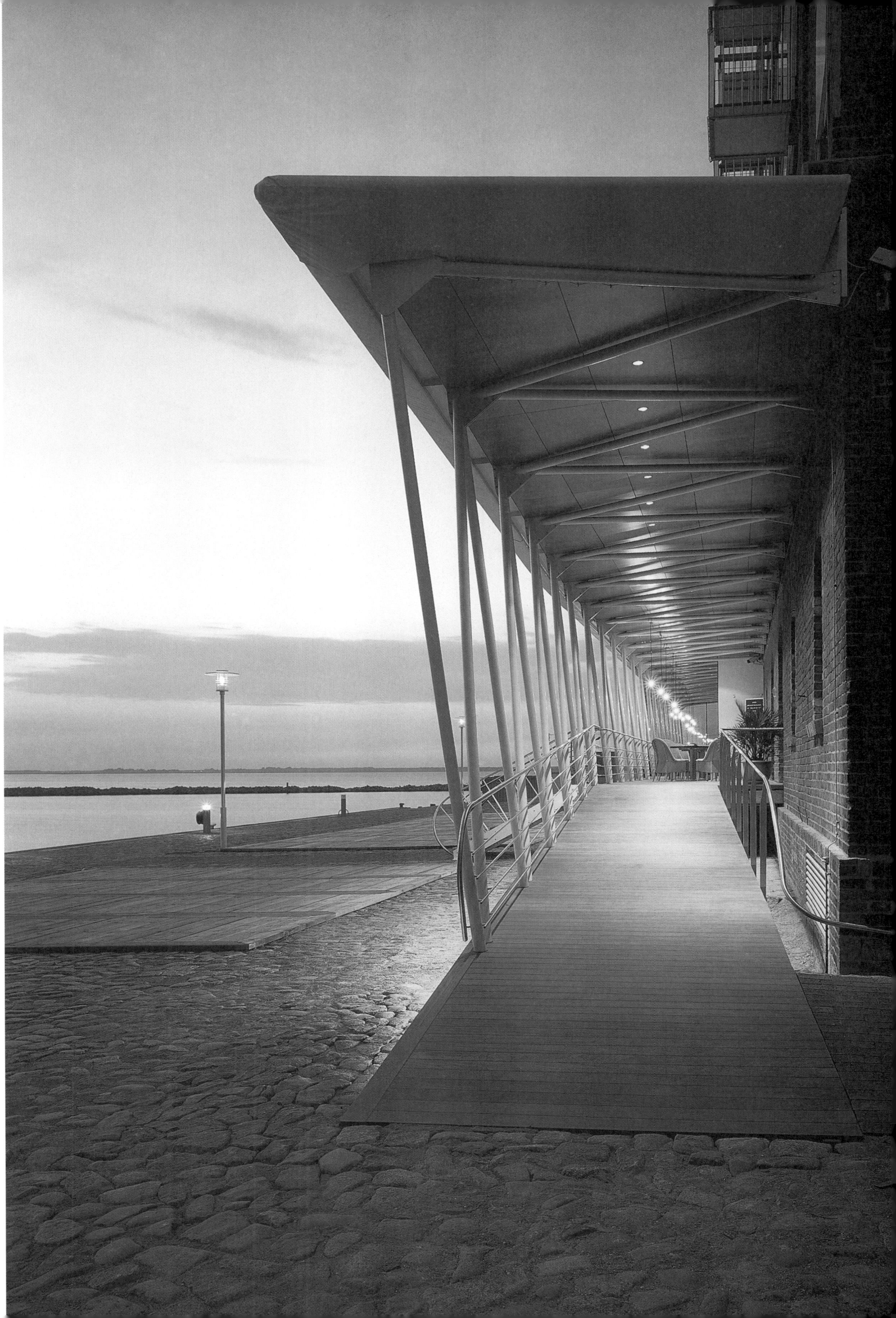

56

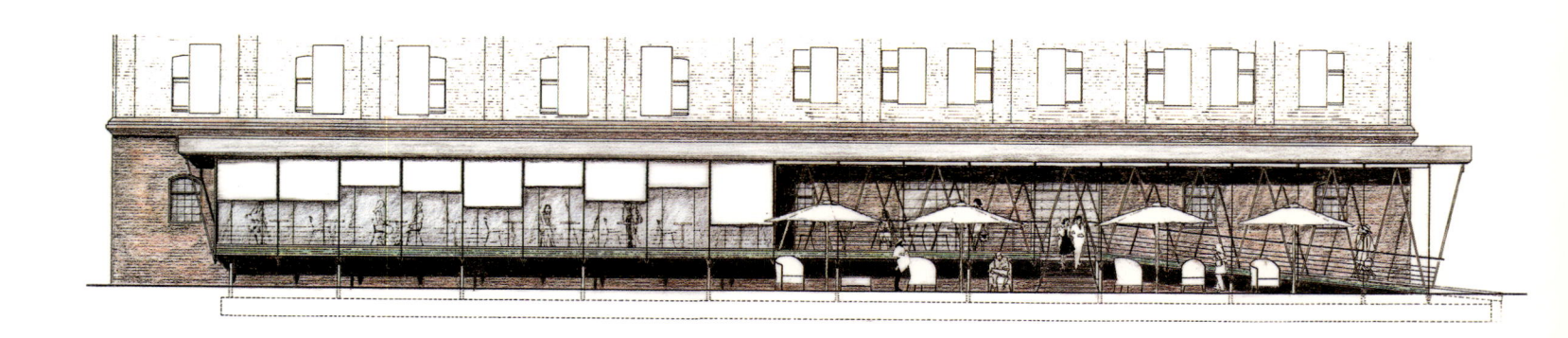

Hotel "Speicher Barth", Baltic Sea

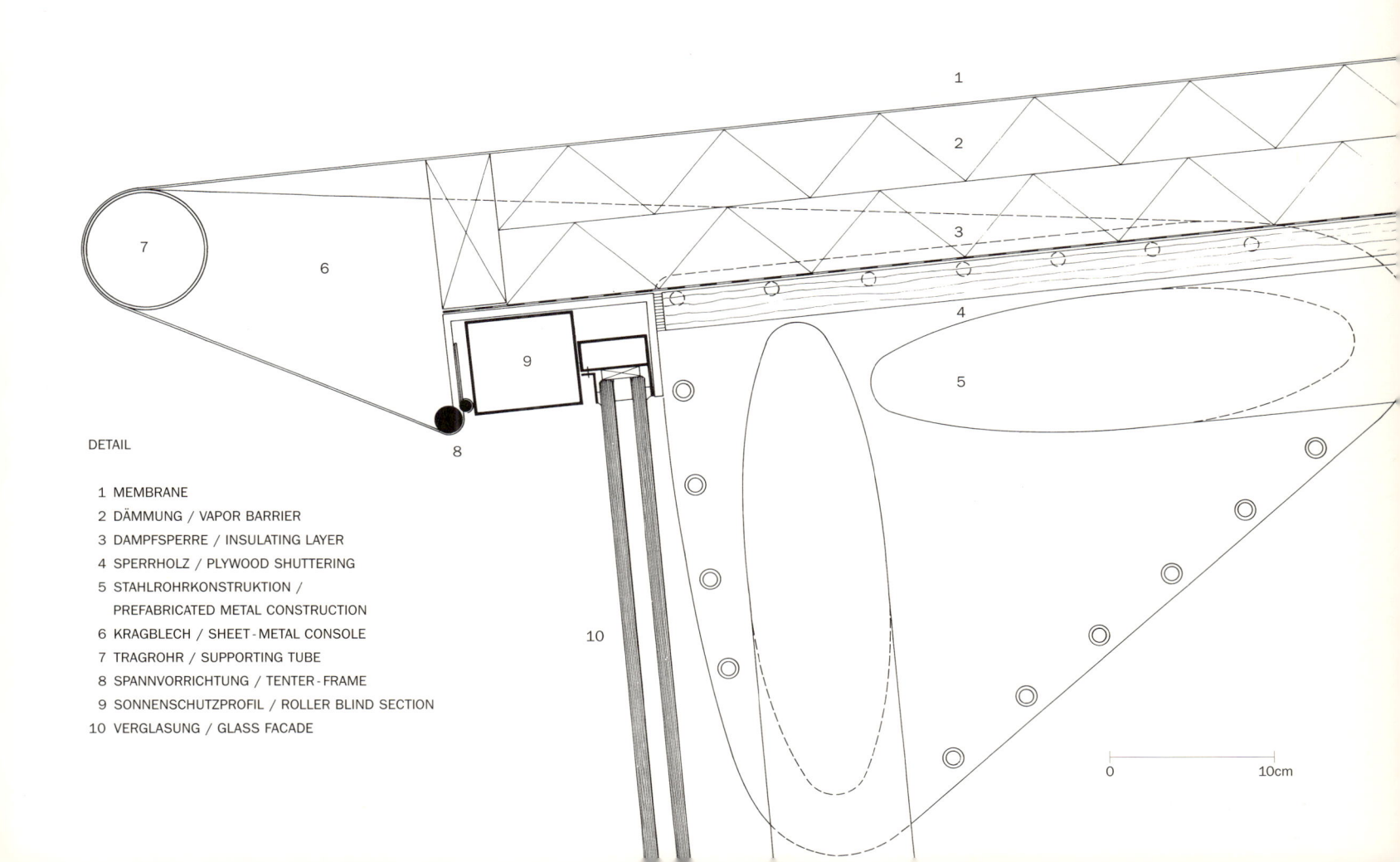

DETAIL

1 MEMBRANE
2 DÄMMUNG / VAPOR BARRIER
3 DAMPFSPERRE / INSULATING LAYER
4 SPERRHOLZ / PLYWOOD SHUTTERING
5 STAHLROHRKONSTRUKTION /
   PREFABRICATED METAL CONSTRUCTION
6 KRAGBLECH / SHEET-METAL CONSOLE
7 TRAGROHR / SUPPORTING TUBE
8 SPANNVORRICHTUNG / TENTER-FRAME
9 SONNENSCHUTZPROFIL / ROLLER BLIND SECTION
10 VERGLASUNG / GLASS FACADE

Hotel "Speicher Barth", Ostsee

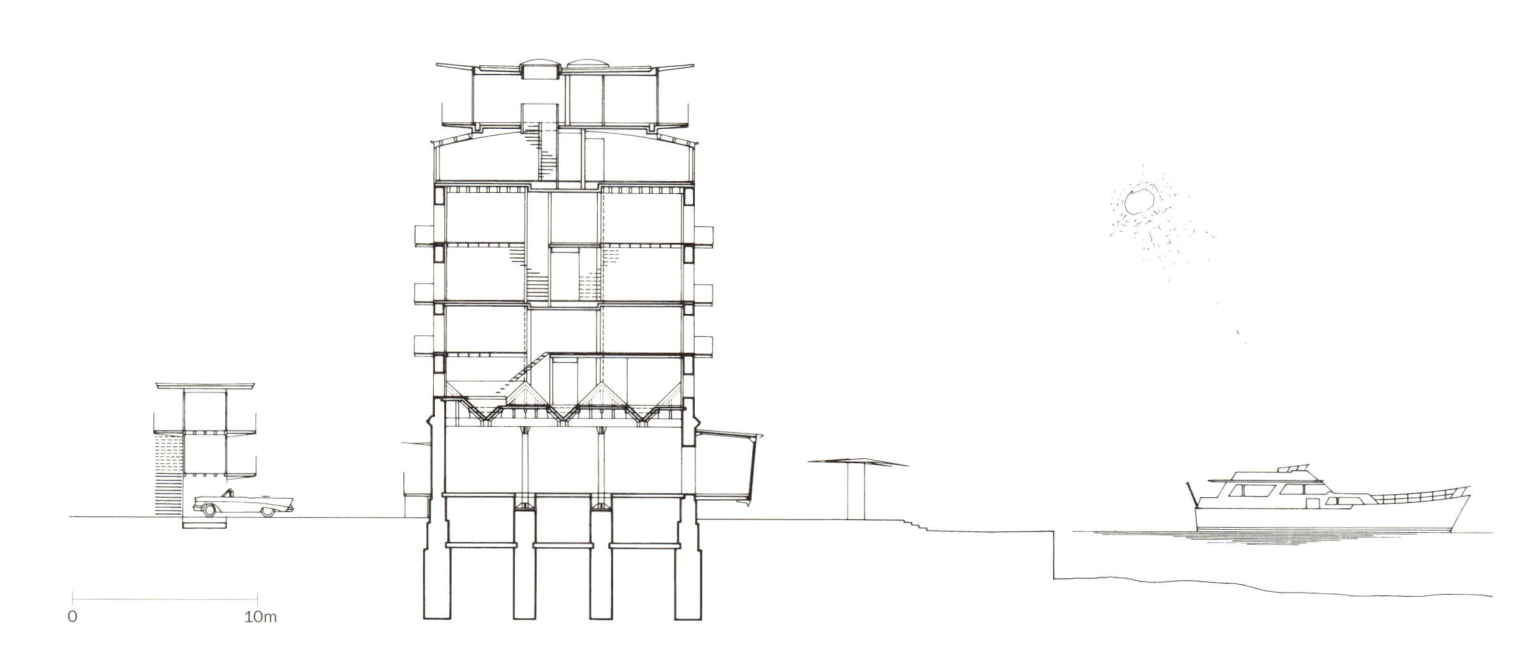

0 10m

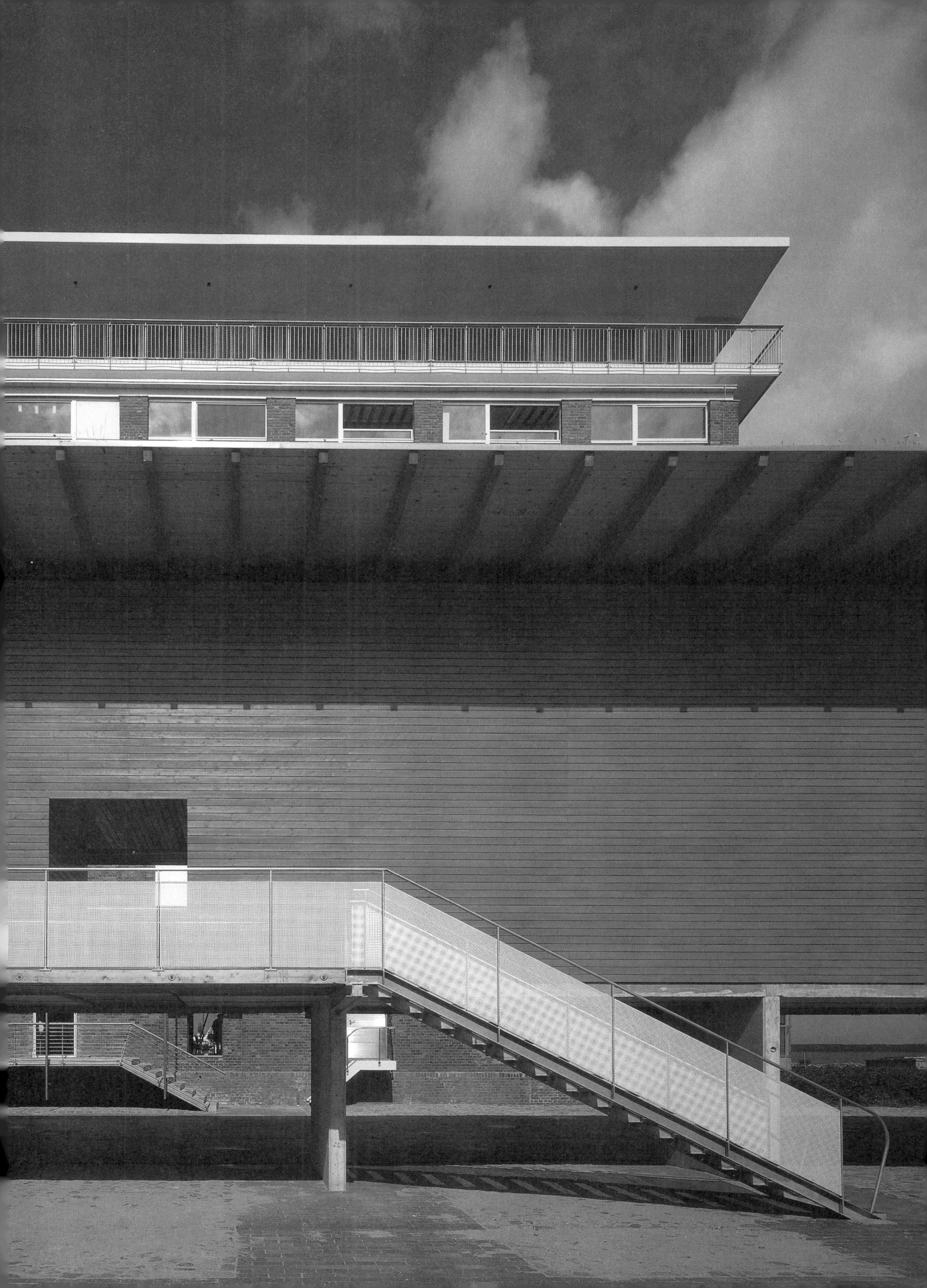

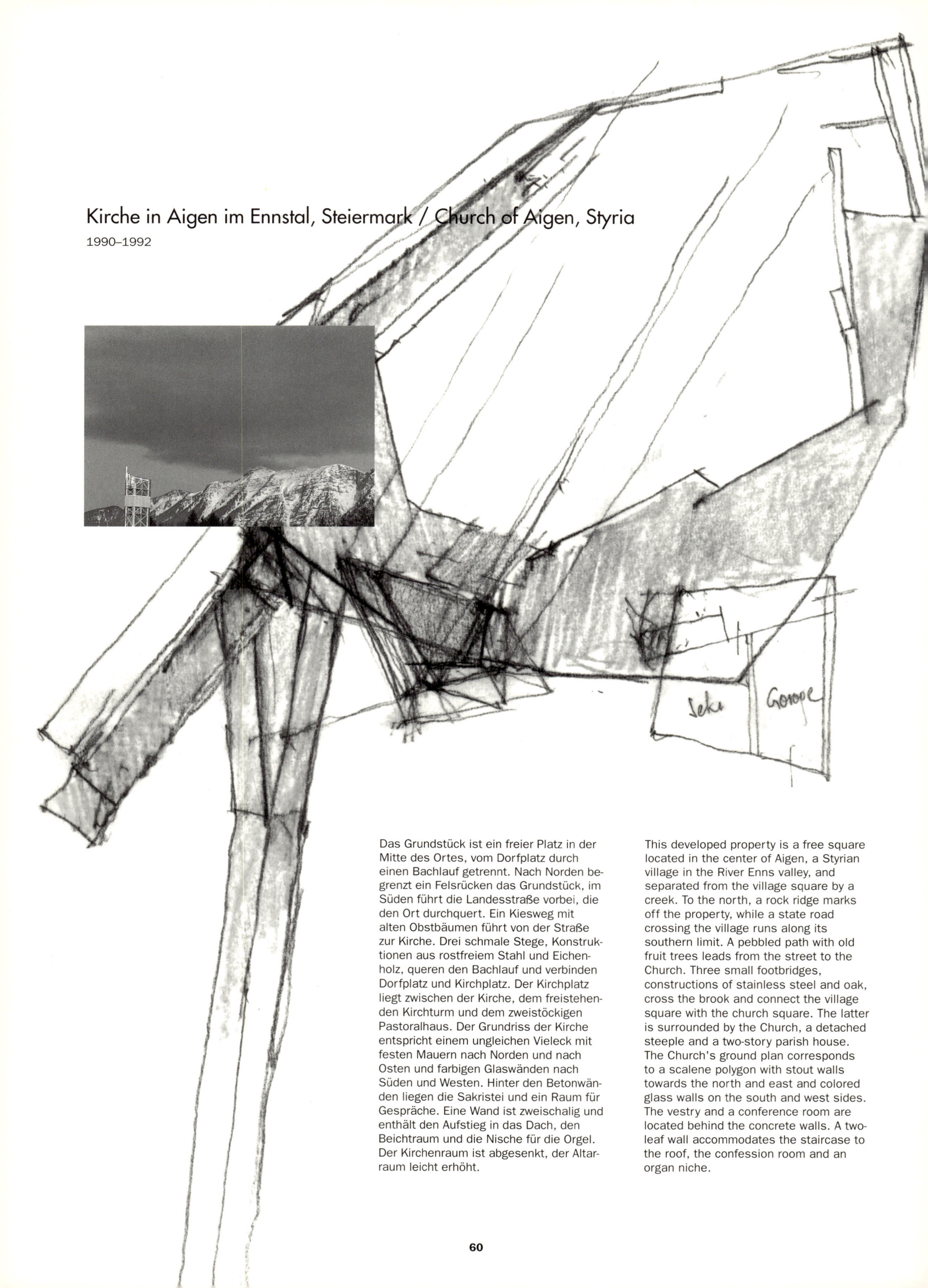

Kirche in Aigen im Ennstal, Steiermark / Church of Aigen, Styria
1990–1992

Das Grundstück ist ein freier Platz in der Mitte des Ortes, vom Dorfplatz durch einen Bachlauf getrennt. Nach Norden begrenzt ein Felsrücken das Grundstück, im Süden führt die Landesstraße vorbei, die den Ort durchquert. Ein Kiesweg mit alten Obstbäumen führt von der Straße zur Kirche. Drei schmale Stege, Konstruktionen aus rostfreiem Stahl und Eichenholz, queren den Bachlauf und verbinden Dorfplatz und Kirchplatz. Der Kirchplatz liegt zwischen der Kirche, dem freistehenden Kirchturm und dem zweistöckigen Pastoralhaus. Der Grundriss der Kirche entspricht einem ungleichen Vieleck mit festen Mauern nach Norden und nach Osten und farbigen Glaswänden nach Süden und Westen. Hinter den Betonwänden liegen die Sakristei und ein Raum für Gespräche. Eine Wand ist zweischalig und enthält den Aufstieg in das Dach, den Beichtraum und die Nische für die Orgel. Der Kirchenraum ist abgesenkt, der Altarraum leicht erhöht.

This developed property is a free square located in the center of Aigen, a Styrian village in the River Enns valley, and separated from the village square by a creek. To the north, a rock ridge marks off the property, while a state road crossing the village runs along its southern limit. A pebbled path with old fruit trees leads from the street to the Church. Three small footbridges, constructions of stainless steel and oak, cross the brook and connect the village square with the church square. The latter is surrounded by the Church, a detached steeple and a two-story parish house. The Church's ground plan corresponds to a scalene polygon with stout walls towards the north and east and colored glass walls on the south and west sides. The vestry and a conference room are located behind the concrete walls. A two-leaf wall accommodates the staircase to the roof, the confession room and an organ niche.

Church of Aigen, Styria

Dem Altar gegenüber an der Westfassade der Kirche befindet sich das Chorpodest. Ein gebauchtes, hölzernes Dach schließt den Kirchenraum nach oben und überdeckt einen Teil des Kirchplatzes. Den Dachrand bilden breite, weiß lackierte Stahlblechkassetten, die die konstruktive Verbindung zwischen den Holzträgern und den Stahlstützen herstellen. Das Dach ist begrünt und wird an seinem Tiefpunkt in den vorbei fließenden Bach entwässert. Das würfelförmige Pastoralhaus ist eine Stahlkonstruktion mit Fassaden aus Lärchenholz und Glas. Der Campanile ist seiner Grundrissform nach ein verzogenes Viereck. Er ist 32 m hoch, mit einem breiten Sockelgeschoss und einer Glockenstube an seinem oberen Ende. Sein Stahltragwerk ist mit Glastafeln verkleidet, die punktweise und elastisch befestigt sind.

The nave is sunk and the sanctuary slightly elevated. A choir pedestal adorns the Church's western facade across from the altar. Covering part of the church square, a bellied wooden roof closes the Church's interior at the top. Broad steel sheet coffers coated in white rim the roof and create a constructive connection between the wooden beams and stanchions. At its deep point, the grassed roof is drained into the brook flowing by. The cubiform parish house is a steel construction with larch and glass facades. According to its ground plan, the campanile is a warped rectangle. It is 32 m high, resting upon a broad English basement and topped by a belfry. Its steel framework is paneled with glass sheets that are fastened elastically and point by point.

Kirche in Aigen im Ennstal, Steiermark

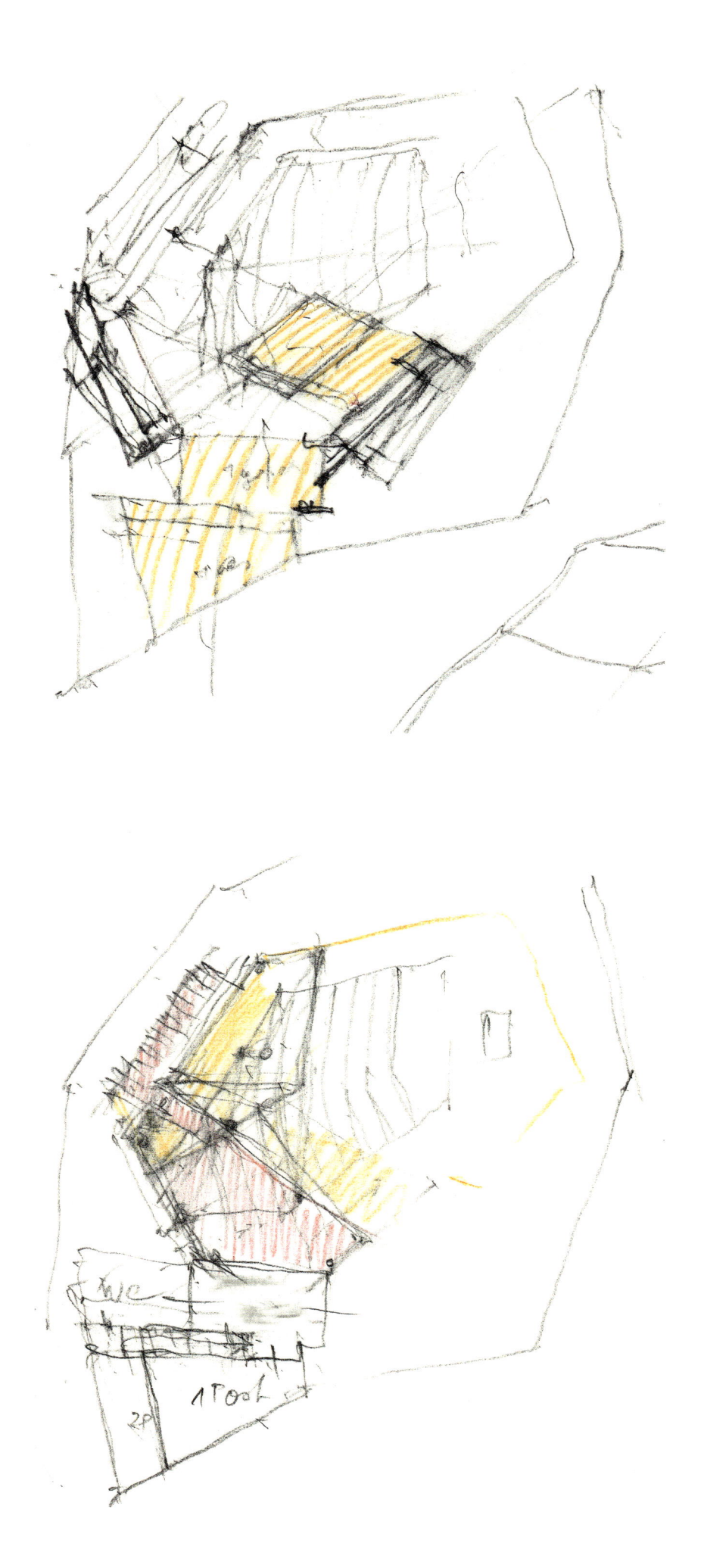

EG / 1ST FL.

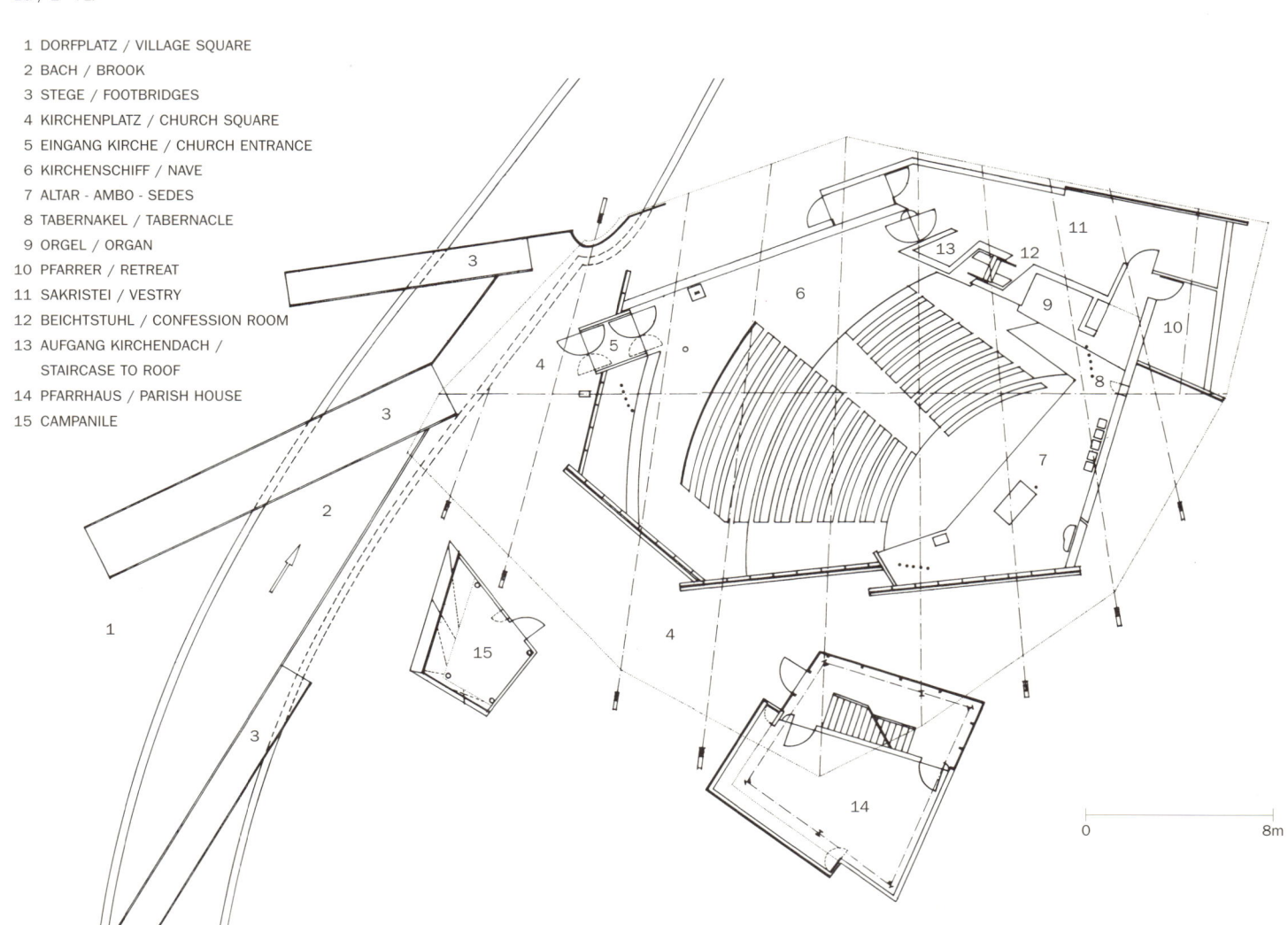

1 DORFPLATZ / VILLAGE SQUARE
2 BACH / BROOK
3 STEGE / FOOTBRIDGES
4 KIRCHENPLATZ / CHURCH SQUARE
5 EINGANG KIRCHE / CHURCH ENTRANCE
6 KIRCHENSCHIFF / NAVE
7 ALTAR - AMBO - SEDES
8 TABERNAKEL / TABERNACLE
9 ORGEL / ORGAN
10 PFARRER / RETREAT
11 SAKRISTEI / VESTRY
12 BEICHTSTUHL / CONFESSION ROOM
13 AUFGANG KIRCHENDACH / STAIRCASE TO ROOF
14 PFARRHAUS / PARISH HOUSE
15 CAMPANILE

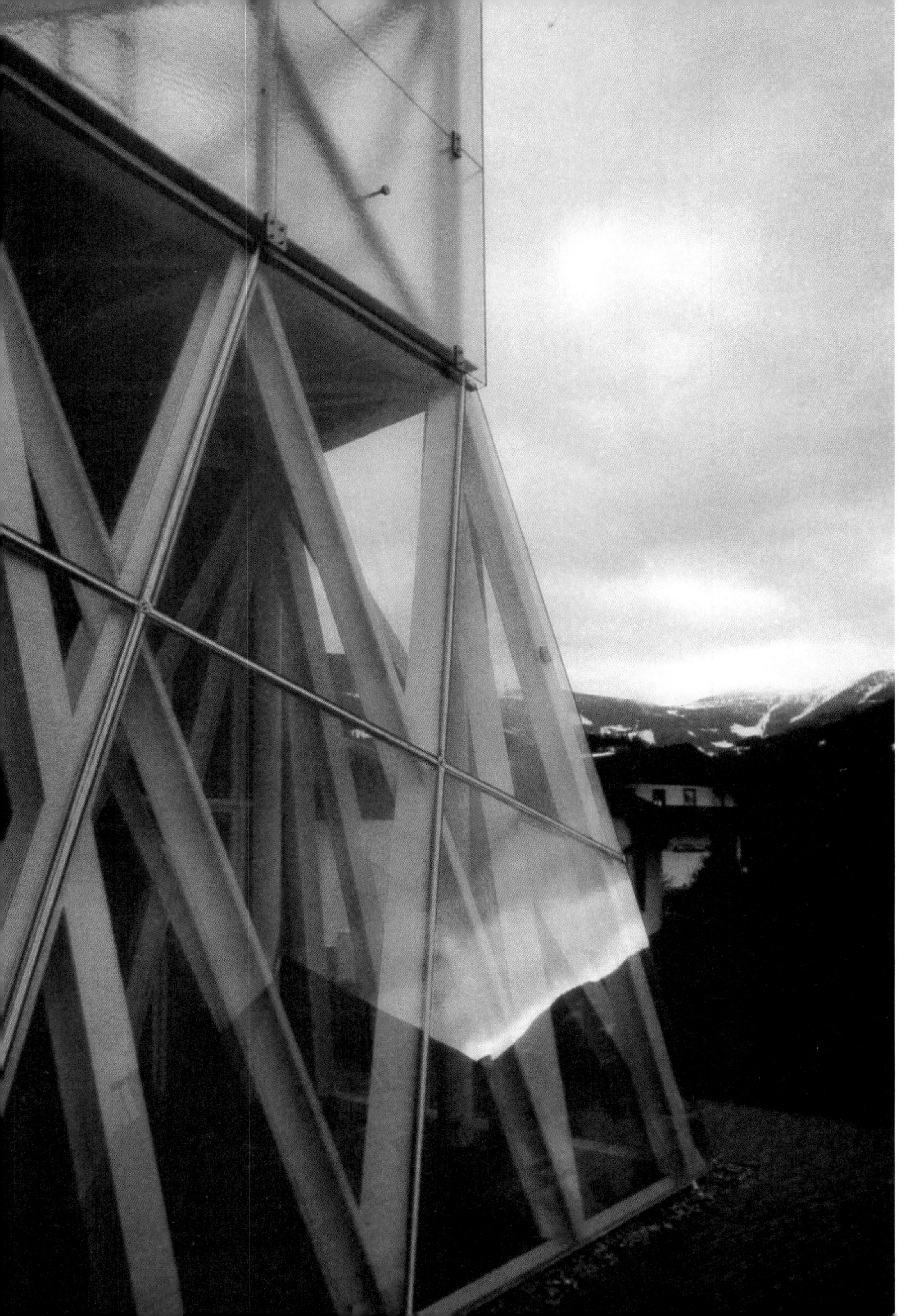

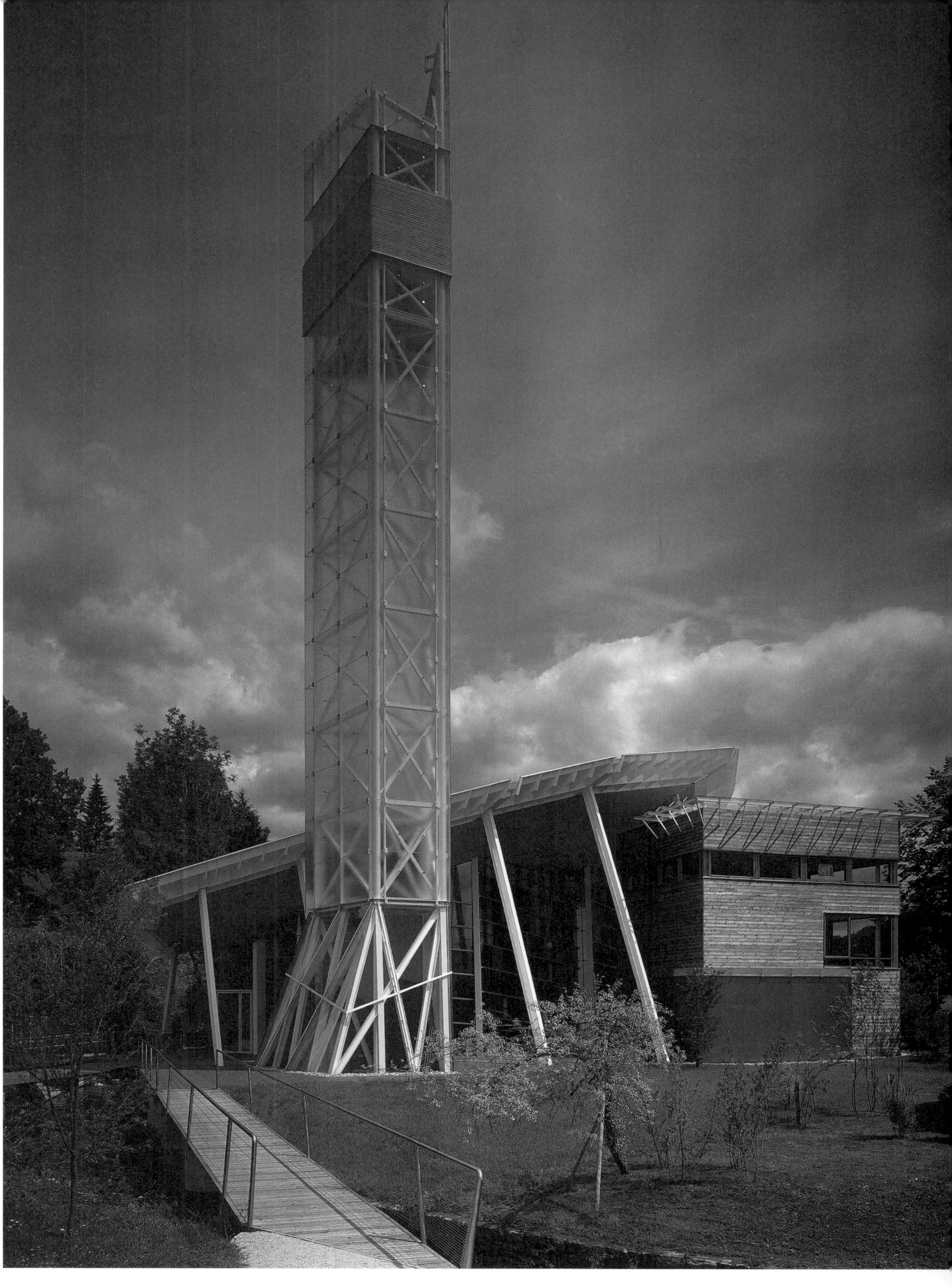

Scheiße

Church of Aigen, Styria

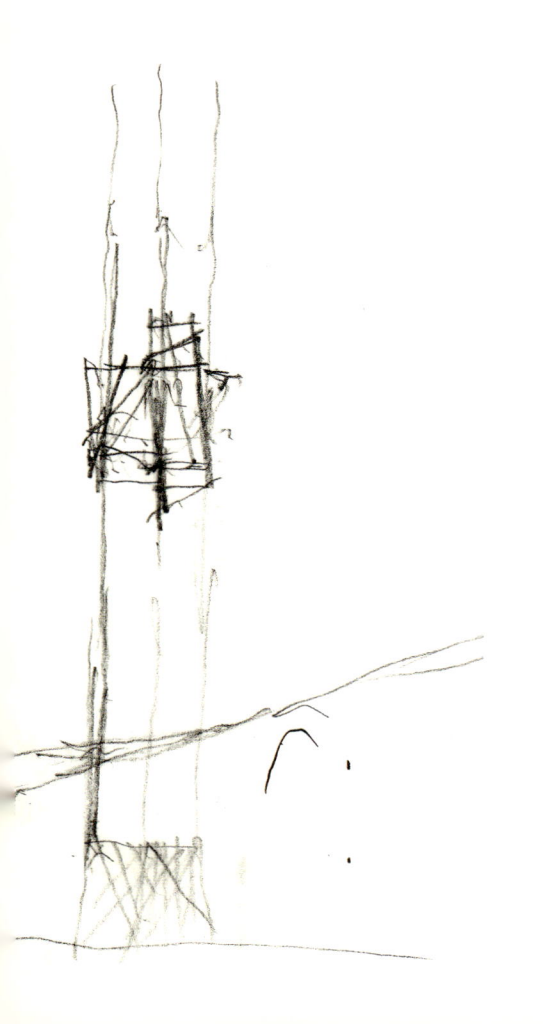

Kirche in Aigen im Ennstal, Steiermark

Church of Aigen, Styria

Kirche in Aigen im Ennstal, Steiermark

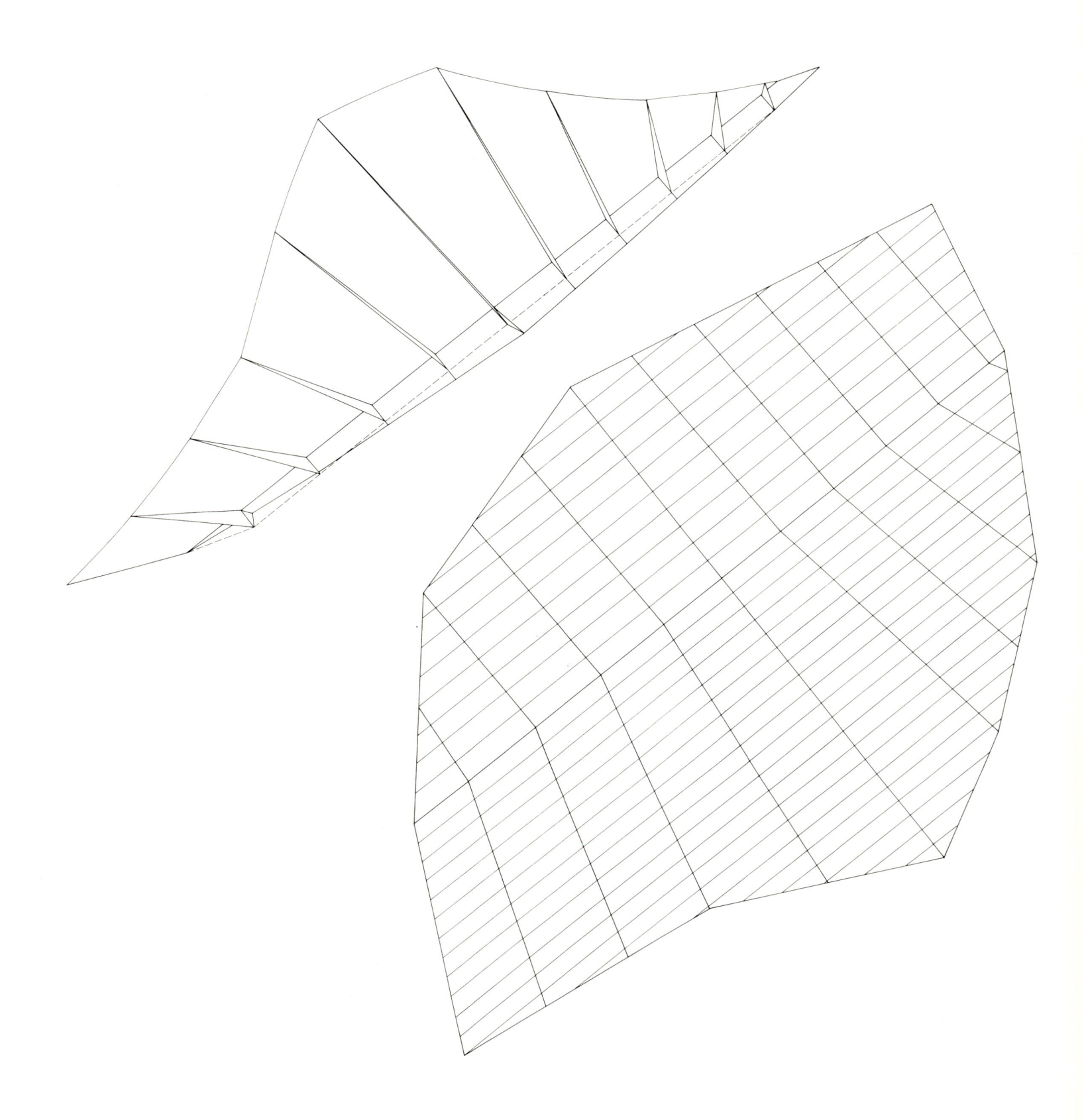

Church of Aigen, Styria

Hypo-Bank, Hypo-Bank Headquarters, Klagenfurt
1996

BEBAUUNGSSCHEMA 1/500

FUNKTIONSSCHEMATA 1/500

WERKFLUSSCHEMA 1/10

QUERSCHNITTE 1/500

An der östlichen Peripherie von Klagenfurt gelegen, ist der Hauptsitz der Hypo-Bank ein semantisches Zeichen für die neue Siedlungstätigkeit außerhalb der eigentlichen Stadt. Das städtebaulich fragwürdige Unternehmen soll seine Begründung im großen Maßstab und der Unverwechselbarkeit seiner Architektur finden. Der Hauptsitz selbst ist ein prismatischer Körper über einem gleichseitigen Dreieck als Grundriss. Daneben liegt ein Trapezoid als Geschäfts- und Kommunikationszentrum und ein Landschaftspark mit langgezogenen, parallel zueinander stehenden Wohnblöcken. Das Geschäfts- und Kommunikationszentrum zeigt sich als hochgeklapptes Stück Bodenfläche mit PKW-Abstellflächen auf dem Gebäudedach. Unter dem schräggestellten Dach treppt sich der Innenraum galerieartig in mehreren Geschossen nach oben bzw. unten.
Der ansteigende Baukörper des Bankgebäudes präsentiert sich der Umgebung als riesige verglaste Halle, in deren Dach auf mehreren Ebenen das gesamte Raum- und Funktionsprogramm untergebracht ist. Das Zentrum, das vergleichbar einem riesigen Bauch frei geformt unterhalb des Daches und umgeben von Galerien zwischen Fassaden und abgesenkter Bodenfläche liegt, ist ein öffentlicher Raum, in dem die Bank in überregionalen Veranstaltungen ihre Verantwortung als Mäzen und Mentor für die Gesellschaft präsentiert.

Situated on the eastern outskirts of Klagenfurt, the Hypo Bank Headquarters is a semantic sign of the new housing activities taking place beyond the city itself. This endeavor, albeit questionable in terms of town planning, is meant to be substantiated by its large-scale dimensions and unmistakable architecture. The head office is a prismatic body set upon an equilaterally triangular ground plan. It is bordered by a trapezoid business and communication center, as well as a landscape park with drawn-out parallel apartment buildings. The business and communication center presents itself as a piece of floor space folded upwards with a rooftop parking area for cars. Beneath the tilted roof, the loft-like interior is formed like a stairway over several stories.
The Bank's ascending body shell consists in a gigantic-paned hall, the roof of which accommodates the entire spatial and functional program on several floors. The center is comparable to a huge belly, freely formed under a roof and surrounded by galleries between facades and sunk floor space. It is an open environment in which the Bank presents its social responsibilities as a mentor and patron of art on the occasion of supraregional events.

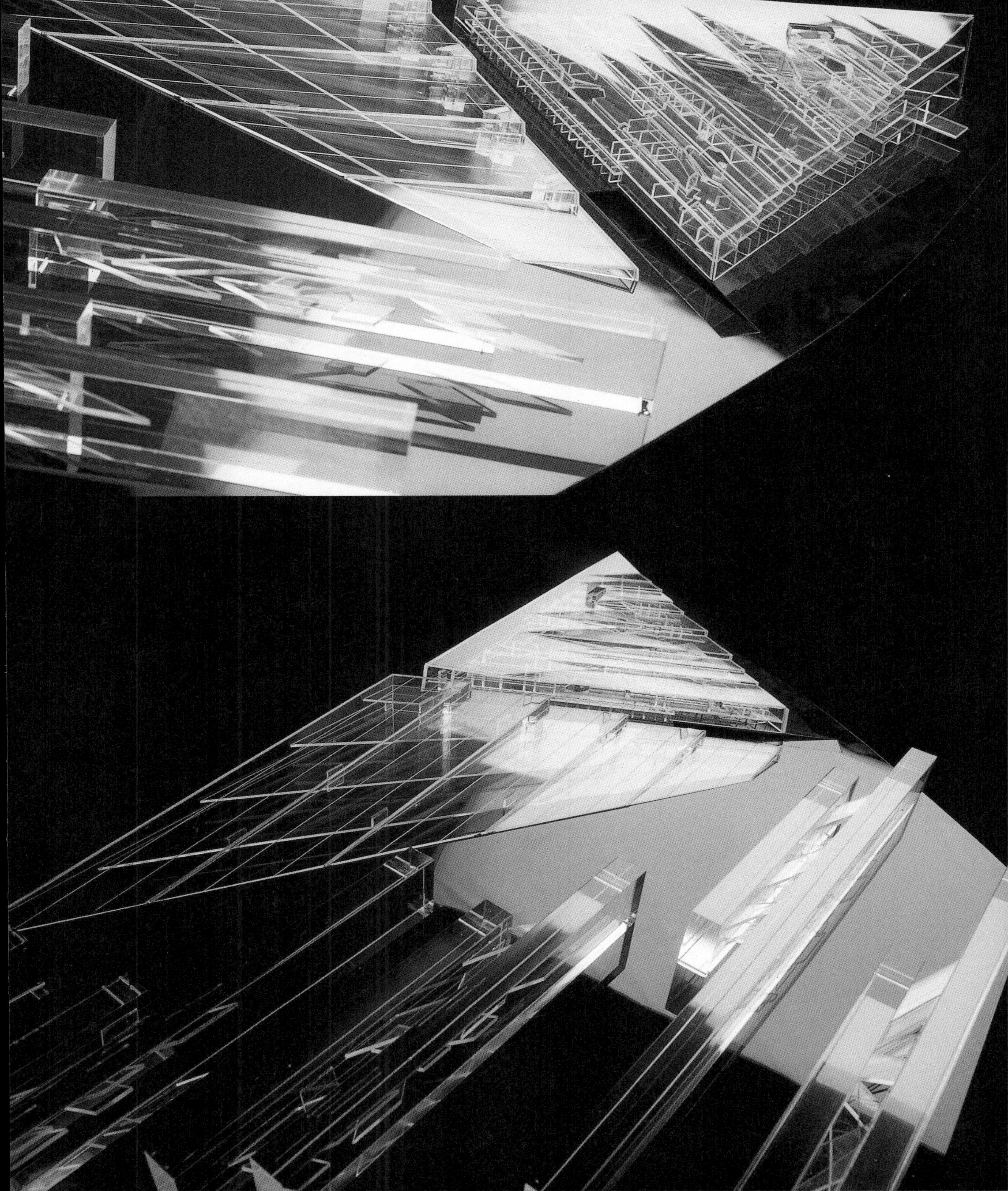

DACHDRAUFSICHT
1/200

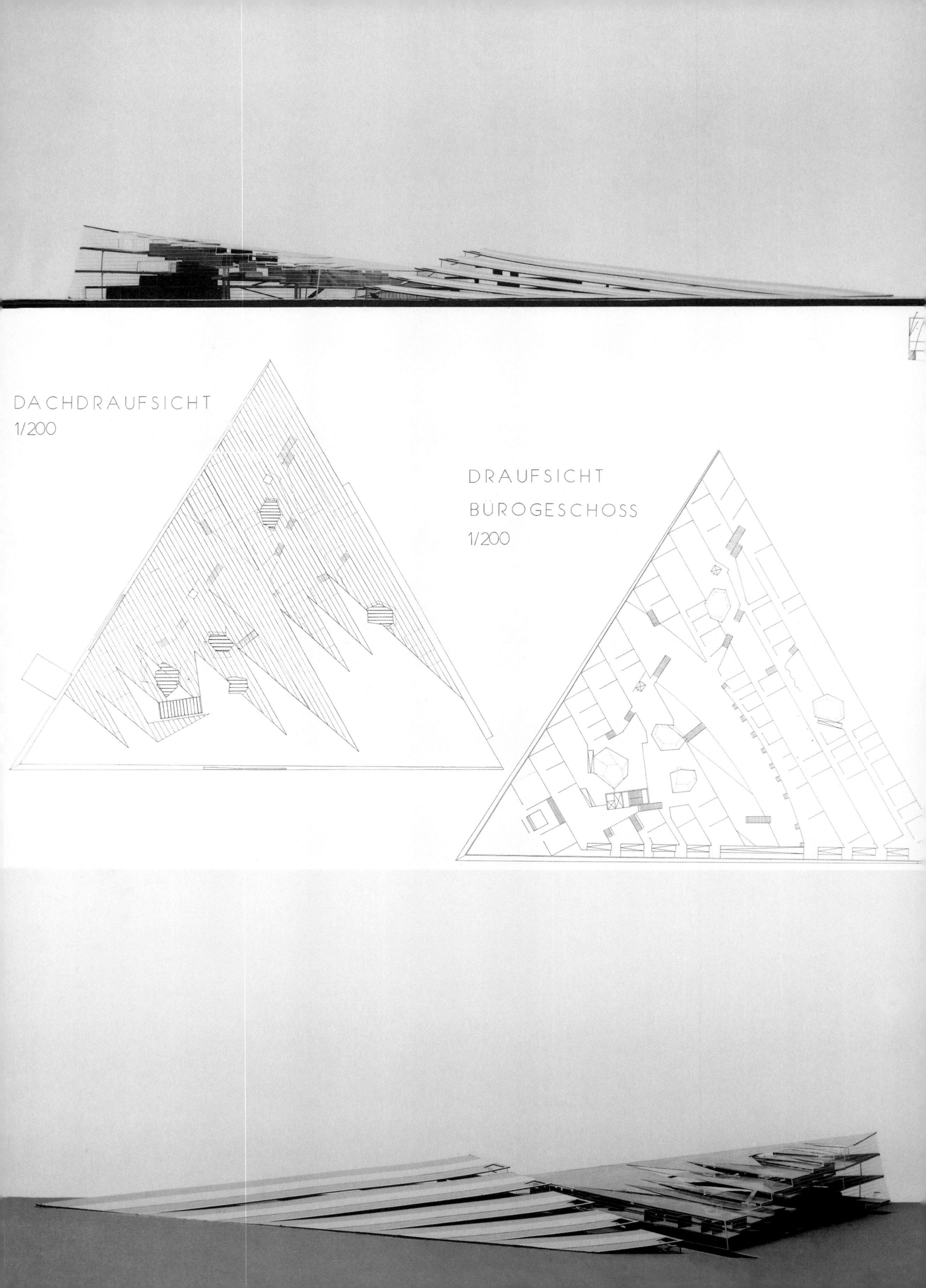

DRAUFSICHT
BÜROGESCHOSS
1/200

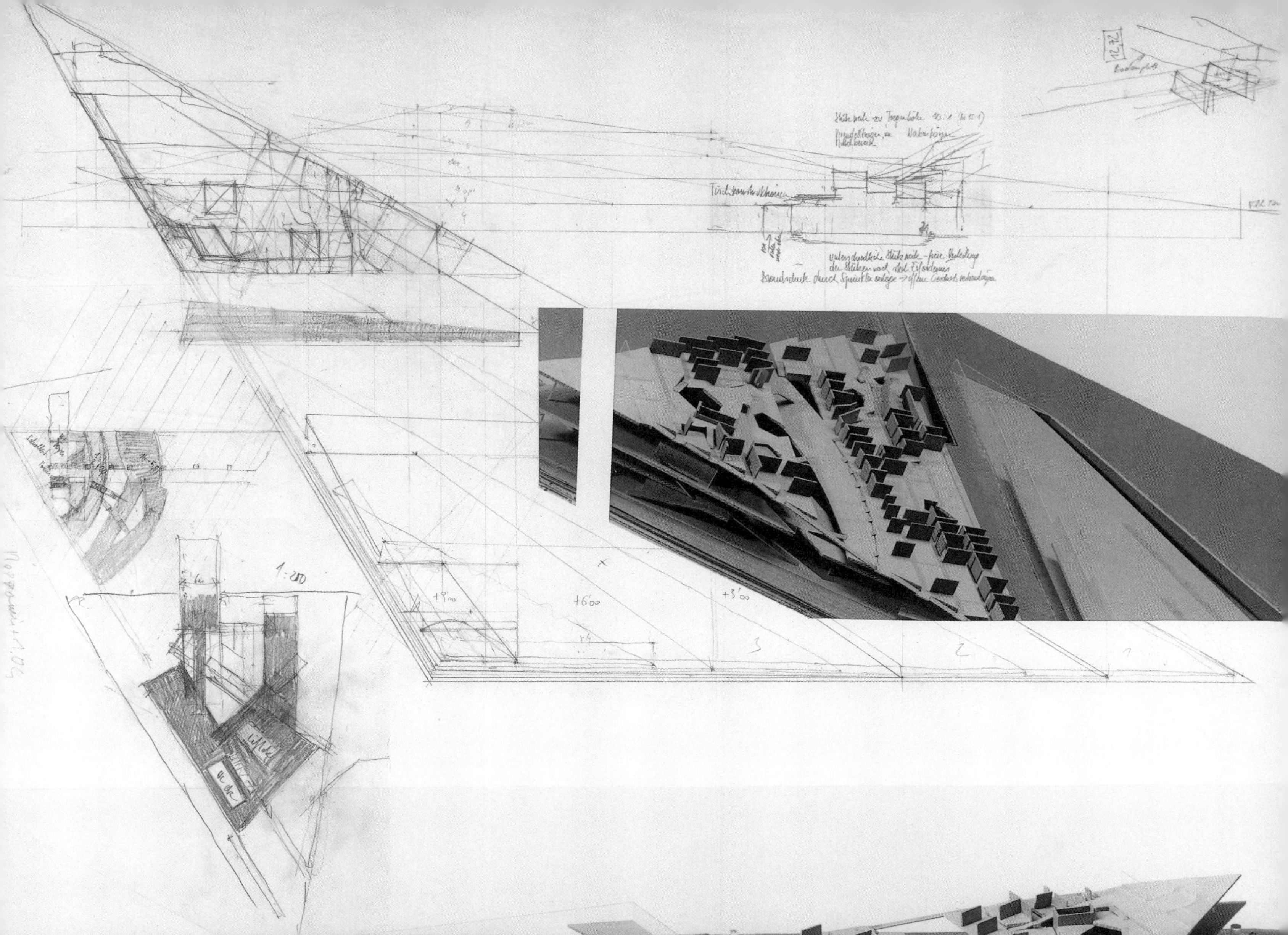
1:250
+9'00
+6'00
+3'00
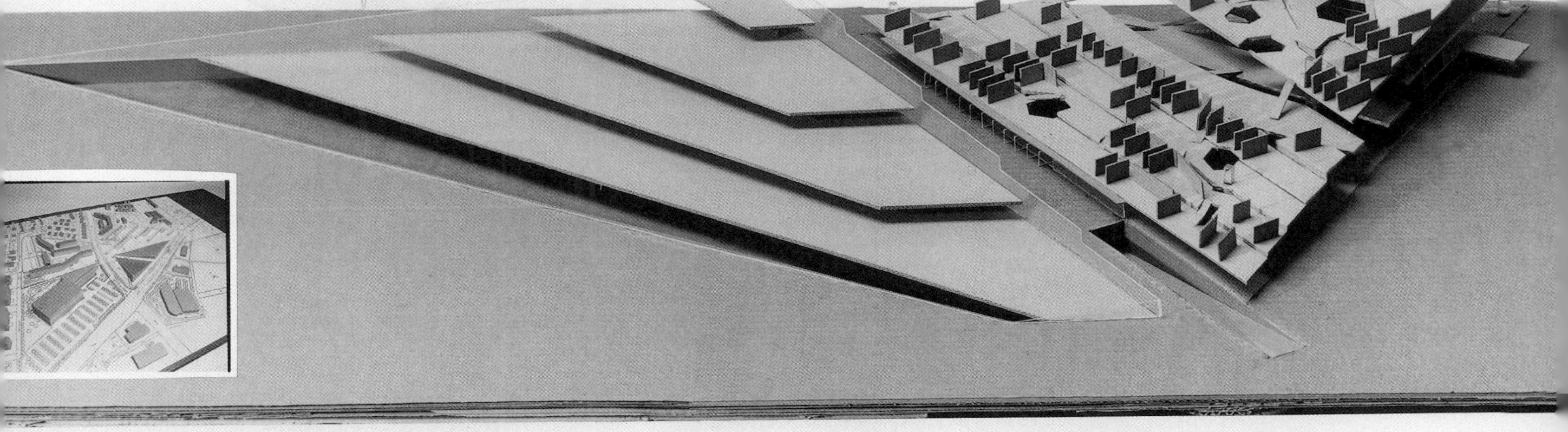
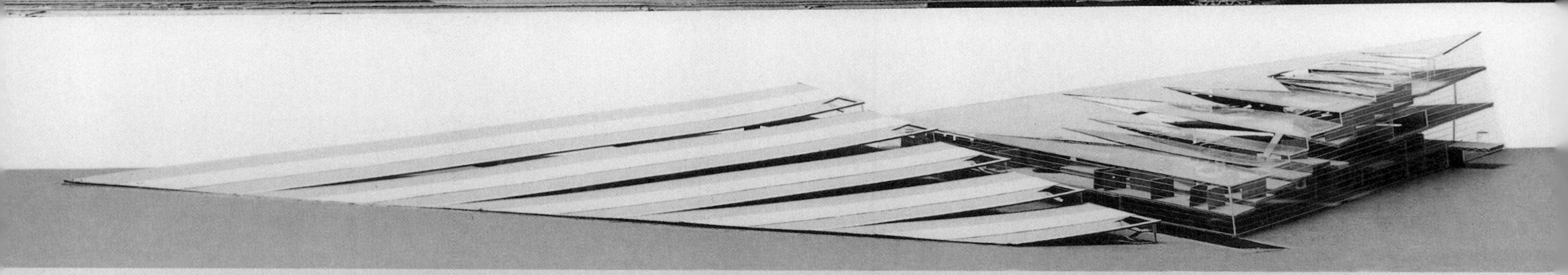
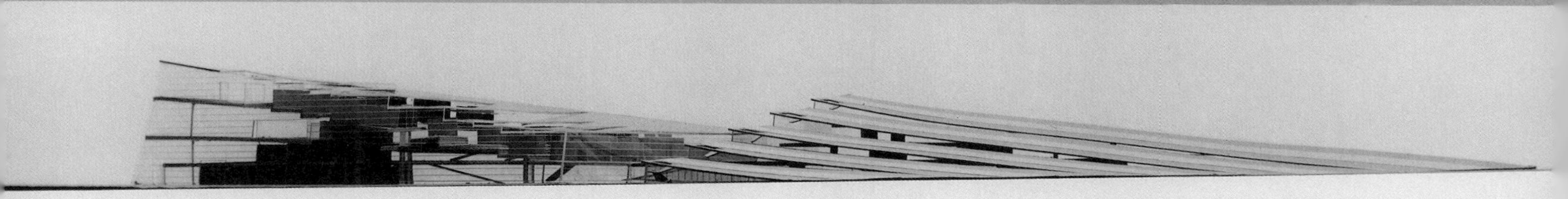
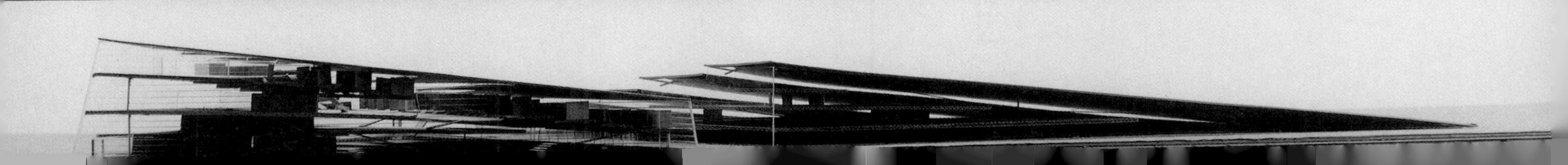

Haus Benedek, Graz / House Benedek, Graz
1985–1986

Volker Giencke hat sich früh entschlossen, Familienhäuser nur noch in Holz zu bauen. Ihn begeistert dieser Baustoff nicht nur auf Grund seiner baubiologischen Eignung. Es sind Eigenschaften wie die Farbigkeit und Verletzbarkeit der Oberflächen, ihre Veränderung im Laufe der Zeit, die Oberflächenwärme und das Bewußtsein, nicht für die Ewigkeit zu bauen, die faszinieren. Das Haus Benedek ist ein frühes und oft ausgezeichnetes Beispiel dafür, wie man Holz als High-Tech-Material einsetzen kann. Die glatten Fassaden mit den eingeklebten Scheiben, die Bündigkeit der Fenster und die doppelscheibigen Übereckverglasungen hat es zuvor nicht gegeben. Der Öffnungsmechanismus der Fenster, die nach außen schwenken und zur Reinigung nach innen gekippt werden können, überzeugt ebenso, wie das Gras am Dach, das vor sommerlicher Überhitzung schützt. Die leicht gekrümmten Längsfassaden fangen im Süden die Sonne ein, bzw. öffnen den Blick auf das toskanisch anmutende Hügelland im Norden.

Volker Giencke had made an early decision to build single-family houses exclusively of wood. He is enthusiastic about this building material, and not only because of its suitability in terms of holistic relationships with the built-up environment. Its fascinating features also include vivid and vulnerable surfaces, their warmth and change in the course of time, and the fact that the material makes one conscious of never building for perpetuity. The Benedek House is one of the primordial and in many ways excellent examples of how wood can be employed as high-tech material. Its smooth surfaces with pasted panes, flush windows and double-pane diagonal glazing have no precedent. The opening mechanism applied to the windows, which swivel outwards and can be tilted in for cleaning purposes, is as persuasive as the grassed roof offering protection from intensive summer heat. The slightly bent longitudinal facades on the south side capture the sun and open a view to the north, upon a hilly countryside reminiscent of Tuscany.

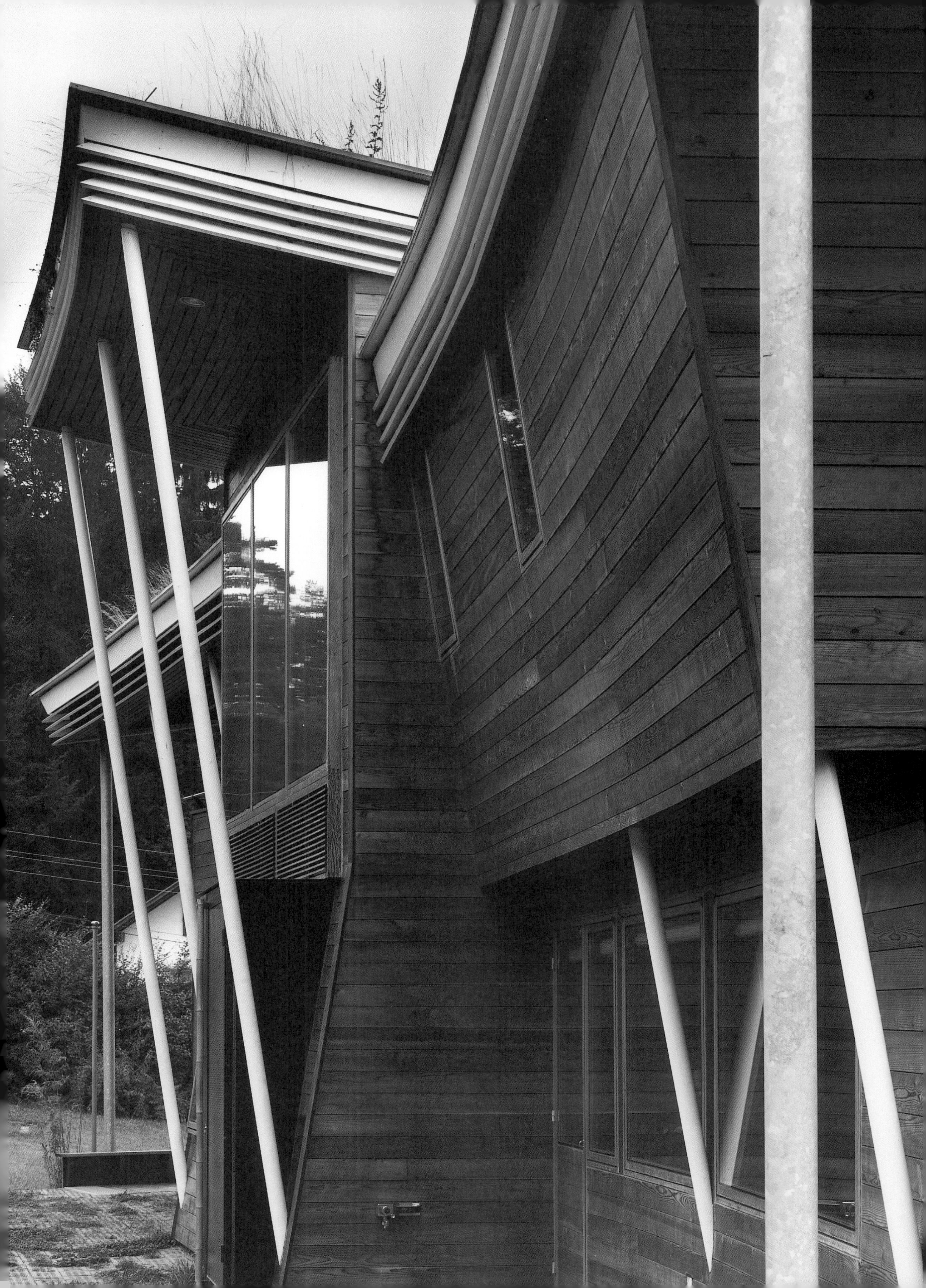

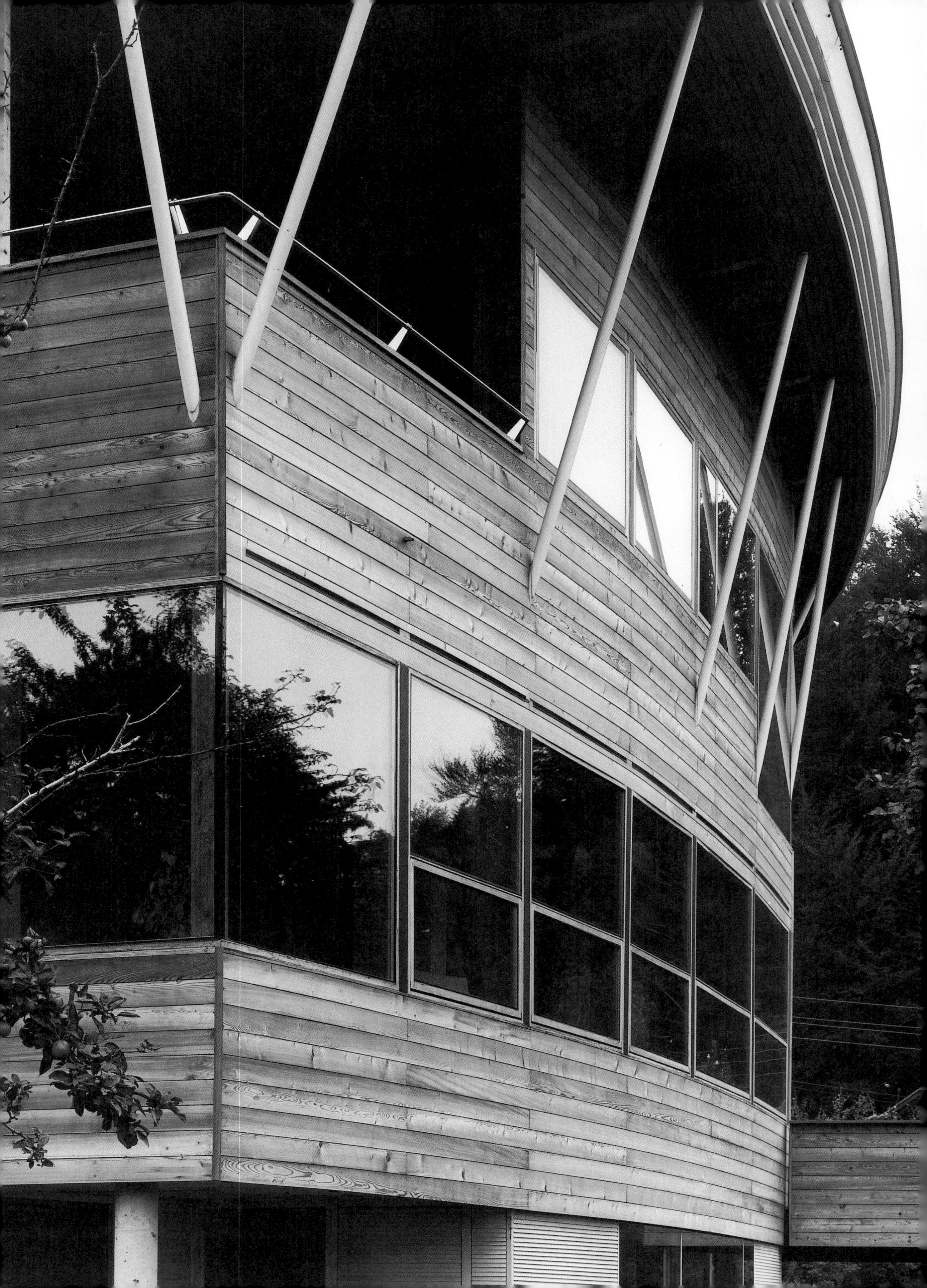

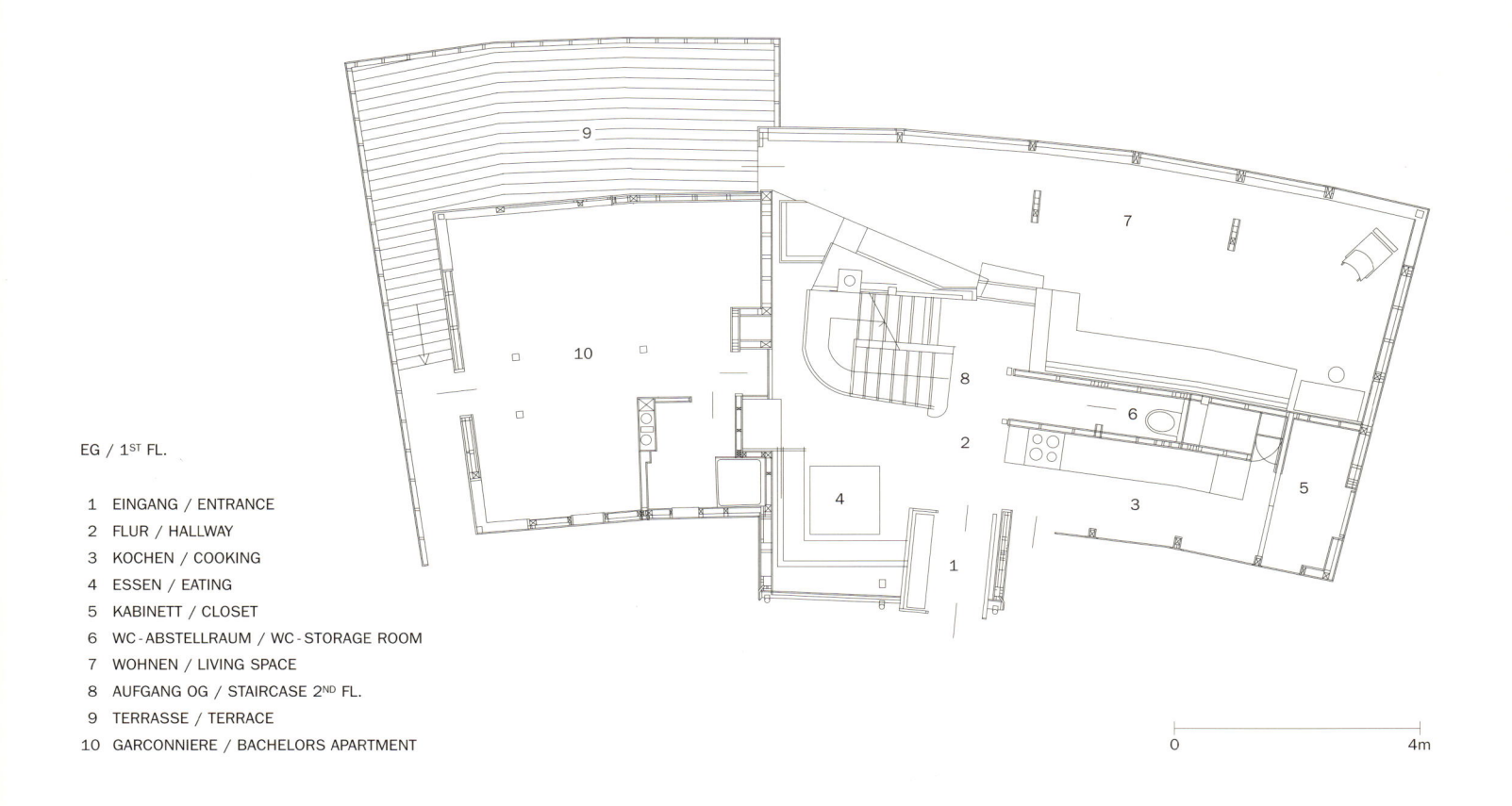

EG / 1ST FL.

1. EINGANG / ENTRANCE
2. FLUR / HALLWAY
3. KOCHEN / COOKING
4. ESSEN / EATING
5. KABINETT / CLOSET
6. WC-ABSTELLRAUM / WC-STORAGE ROOM
7. WOHNEN / LIVING SPACE
8. AUFGANG OG / STAIRCASE 2ND FL.
9. TERRASSE / TERRACE
10. GARCONNIERE / BACHELORS APARTMENT

Großer Hörsaal, Architekturfakultät Universität Innsbruck
Lecture Hall, University of Innsbruck School of Architecture

1994-1996

Der bestehende Hörsaal und zwei der drei Unterrichtsräume wurden nach zeitbezogenen Gestaltungsprinzipien neu geplant. Die ansteigenden Sitzreihen des Hörsaales bilden nun drei Sektoren. Sie sind aus akustischen Gründen geknickt ausgeführt, die Umfassungswände des Hörsaals eben deswegen mit Holzlamellen verkleidet und der Boden, auf dem der Vortragende steht, um gut einen Meter angehoben. Die Hörsaaldecke ist nach akustischen Erkenntnissen gebogen und aus lichttechnischen Überlegungen mit spiegelpolierten Alublechen hergestellt. Zwischen diesen sind Evolventenleuchten so eingebaut, dass sie blendfreies Licht geben. Die Unterrichtsräume werden zu einem Großraum zusammengeschlossen, der bei Bedarf geteilt werden kann. Deshalb ist der Grundriss ein Rechteck, das aus zwei gleich großen Quadraten besteht. Überdacht wird dieses Rechteck von zwei Lichtkuppeln, die als ellipsenförmige Öffnungen nordgerichtet sind. Die Konstruktion dafür ist ein Stahlgerüst, über das eine Membrane gezogen wird. Die innere Membrane wird als akustischer Schirm ausgebildet, während die äußere Membrane die Dachhaut ist.

Today's Lecture Hall and two of the three classrooms had been planned anew according to topical creative principles. Buckled for acoustic reasons, the ascending tiers in the Hall are now divided into three sections. Likewise, the Hall's enclosing walls are lined with wooden slats, and the area of the lecturers' standing desk was elevated by more than a meter. The ceiling is curved according to acoustic insights and constructed with ultrafinished aluminum sheets following considerations derived from lighting engineering. In between, involute lights are integrated to give antiglare illumination. The classrooms are connected to an open-plan room that can be partitioned as necessary. The ground plan thus consists of a rectangle composed of two quadrants of the same size. Roofing this rectangle, two dome lights, elliptical openings, face the north. In this connection, the construction is a girder arrangement over which a membrane was drawn. The interior and exterior membranes are intended as an acoustic screen and roof cladding, respectively.

Lecture Hall, University Innsbruck School of Architecture

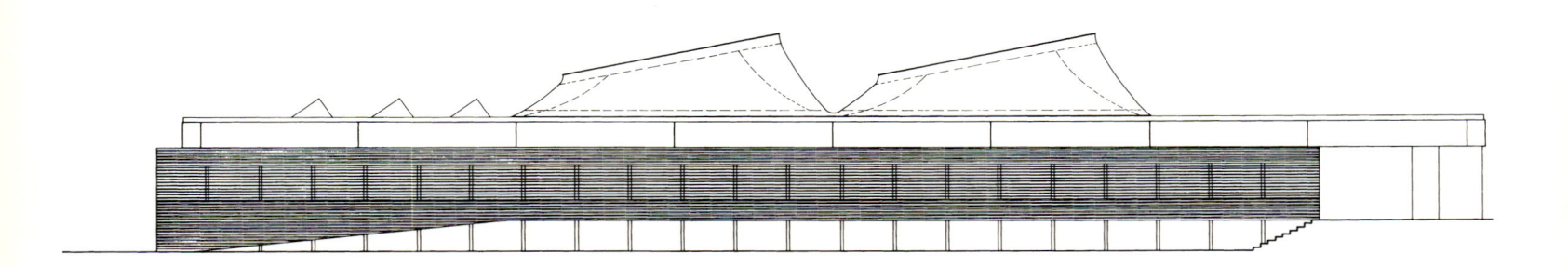

Großer Hörsaal, Architekturfakultät Universität Innsbruck

EG / 1ST FL.

1 ZUGANG / ACCESS GALLERY
2 EINGANG / ENTRANCE
3 FOYER-AUSSTELLUNGSBEREICH / FOYER-EXHIBITION AREA
4 GROSSER HÖRSAAL / LECTURE HALL
5 HÖRSAAL / CLASSROOMS

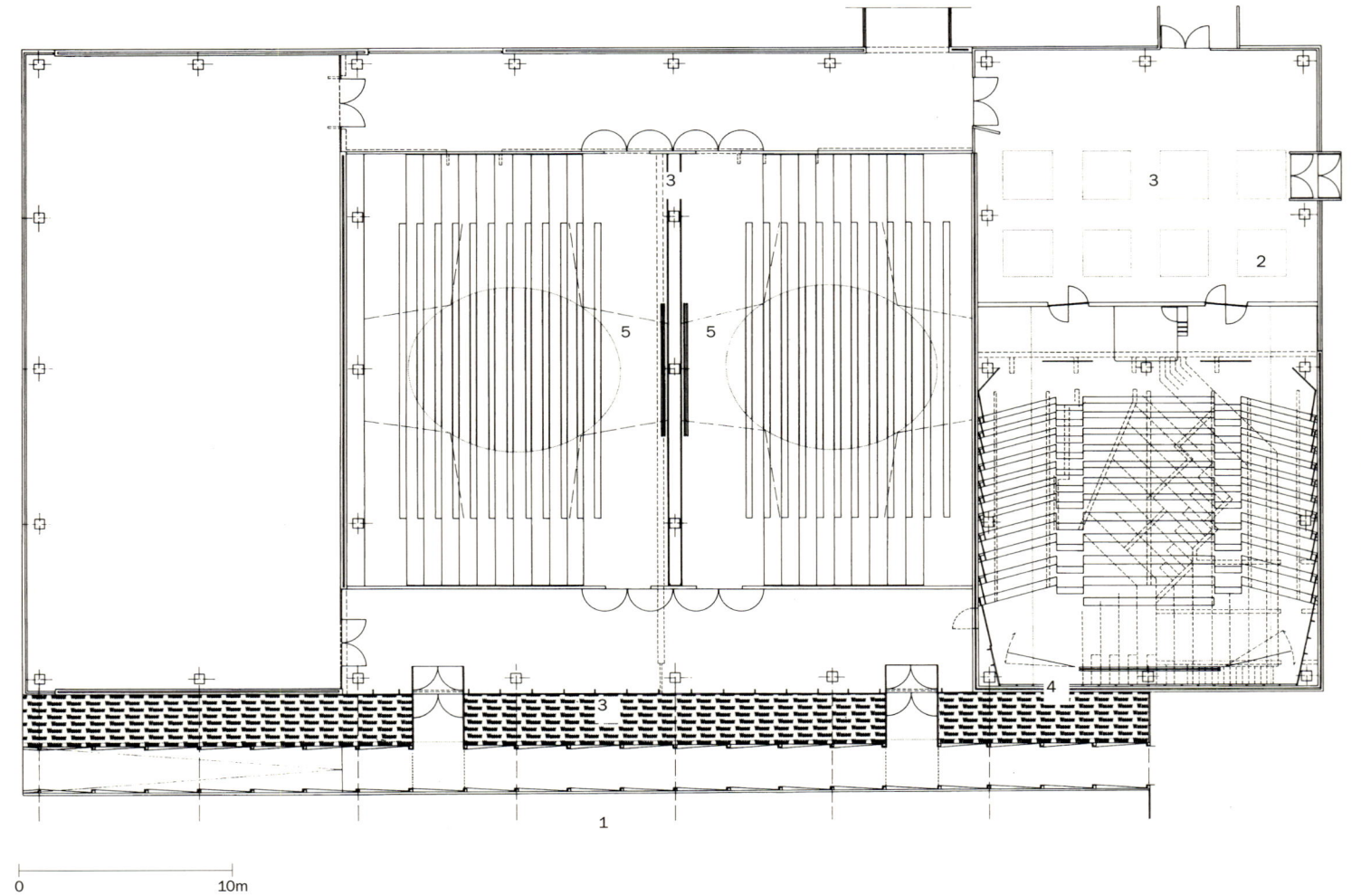

0   10m

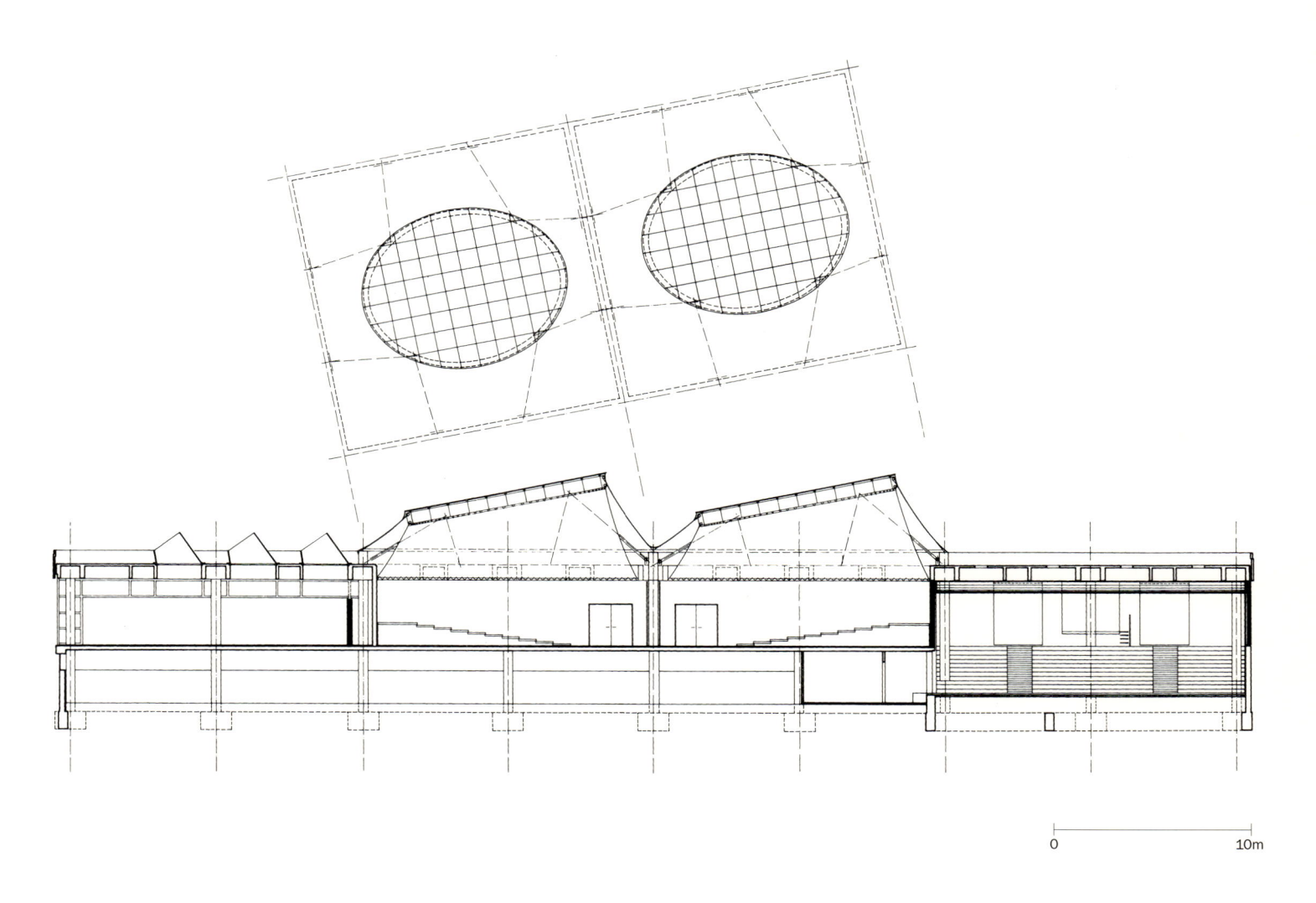

Lecture Hall, University Innsbruck School of Architecture

SCHNITT / SECTION LECTURE HALL

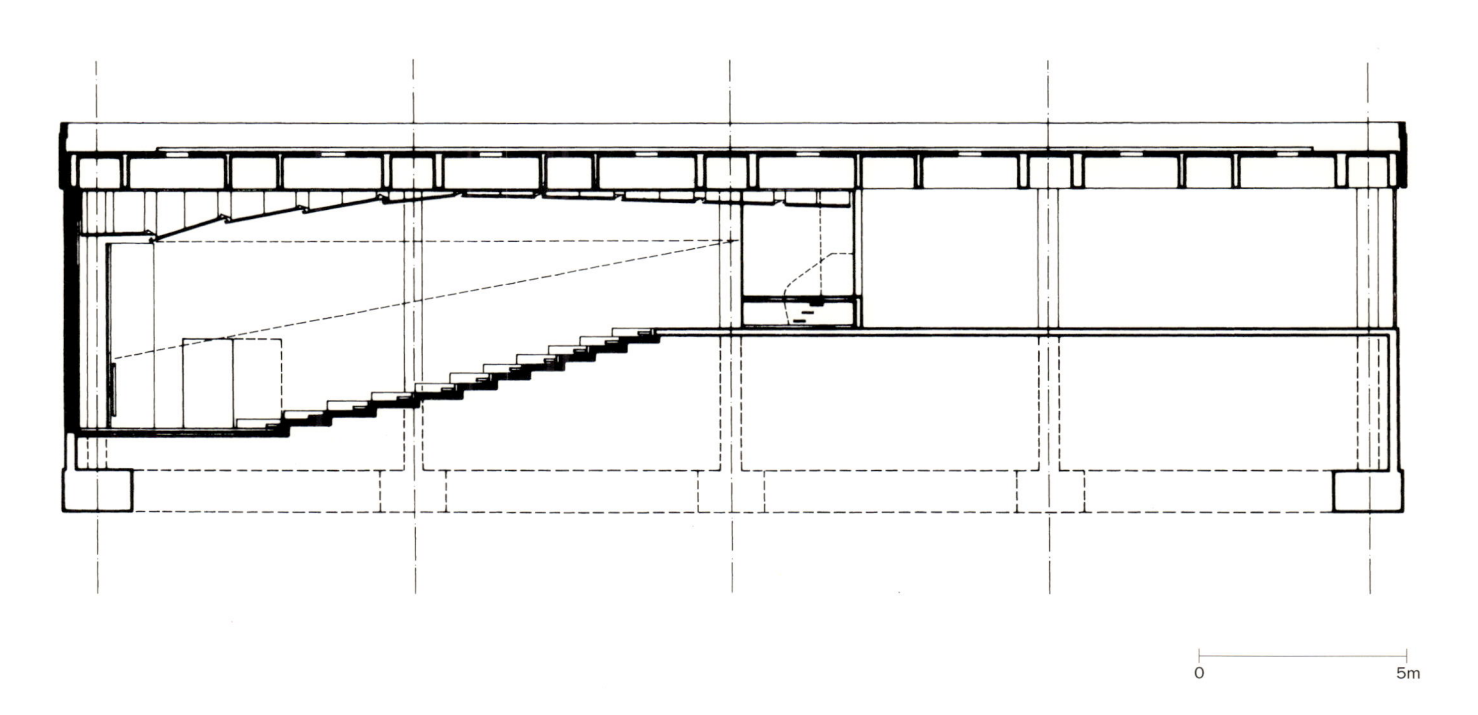

Rhodarium Bremen
1998

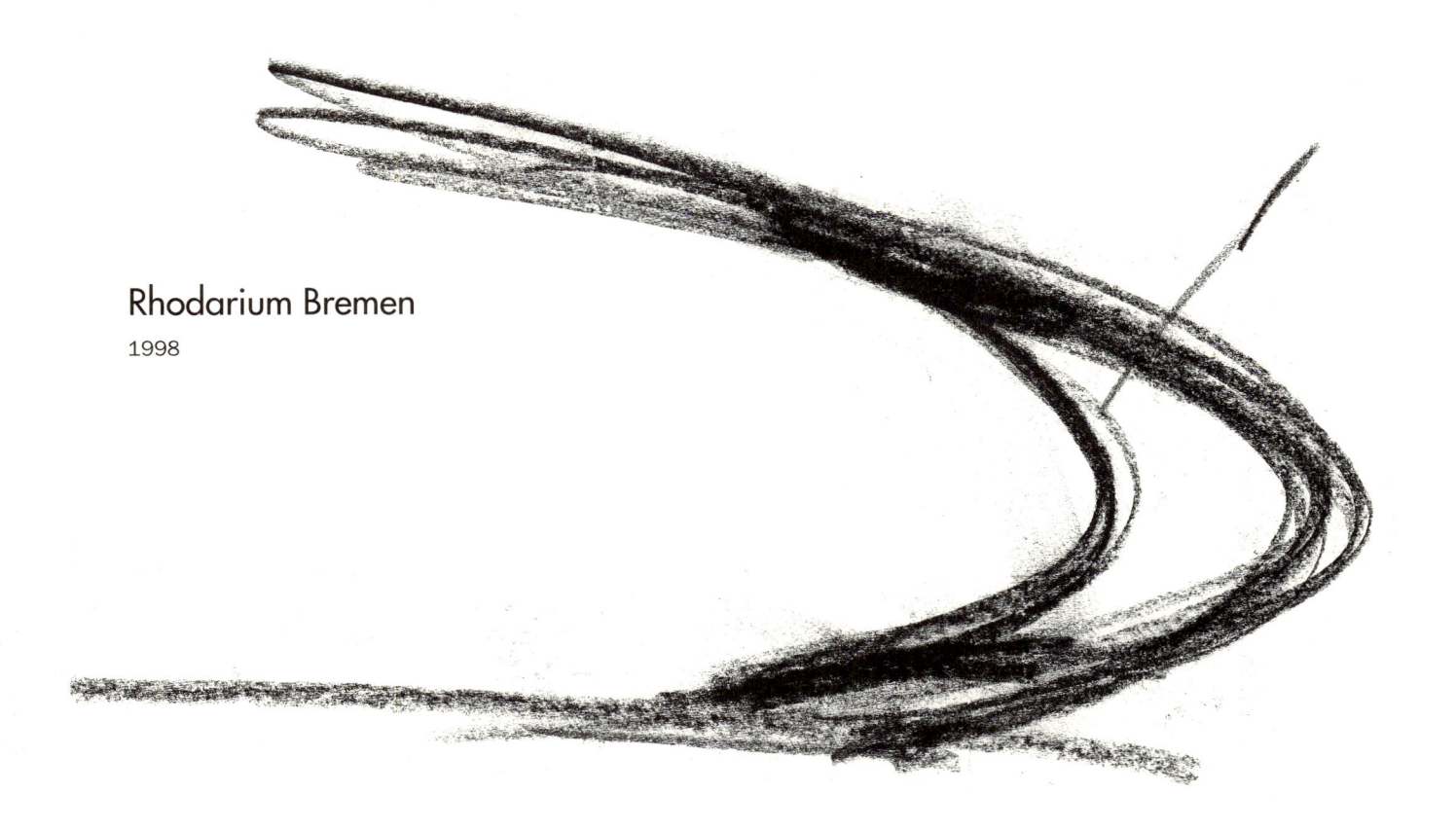

Der grundlegende Gedanke ist es, das gesamte botanische Programm für den neuen Rhododendron-Park unter einer einzigen Klimahülle unterzubringen. In dieser sind die anderen Klimazonen so eingebaut, dass zwischen den klimatischen Verhältnissen des Parks und den speziellen Klimabereichen für bestimmte Rhododendronarten kein besonderer physikalischer Schutz mehr nötig ist. Das heißt: über einer neu geschaffenen Landschaft aus Erdhügeln und Felsformationen, zwischen sich kreuzenden Wegen und schmalen Plätzen, wird eine doppelschichtige, transparente und durch eingeschweißte Verstärkungen hochreißfeste ETFE-Folie gespannt – ein flacher Pneu, der in verschiedenen Höhen über der Rhododendronsammlung liegt –, unbrennbar, selbstreinigend und offen für ultraviolette Strahlung. Der natürliche Klimabereich der Pflanzen kann so perfekt simuliert werden. Der Innendruck dieser doppelten Haut beträgt ca. 500 Pascal und bleibt im offenen System immer der gleiche. Zur Energiegewinnung dienen z.B. Ventilationsöffnungen. Die warme Luft wird so aus der doppelschichtigen Haut über Wärmetauscher geschickt, und zur Heizung bzw. zur Kühlung eingesetzt. Die Konstruktion, die die Haut trägt, stützt und spannt, ist aus schlanken, korrosionsfreien Aluminiumrohren. Alle Installationen werden entweder in diesen Rohren geführt oder daran angeklippst. Das Projekt, das nun ausgeführt werden soll, entspricht in Form und Funktion unserem Projekt für den Botanischen Garten in Graz, entworfen 1982 (s. Seite 150).

The basic idea was to accommodate the entire botanical program of the new rhododendron park under a single climatic cover. Different climatic zones are incorporated such that no particular protective element is required to separate the park's climatic conditions from those required for specific rhododendron subgenera. In other words, a two-layered, transparent ETFE foil, highly tear-resistant due to reinforcements welded in, was stretched over a newly created landscape of buttes and geological formations amidst crossing paths and narrow squares - a flat pneumatic lying at various heights above the rhododendron collection - fireproof, self-cleaning and open to ultraviolet radiation. The plants' natural climate can thus be perfectly simulated. The internal pressure achieved by this double membrane amounts to about 500 pascal and remains stable in the open system. Amongst others, valve outlets serve to gain energy. Warm air coming in from the two-layered membrane through heat exchangers is applied for heating and cooling. The construction bearing, supporting and stretching the membrane is made of slender corrosion-resistant aluminum tubes. All installations are either directed in or clipped to these tubes. In terms of form and function, the endeavor now to be implemented corresponds to our project for the Botanical Gardens in Graz, designed in 1982 (cf. pp. 150ff).

Rhodarium Bremen

Rhodarium Bremen

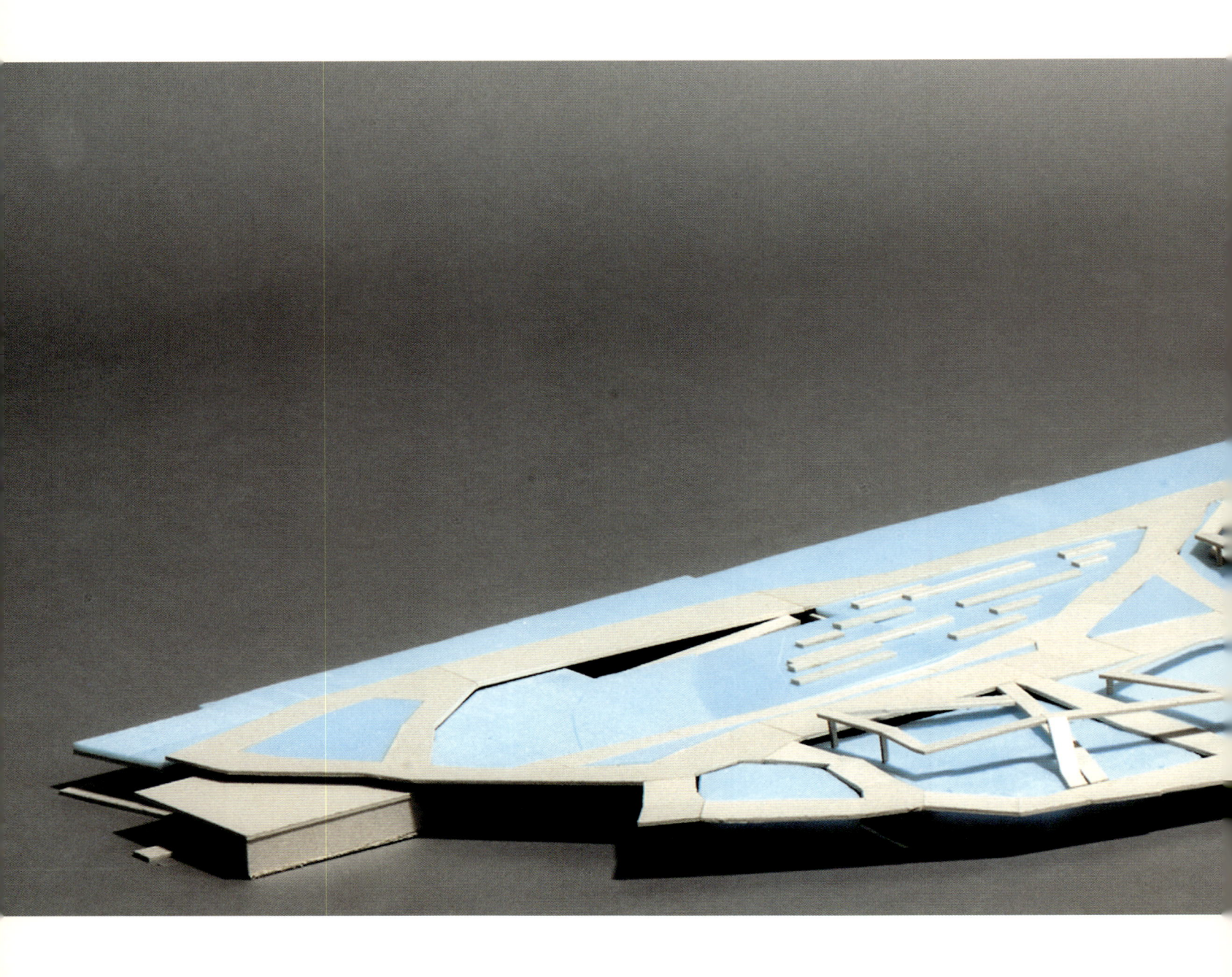

Rhodarium Bremen

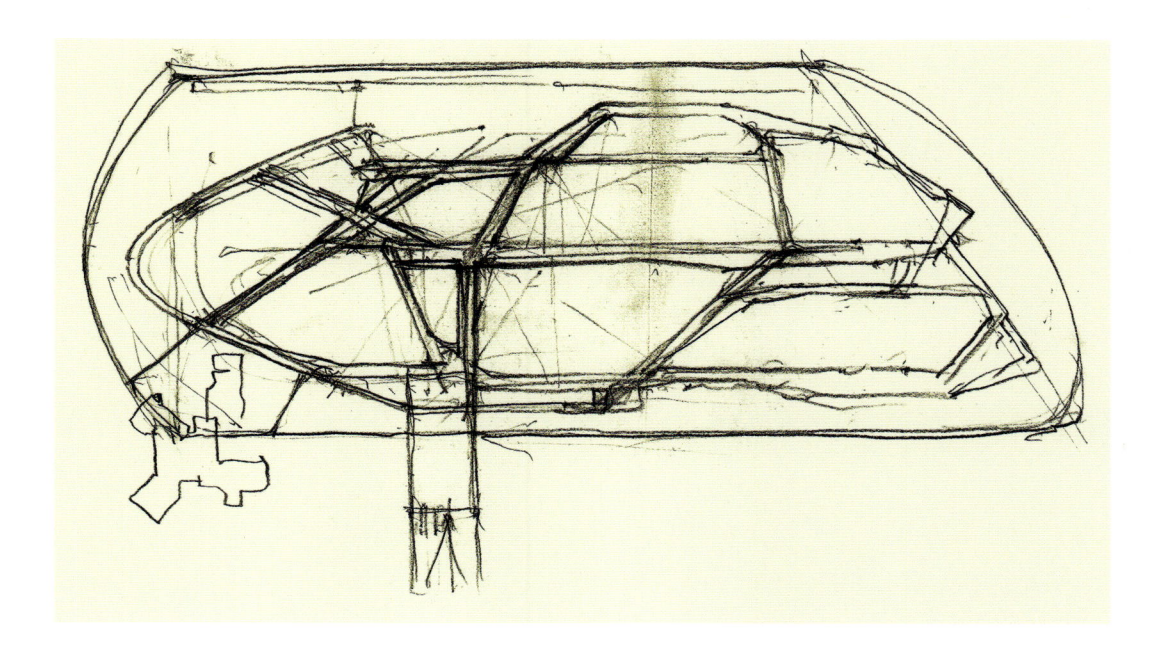

Rhodarium Bremen

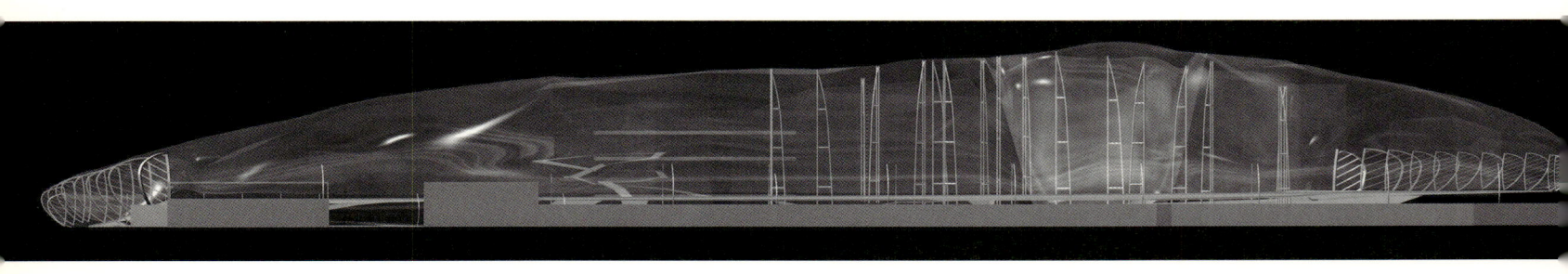

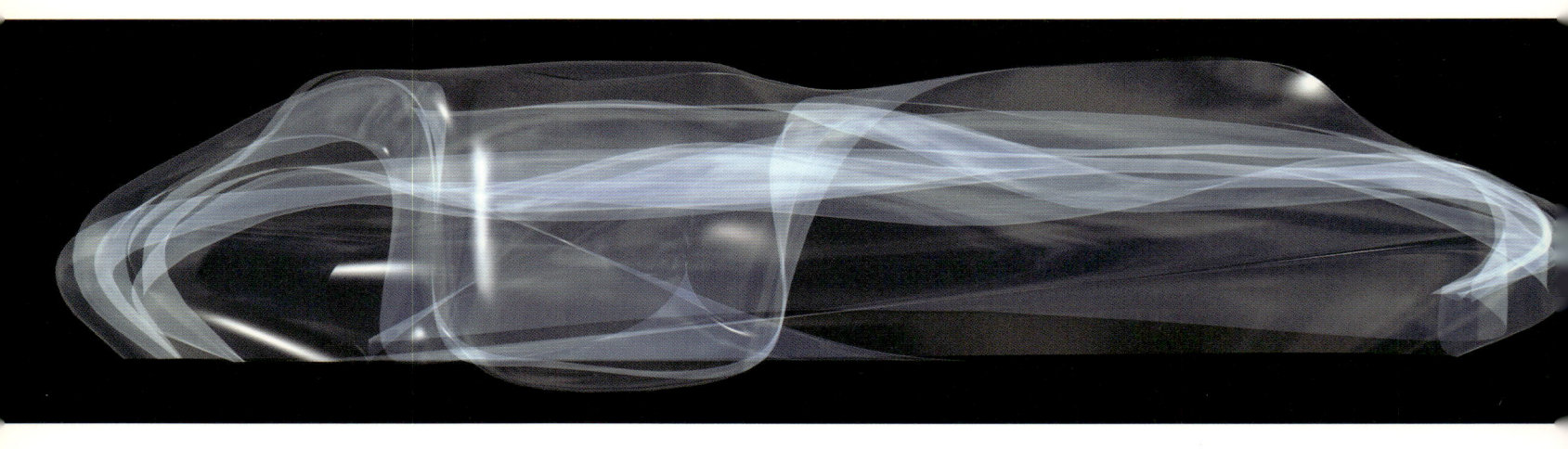

Rhodarium Bremen

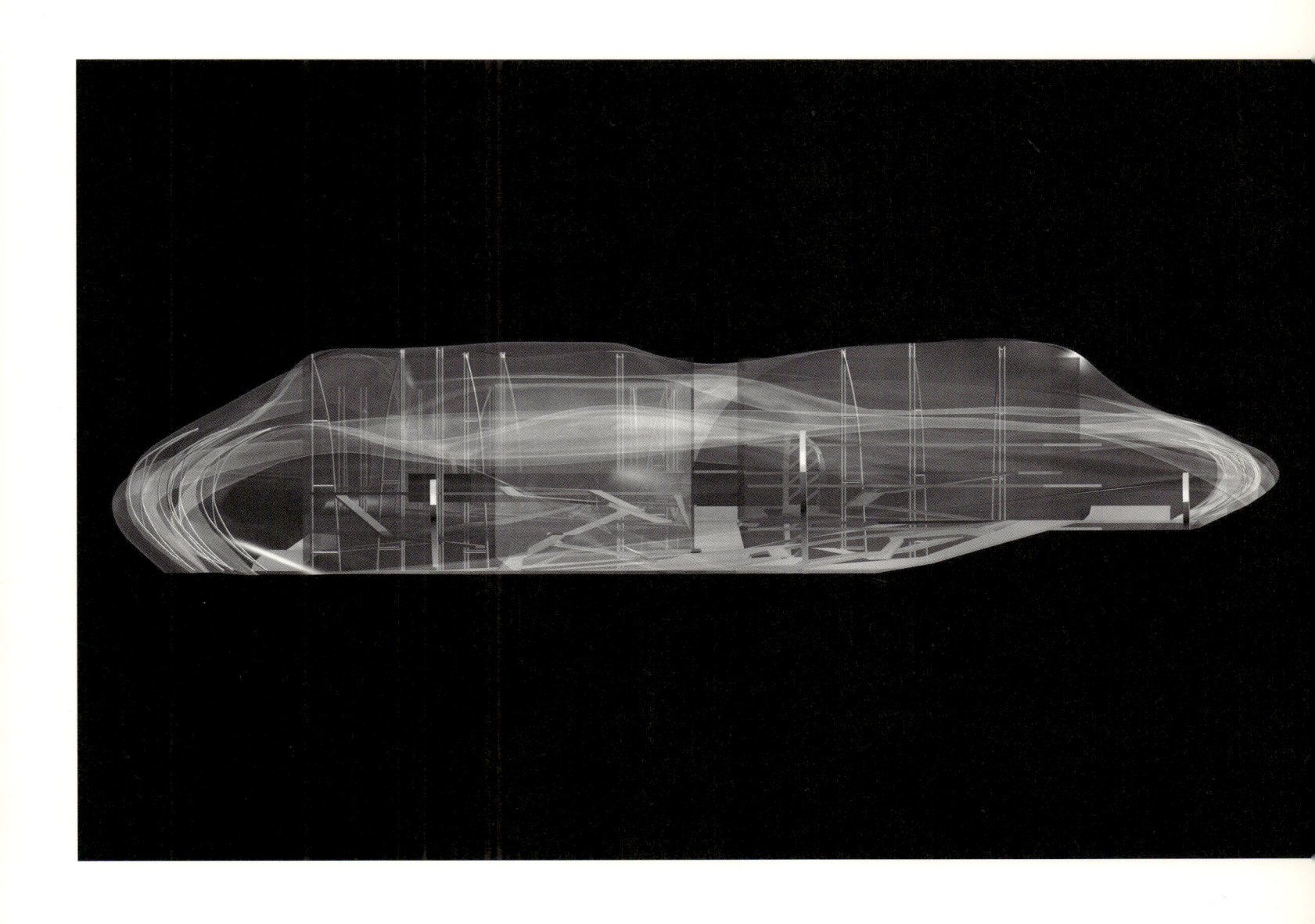

Wohnbau "Carl-Spitzweg-Gasse" / Residential Housing "Carl-Spitzweg-Gasse", Graz

1992–1994

Unter dem Motto "Kostengünstiges Bauen im sozialen Wohnbau" wurde 1987 ein nationaler Wettbewerb für 50 Wohnungen ausgeschrieben, mit dem der Auslober "Modell Steiermark" nicht nur Quadratmeterpreise zur Diskussion stellen wollte, sondern vor allem unkonventionelle Lösungen. Allerdings um auf diesem Wege die üblichen Kosten zu unterschreiten. Der erste Preis ging an Volker Giencke. Zur Ausführung und Verwaltung wurde das Projekt einer Wohnbaugenossenschaft übertragen. Damit war der Grundstein nicht für das Projekt, sondern für eine Jahre währende Verhinderungsverwaltschaft gelegt, die schließlich darin ihren Höhepunkt fand, dass der Direktor der Genossenschaft unter Korruptionsverdacht demissionierte. Die weitere Objektbetreuung oblag damit zeitweise den Anwälten. Erst im Frühsommer 1991 wurden von der Genossenschaft Bauarbeiten ausgeschrieben, was in dieser Phase einer extremen Baukonjunktur in der Steiermark zu Preisen von wenigstens 15% über den üblichen Marktpreisen führte. Die Genossenschaft trat von dem Projekt endgültig zurück, und bot den zukünftigen Wohnungseigentümern das Grundstück zum Kauf an.

Under the motto of "Favorably Priced Constructions in Lowrent Housing", a nationwide competition was advertised in 1987 for the construction of fifty apartments. By the public announcement of an award, the "Modell Steiermark" enterprise not only wanted to put squaremeter prices up for discussion, but especially unconventional solutions. Of course, its objective was also to remain under the usual costs. Volker Giencke was awarded the first prize, and project implementation and administration was assigned to a residential housing cooperative. The cornerstone was then laid, not for the project, but for years of prclusive management, to finally reach its climax when the director of the cooperative tendered his resignation on suspicion of bribery. Object management was then temporarily incumbent upon lawyers. Only in the early summer of 1991, in a phase of extreme building activity in Styria, did the cooperative advertise construction work, leading to prices at least 15% above current market rates. The cooperative definitely withdrew from the project and offered the subsequent proprietors of the apartments to purchase the realty.

Residential Housing "Carl-Spitzweg-Gasse", Graz

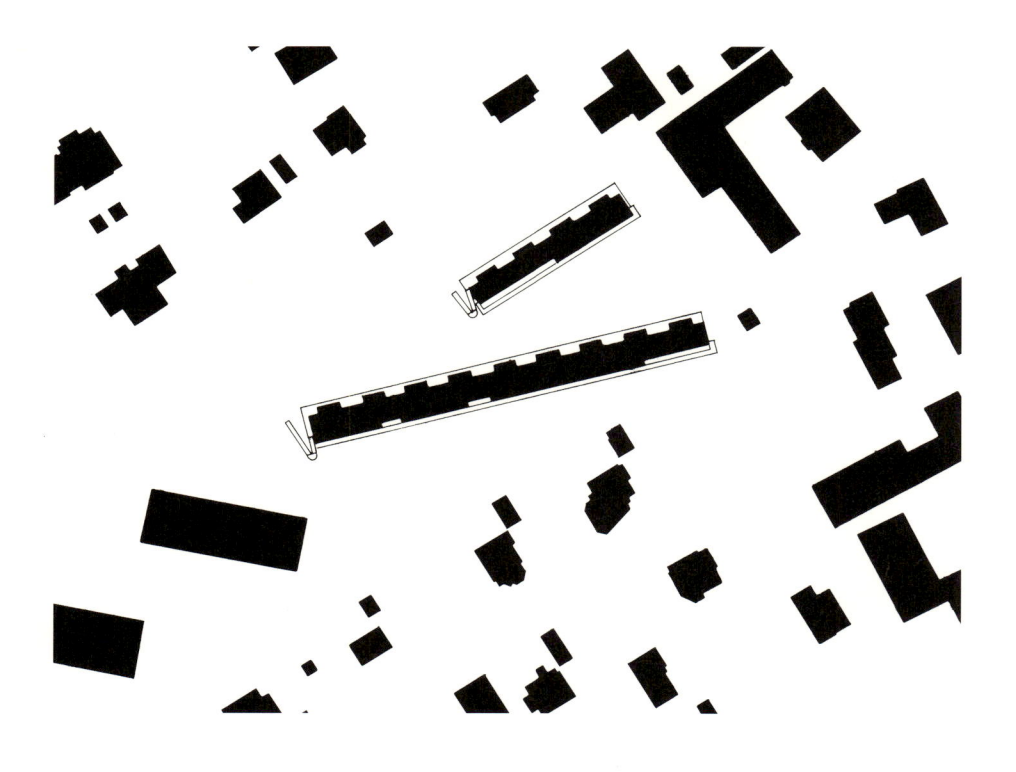

Wohnbau "Carl-Spitzweg-Gasse", Graz

Eine daraufhin spontan in einem Verein organisierte Selbstverwaltung konnte zwar nicht die überhöhten Einheitspreise aus der Welt schaffen, bemühte sich jedoch darum, nicht unbedingt notwendige Bauleistungen zu streichen, vor allem aber den Bau voranzubringen – diesmal gegen den hinhaltenden Widerstand der Behörden, die im Umgang mit selbstverwalteten Projekten wenig Erfahrung zeigten.
Faszinierend ist dieser Geschosswohnbau schon auf den ersten Blick. Denn er entspricht in keinem Punkt der äußeren Konvention. Weder der asketischen Übung "Zinshaus", noch dem Formenspiel "Fröhliche Mehrfachvilla". Nicht einmal dem zwischen den Fronten oft aufgeweckteren Grazer Duktus, der aber oft doch nicht aufrührerisch, sondern eben sehr kleinbürgerlich ausfällt. In einer überwiegend locker und verhalten bebauten Parklandschaft sind die beiden viergeschossigen Gebäuderiegel gleicher Organisation, aber unterschiedlicher Länge, keilförmig und damit dynamisch zueinander positioniert. Die Baukörper sind sehr einfach konstruiert. Sie wirken jedoch dank der plastischen Attribute Flugdach und Freitreppe, dank des Wechselspieles der hausgrundstücksbezogenen Freiräume, dank der überraschenden Fassadenmaterialien Schiffssperrholz (auf der kalten Erschließungsseite) und emailliertes Glas (auf der warmen Südseite), nicht zuletzt auch dank der offenen Aufständerung für die Garagenplätze sehr komplex und vielschichtig. Die tragende Konstruktion ist ein schlichter Betonscheibenbau von geringer Tiefe.

An autonomous body was spontaneously founded but failed to eliminate the exorbitant uniform prices. However, it did make an effort to revoke expenditures on construction that were not absolutely necessary and in particular to get the construction itself going. This time, the delaying action on the part of the authorities, who showed little experience in dealing with autonomously administered projects, had to be taken into account.
This multiple dwelling is already fascinating at first glance, as it in no way complies with external conventions, neither with the ascetic "apartment building" exercise, nor the continuously changing emergence of different forms associated with "merry multiple villas". Not even with the artistic design characteristic of Graz, which is frequently more quick-witted between the fronts, but then proves philistine rather than rebellious. Two four-story, half-timbered buildings were equally organized, yet of different lengths, and show a wedge-like, dynamic position to one another within a park landscape that is built up loosely and restrainedly in general. The structures are simple, but they appear very complex and intricate due to the plastic attributes of their roofs and staircases, the interplay of property-related free spaces, the use of ship plywood as a surprising facade material (on the cold access side) and enameled glass (on the warm south side), and finally an open studding for the parking area. The bearing construction consists of an unadorned concrete slab construction of little depth. For this

Residential Housing "Carl-Spitzweg-Gasse", Graz

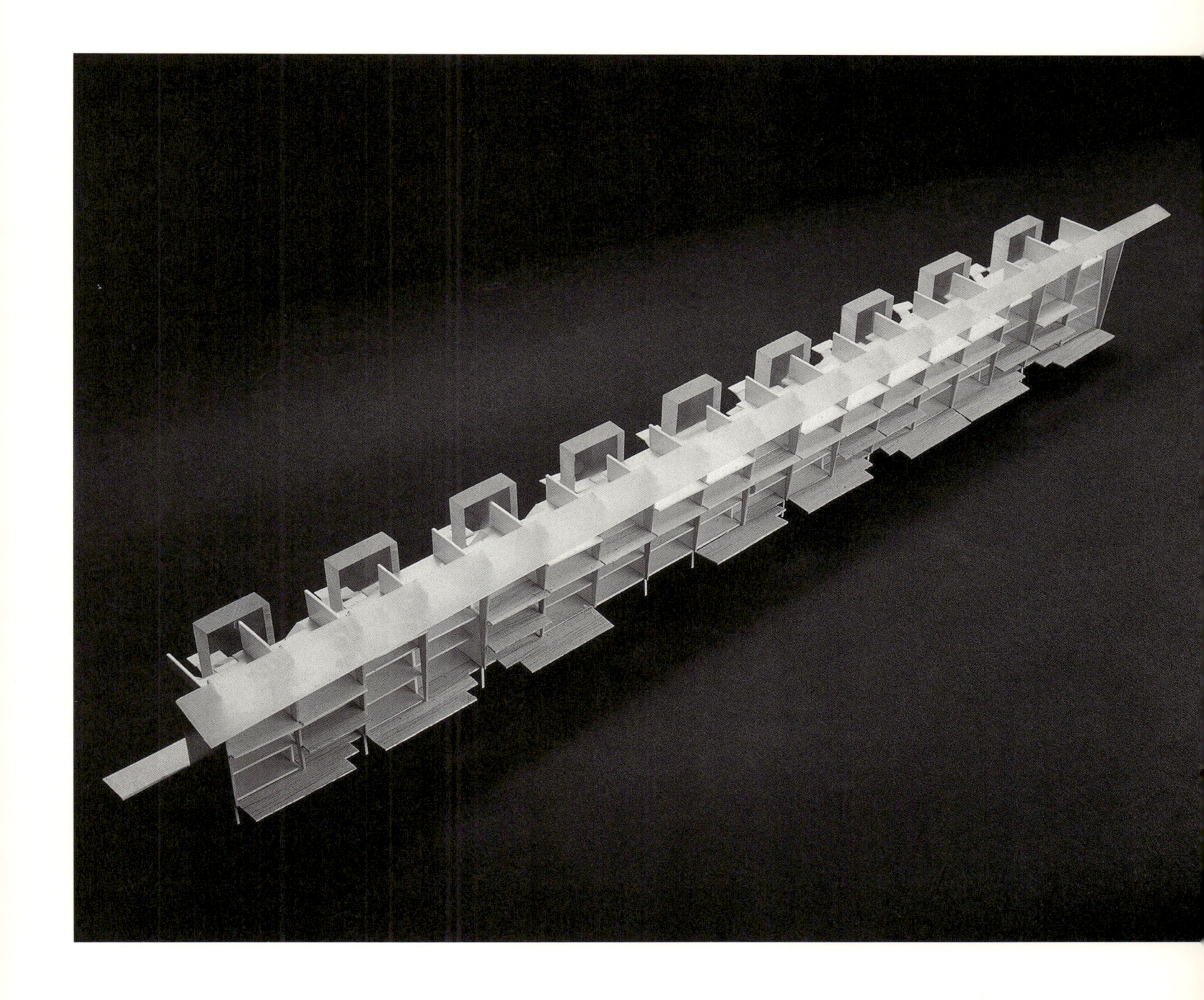

Wohnbau "Carl-Spitzweg-Gasse", Graz

Residential Housing "Carl-Spitzweg-Gasse", Graz

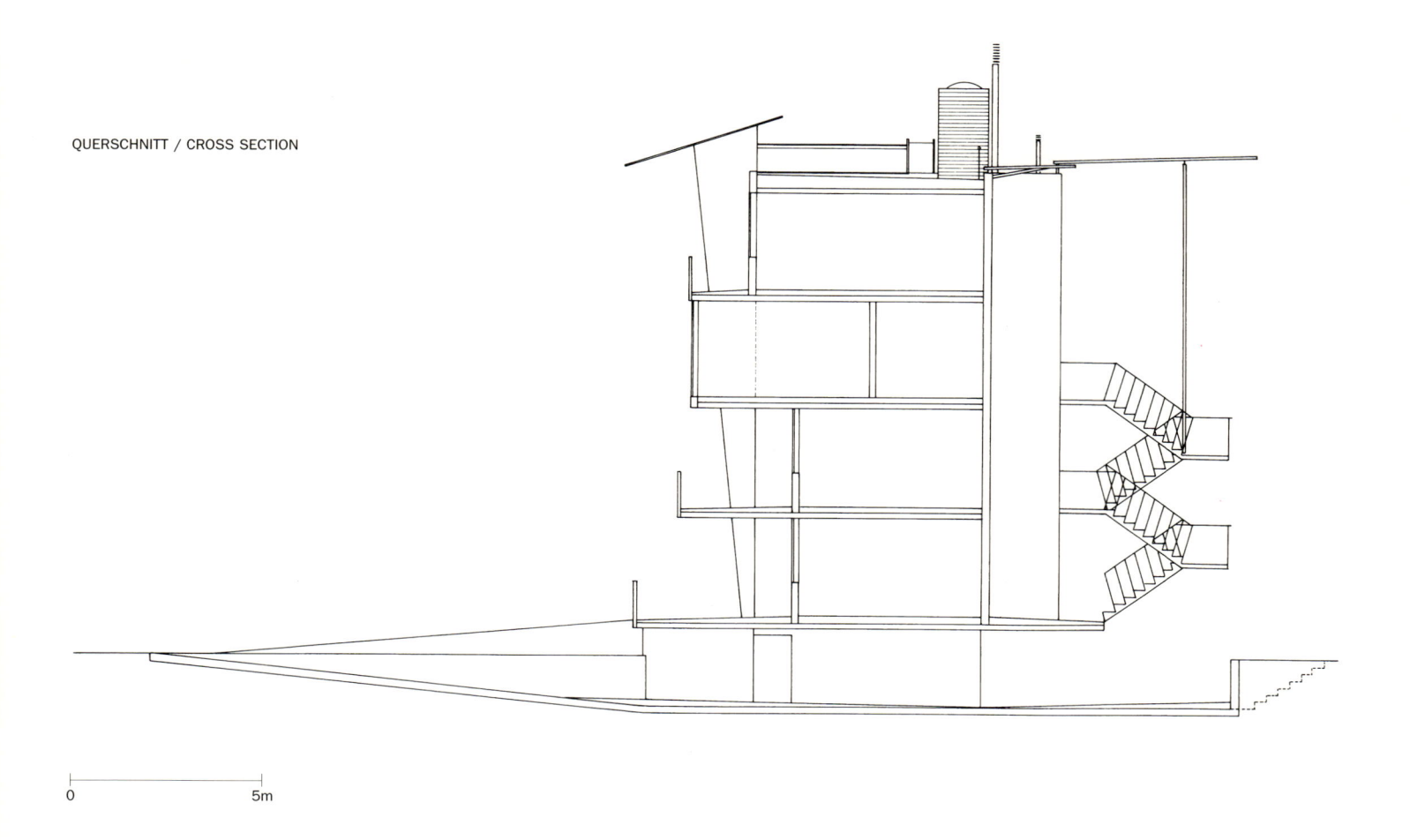

QUERSCHNITT / CROSS SECTION

0 5m

EG / 1ST FL.   0   20m

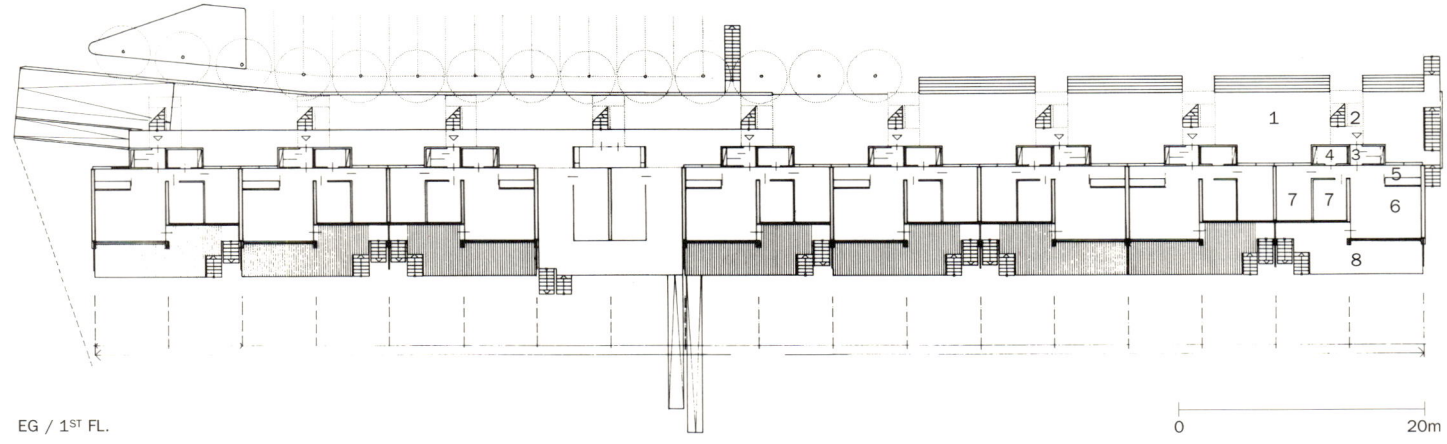

1   ZUGANGSTERRASSE / ACCESS GALERY   5   KOCHEN / COOKING
2   ERSCHLIESSUNGSSTIEGE / ACCESS TOWER   6   WOHN-ESSRAUM / LIVING SPACE
3   WOHNUNGSEINGANG / APARTMENT ENTRANCE   7   WOHNRAUM / LIVING ROOM
4   BAD / BATHROOM   8   BALKON / BALCONY

Residential Housing "Carl-Spitzweg-Gasse", Graz

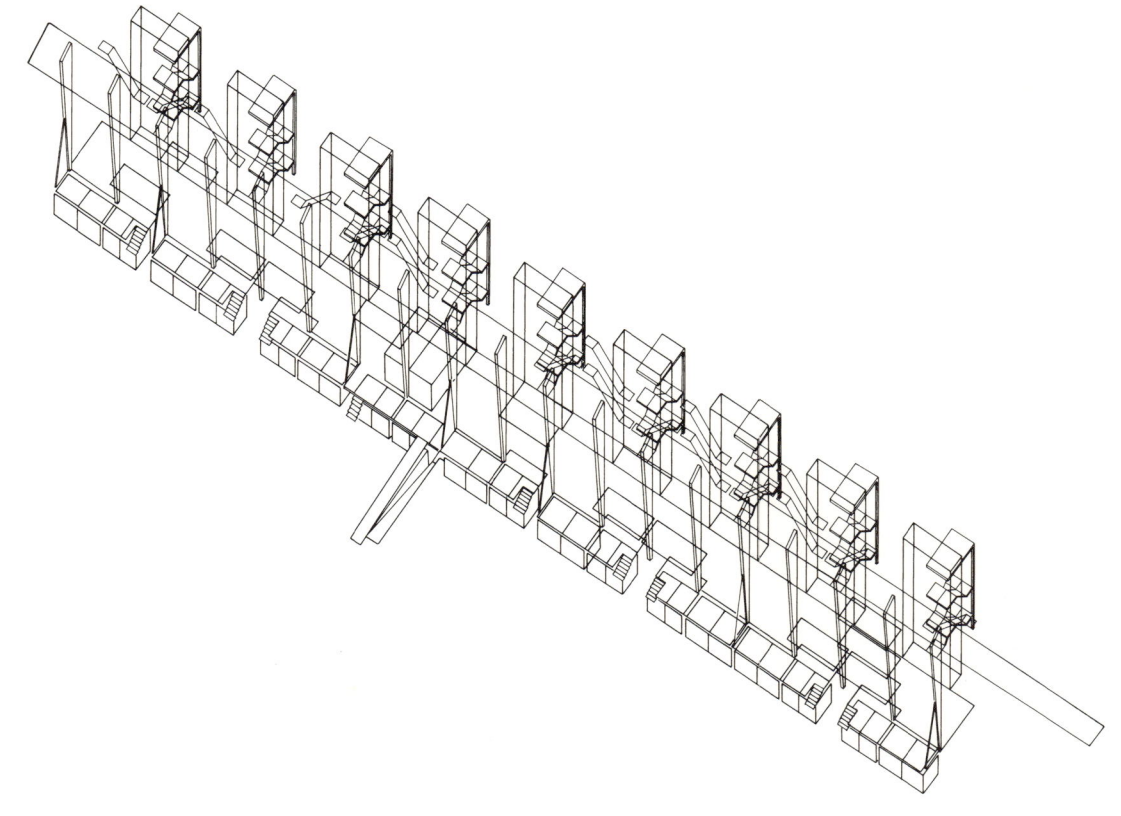

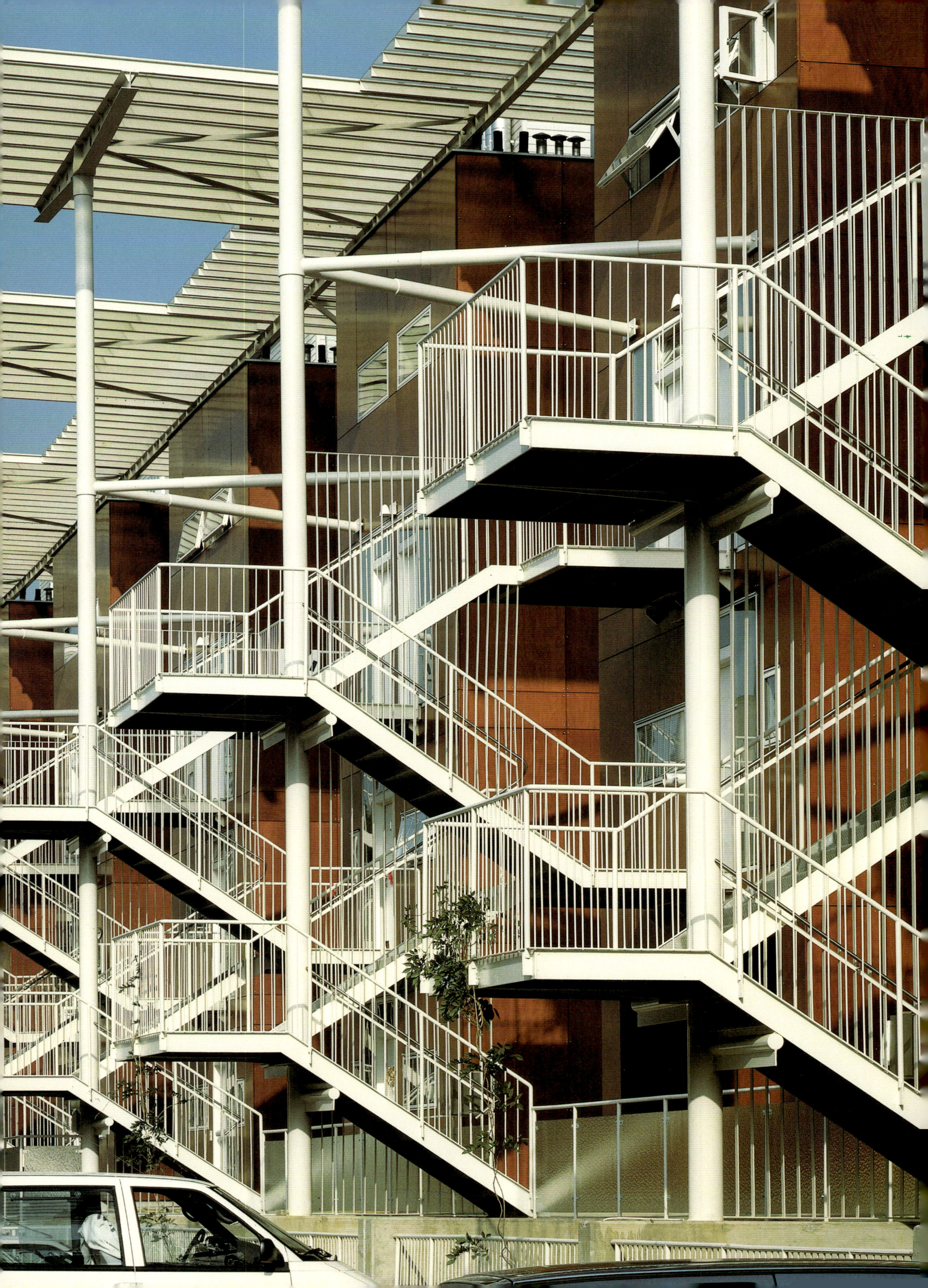

Residential Housing "Carl-Spitzweg-Gasse", Graz

Darum addieren sich die unterschiedlichen Aufenthaltsräume der Wohnungen mit dem Vorteil zweiseitiger Belichtung und Orientierung in der Längsachse. Kein einziger Raum ist auf künstliche Belichtung angewiesen, weder die auf der Erschließungsseite quasi ex muros zusammengefassten Nebenräume WC, Windfang und Bad, noch die unter dem Gebäude plazierten Autoabstellplätze. Der Grundriss ist zum einen so gleichförmig, zum anderen aber auch so flexibel strukturiert, dass sich Vorfertigung und individuelle Raumaufteilung nicht widersprechen. Fixpunkte bilden lediglich die vorgefertigten Nasszellen und die tragende Schotte im Zentrum der unteren Wohnanlagen. Selbst die Küche und die abgehängten Freibereiche stehen hinsichtlich Größe, Anordnung und Orientierung in Grenzen zur Disposition. Um die Distanz zwischen Erdboden, Wohnungs- bzw. individueller Haustür auf maximal zwei Treppenläufe zu begrenzen, sind auf den oberen Etagen Maisonette-Wohnungen angeordnet. Die sehr ungewöhnliche Erschließungsidee schafft mit ihren individuellen Zugängen im öffentlichen Raum hausähnliche Wohnungsqualitäten. Das Dach wird dabei im Sinne Le Corbusiers konsequent als im urbanen Verbund wichtiger "geschenkter" Garten begriffen.
(Klaus Dieter Weiß)

reason, the apartments' various recreation rooms total up with the advantage of light coming in from two sides and an orientation in the longitudinal axis. No single room is dependent on artificial lighting, neither the side rooms, the toilets, vestibules and bathrooms that are virtually integrated ex muros on the access side, nor the parking area located under the building. The ground plan is structured both uniformly and flexibly, such that consistency is maintained between prefabrication and the individual layout of rooms. The only fixed points are the prefabricated sanitary block modules and the load-bearing cross wall at the center of the lower housing developments. To a limited extent, even the kitchens and hanged open facilities can be disposed of in terms of size, arrangement and orientation. Duplex apartments are arranged on the upper floors in order to limit the distance between the ground level, apartment doors and individual front doors to one or two sets of steps. With its possibilities for individual access in public space, this quite unusual concept gives an impression of house-like apartments. Along the lines of Le Corbusier, the roof is consistently conceived as an important, "granted" garden within an urban composite structure.
(Klaus Dieter Weiß)

"Rote Bühne" / "Red Stage", Graz
1984

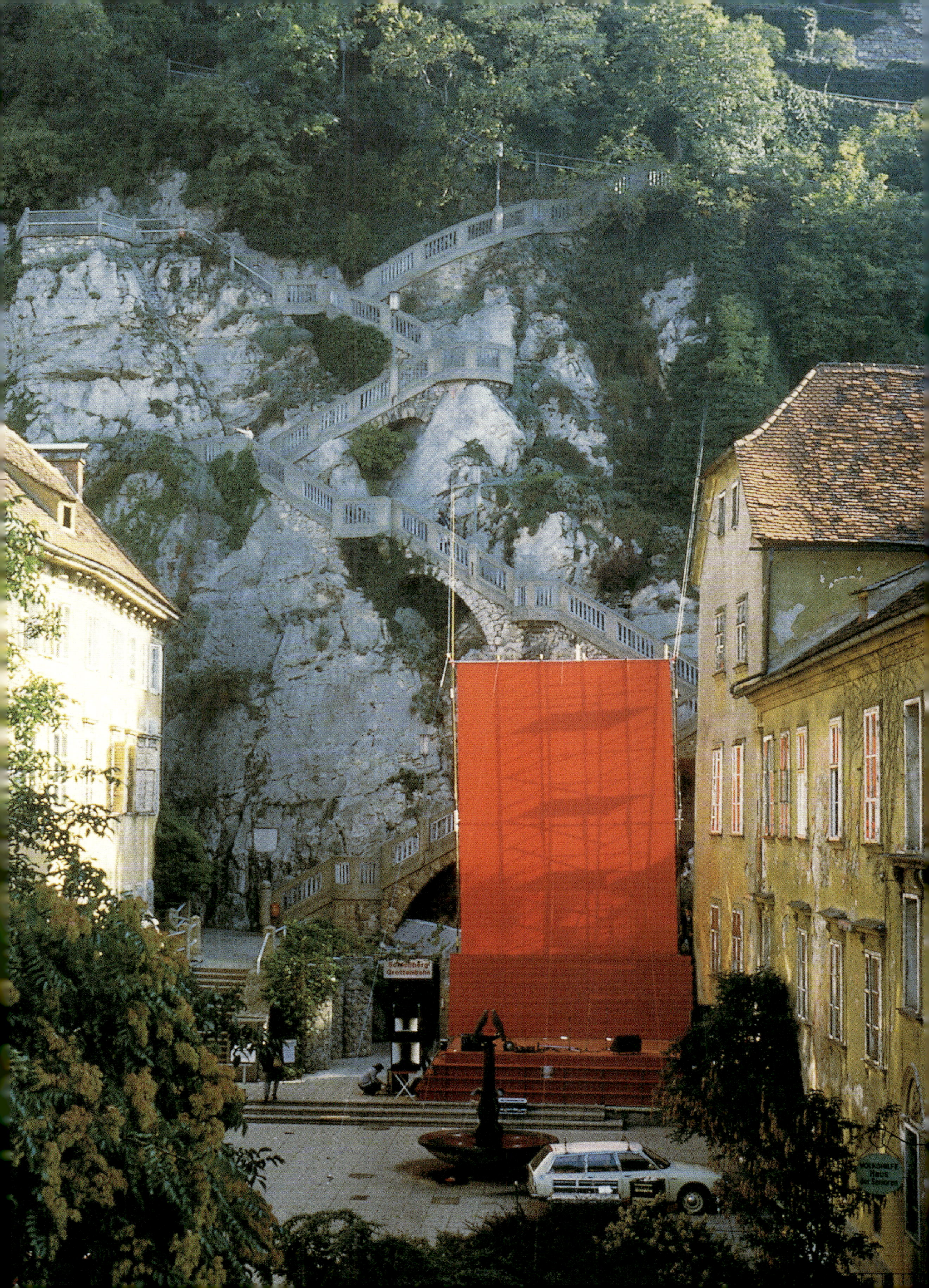
Grottenbahn
Haus

"Rote Bühne", Graz

Die "Rote Bühne" war eine temporäre Konstruktion aus lackierten Holzbrettern, rotem Segeltuch, Stabhochsprungstangen und Aluminiumgerüstrohren. Sie wurde anlässlich des "steirischen herbstes" - ein internationales Festival der Avantgardekunst, das alljährlich in Graz stattfindet - errichtet. Zwölf sechs Meter lange Stabhochsprungstangen wurden miteinander zu einem zwölf Meter hohen und sechs Meter breiten Rahmen verbunden, an den das ebenso große Segel geknüpft wurde. Das Segel wurde in der eigentlichen Bühnenkonstruktion verankert. Die Bühne, ein Holzpodest, zu dem hohe Stufen führten, mit einer mehr als zwei Meter hohen Rückwand, stand auf dem Schloßbergplatz, seitlich aus der Mitte gerückt, vor dem Eingang in die Schloßbergstollen und neben dem Aufgang zur

The "Red Stage" was a temporary construction made up of coated wooden boards, red sailcloth, vaulting poles and aluminum scaffold poles. It was set up on the occasion of the "steirischer herbst" ("styrian autumn"), an international festival of avant-garde art and annual event in the town of Graz. Twelve six-meter vaulting poles were interconnected to form a frame, 12 m high and 6 m wide, upon which a sail of the same size was fastened. The sail was anchored onto the actual stage construction. The stage itself, a wooden pedestal accessed by high steps and backed by a rear wall taller than 2 m, was located off-center on the "Schlossbergplatz" square, in front of the entrance to a mine passageway, the "Schlossbergstollen", and next to an

"Red Stage", Graz

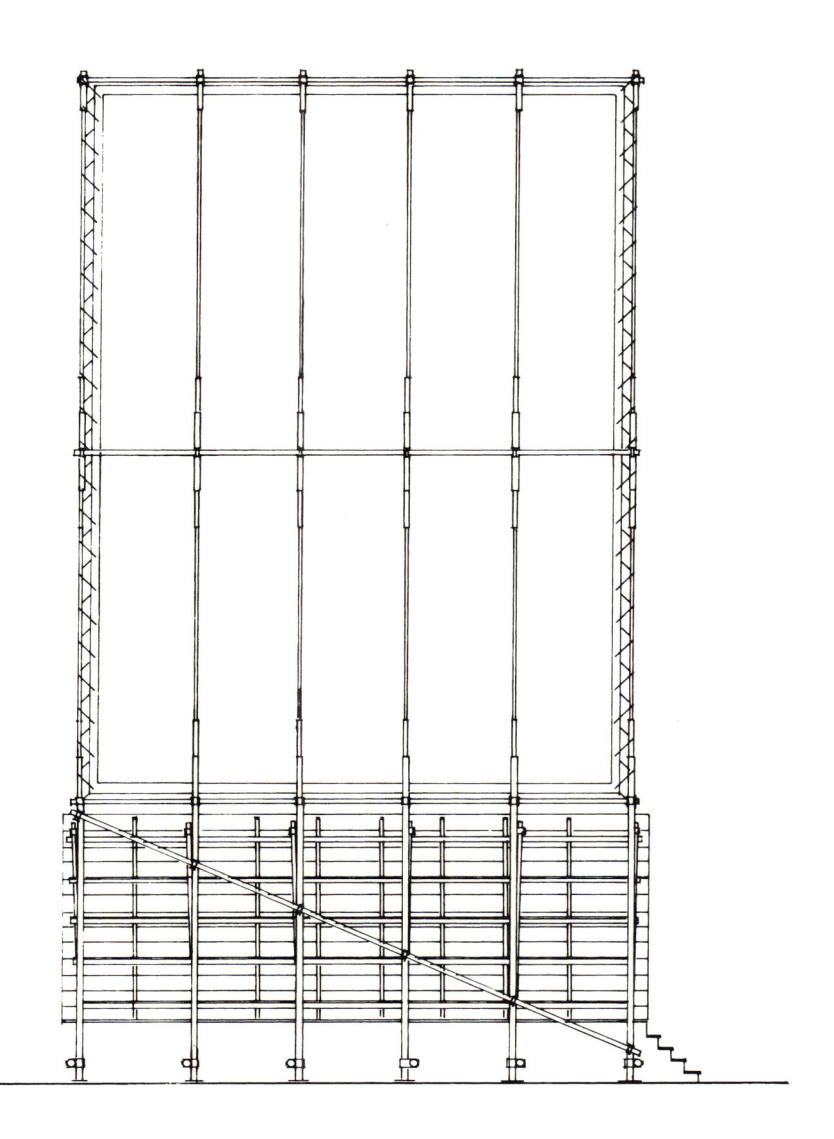

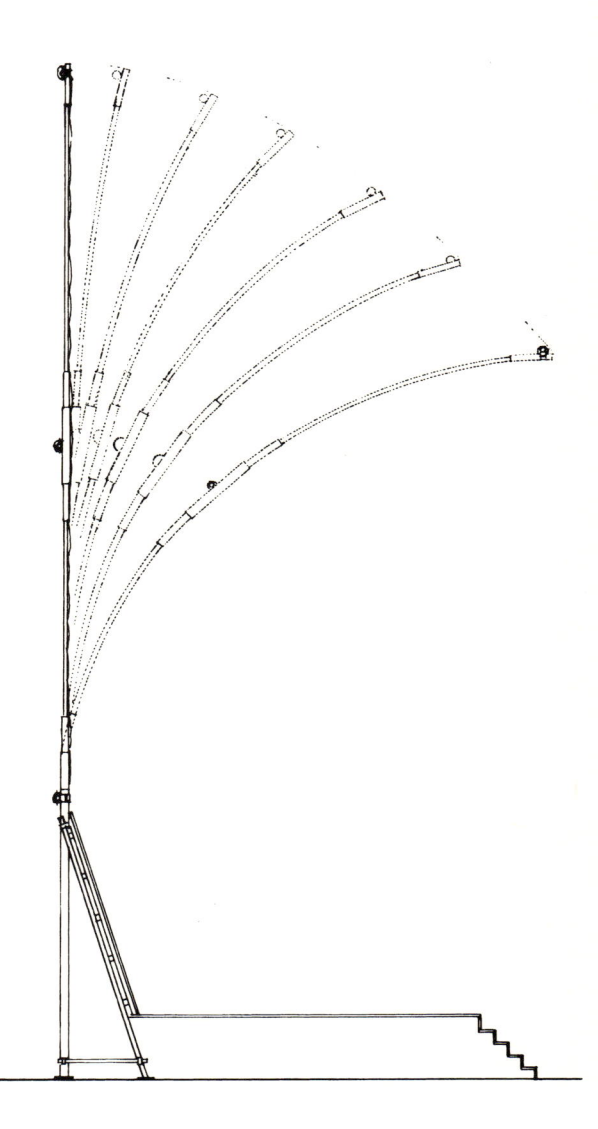

Schloßbergstiege, die zum Uhrturm und weiter zu den Kasematten führt. Das Segel wurde an Tragseilen geführt, die im Felsen und in der Platzfläche verankert waren, und durch Zugseile bewegt. Es konnte als Witterungsschutz und akustischer Schirm weit über die Bühne gezogen werden und in jeder Position fixiert werden. Alle Verbindungs- und Anschlussdetails, Reepschnüre, Karabiner, Spannschlösser, Rollenblöcke und Seilhaken, entstammen dem Segelbau oder werden von Bergsteigern verwendet. Die Stabhochsprungstangen stellte das Sportinstitut der Universität zur Verfügung. Die "Rote Bühne" ist ein Dokument dafür, dass eine hochtechnische Konstruktion ebenso einfach wie effektiv und als Architektur überzeugend sein kann.

ascending footpath, the "Schlossbergstiege", leading to the Clock Tower and on to the casemates. The sail was held with supporting rope, anchored in the bedrock and in the square, and moved with stays. It could be pulled far over the stage, as an acoustic umbrella protecting against bad weather, and fixed in any position. All linking and connecting details, ropes, snap links, turnbuckles, role blocks and sail hooks originate in sailmaking or are in use among mountaineers. The vaulting poles were supplied by the University's Sports Institute. The Stage testifies to the fact that a highly technical construction can indeed be convincing in its simplicity, effectiveness and architecture.

Doppelturnhalle BRG Kepler, Graz / Double Gymnasium – Kepler Secondary School, Graz
1991-1992

Der berühmte Astronom Johannes Kepler verbrachte eine Zeitspanne seines Lebens in Graz. Nach ihm ist eines der größten und bedeutendsten Gymnasien der Stadt benannt. Es wurde um 1000 gebaut und liegt direkt an der Kepler-Brücke, die im Verlauf der Kepler-Straße das rechte mit dem linken Murufer am Fuße des Grazer Schloßberges verbindet. Die L-förmige Anlage des Gebäudes mit Mittel- und Ekkrisaliten umschließt an zwei Seiten einen Schulhof, der gerade so groß ist, daß er die L-Form des Gebäudes zu einem Rechteck schließt. Dieser Schulhof war nie eine Freifläche für schulische Aktivität, sondern immer Verkehrsfläche und Abstellplatz. Der ursprüngliche Hauptzugang zur Schule lag an einer der verkehrsreichsten Straßen der Stadt und musste geschlossen werden. Das Foyer dahinter verlor dadurch seine repräsentative Funktion. Es war Aufgabe des 1987 ausgeschriebenen, und von Volker Giencke gewonnenen Wettbewerbes, einen neuen Hauptzugang, einen eigenen Verwaltungstrakt und eine Doppelturnhalle zu entwerfen. Da die Doppelturnhalle exakt die Größe des Schulhofes einnahm, verlegte sie Giencke unter die Erde, und adaptierte den Schulhof als Court d'Honneur für den neuen Eingang, als Pausenfläche und Sportfläche im Freien.

Johannes Kepler spent part of his lifetime in the city of Graz. One of the largest and most important high schools in town, emphasizing mathematics and science, is named after the famous astronomer. It was constructed around the year 1000 in today's Kepler Street and is directly adjacent to Kepler Bridge, connecting the banks of the River Mur at the foot of the Schlossberg hill. On two sides, the L-shaped design of the building showing center and corner projections encompasses a school yard that is just large enough to close the building's shape into a rectangle. The yard has never been a free space for school activities, but rather a traffic and storage area. The original main entrance to the school used to be on one of the busiest streets of Graz and had to be closed, the lobby located at the entrance thus losing its stately function.
The task set in the course of a competition, advertised in 1987 and won by Volker Giencke, was to design a new main entrance, a tract for administration and a double gymnasium. Since the sports hall assumed exactly the same proportions as the school yard, Giencke located it underground and adapted the school yard to serve as a Cour d'honneur for the new entrance and as an open-air recess and sports grounds.

Für den neuen Hauptzugang schlug Giencke eine Stahl-Glas-Konstruktion an der Südseite des Hauptstiegenhauses vor, für die Erweiterung der Verwaltung und Direktion eine offene Stahlkonstruktion in Verlängerung der Ostfassade. Weder der neue Hauptzugang noch der Erweiterungsbau sind bis heute ausgeführt. Der Schulhof ist ein Provisorium geblieben. Die Planung für den Dachgeschossausbau, die im Rahmen eines ganzheitlichen Konzeptes an Giencke vergeben wurde, wurde gestoppt und eine Triviallösung verwirklicht. Einzig und allein die Doppelturnhalle ist nach den Plänen Gienckes gebaut. Sie stellt einen bemerkenswerten unterirdischen Hallenbau dar. Obwohl gut zehn Meter tief, hat man nie das Gefühl, unter der Erde zu turnen. Das Tages- und Sonnenlicht, das durch vier breite Glasschlitze von oben in den Raum fällt, reicht aus, um die Turnsäle zu erhellen, und vermittelt eine überraschend angenehme räumliche Atmosphäre. Dabei wurden die Lichtschaufeln, die das Tageslicht zur weiß gestrichenen Deckenuntersicht umlenken und von dort auf die Saalebene werfen sollten, gar nicht ausgeführt. Zwischen den beiden Turnsälen liegen zweigeschossig die Serviceeinrichtungen.

The architect proposed a steel-glass construction for the new main entrance on the southern side of the main stairway, and an open steel construction, extending the eastern facade, for the offices of administration and management to be enlarged. Neither the new main entrance nor the annex have since been realized, and the school yard has remained a makeshift arrangement. Planning of the top story development, allocated to Giencke in the framework of a holistic concept, was terminated and a trivial solution materialized. Merely the Double Gymnasium was built according to the architect's plans, now representing a remarkable underground hall construction. Although it is a good ten meters below the ground, it never gives the feeling that one is doing gymnastic exercises at that level. The daylight and sunshine that fall into the room through four wide glass slits are sufficient to illuminate the gyms and generate a surprisingly pleasant spatial atmosphere, even though the shovels, intended to divert the daylight to the white-coated soffit and from there to the hall's floor, were never installed.

Doppelturnhalle BRG Kepler, Graz

Double Gymnasium – Kepler Secondary School, Graz

Im ersten Untergeschoss liegen die Garderoben und Umkleiden zwischen den Zugangsgalerien links und rechts der geschlossenen Baukörper. Es ist eine Brückenkonstruktion, die die Verbindung des Stiegenhauses mit dem Stiegenabgang aus dem Schulhof herstellt. Belichtet wird das Ganze von zwei großen Lichtkegeln über elliptischem Grundriss. Die Ellipsenform wurde gewählt, um jeweils mit einem Oberlicht Umkleide, Waschrpaum und WCs belichten zu können. Eine frei in den Raum gehängte Treppe führt auf die Ebene der Turnsäle und der Geräte- und Technikräume. Die Dreiteilung der unterirdischen Halle sieht jeweils einen Turnsaal vor, links bzw. rechts des Servicetraktes in der Mitte. Die Doppelturnhalle ist direkt über das bestehende Hauptstiegenhaus erreichbar, und an einen Schacht für einen späteren Liftbau angeschlossen. Für außerschulische Zwecke - die Turnsäle sollten außerhalb der Schulzeit als Sporthalle für den gesamten Stadtbezirk dienen - führt eine breite Außentreppe auf das Niveau der Garderoben und Umkleiden. Die Treppe ist mit einem Dach aus Edelstahlblechen eingedeckt, wobei die einzelnen Blechstreifen wie Leintücher über Rundrohre gelegt sind. Die Rundrohre stecken in einer seitlichen Betonwand. Die Konstruktion ist faszinierend einfach gedacht und überzeugt, auch wenn sie nicht dem Original entsprechend ausgeführt wurde.

Two-story service facilities are located between the two gyms. On the first basement floor, cloakrooms and changing rooms are integrated between the entrance gallery to the left and right of the closed structure. It is a bridge construction that connects the staircase with descending steps from the school yard. The entire construction is illuminated by two large cones of light over an elliptic ground plan. The ellipse was chosen to give light to the changing rooms, the lavatory and the toilets, with one top light each. A stairway, freely hanged into the room, leads to the levels of the gyms and the storeroom and technical facilities. The tripartite design of the underground hall foresaw gyms to the left and right of the central service tract. The Double Gymnasium can be accessed directly through the main stairway and is linked to a shaft into which elevators may be installed subsequently. After school hours, the gyms were additionally intended to serve as a sports hall for the entire city district. A wide exterior stair leads to the level of the cloakrooms and changing rooms for such out-of-school purposes. The stairway is roofed with stainless steel sheets that cover the circular tubes like linen, and the tubes are mounted into a lateral concrete wall. This impressive construction, although never built according to the original plans, is based on a fascinatingly simple concept.

QUERSCHNITT / CROSS SECTION

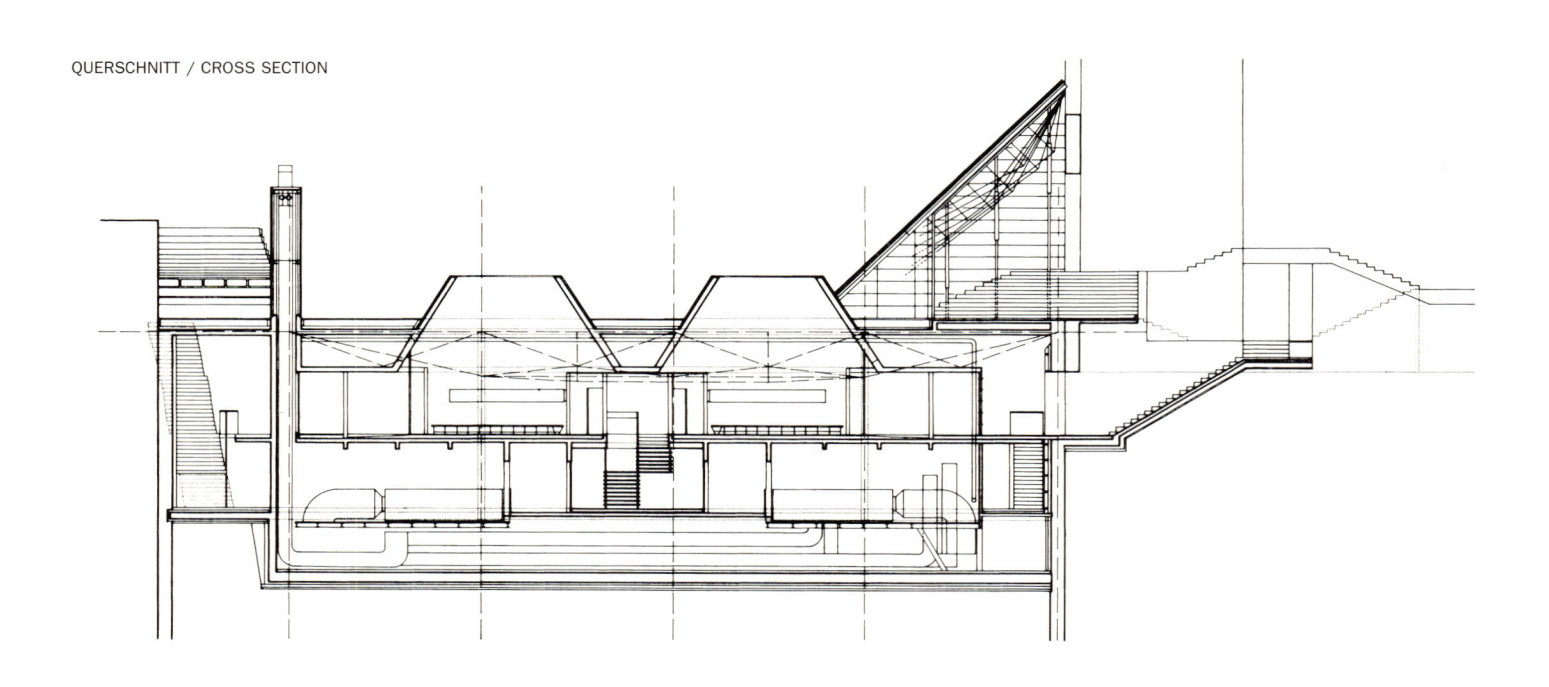

LÄNGSSCHNITT / LONGITUDINAL SECTION

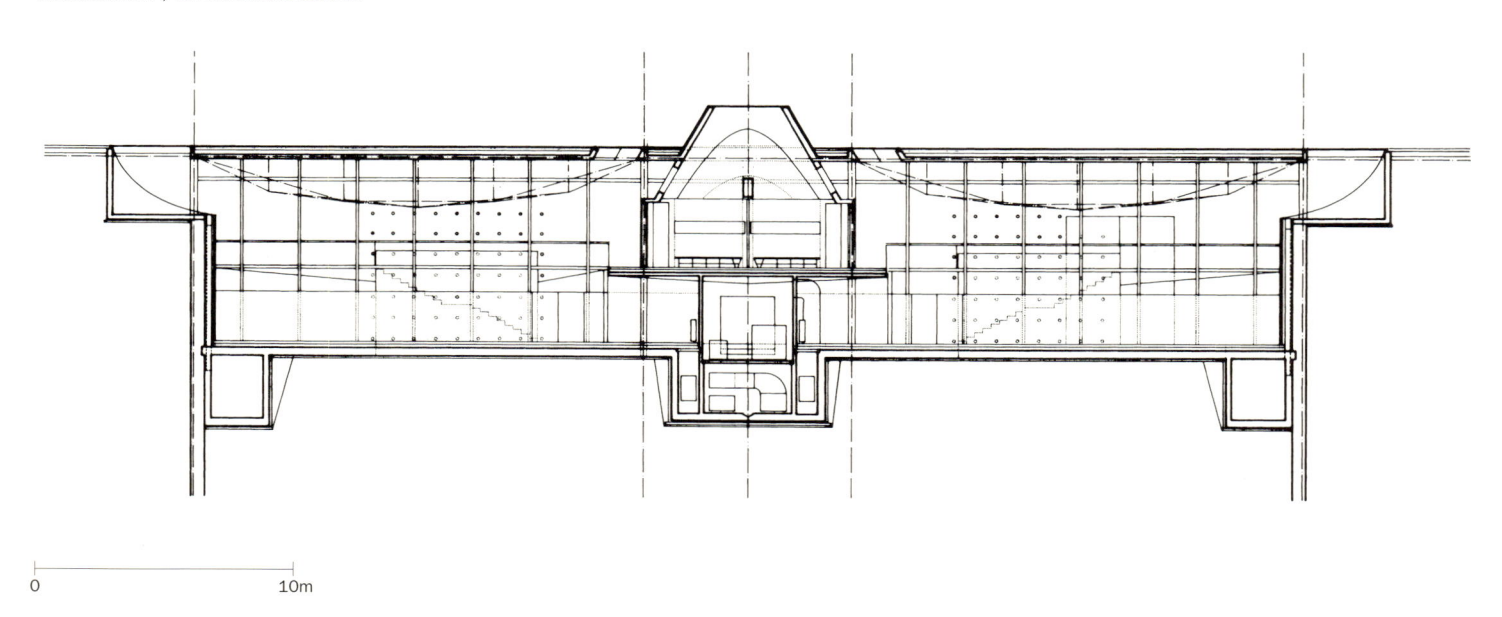

0   10m

Das Wettbewerbsprojekt sah eine einzige, allerdings teilbare Halle vor, da die Schule über keinen Festsaal und keine Aula verfügt. An den Schmalseiten waren über den Garderoben und Geräteräumen Zuschauertribünen eingerichtet. Die Großzügigkeit dieser Lösung konnte nicht verwirklicht werden. Giencke versuchte durch die optische und räumliche Durchlässigkeit des mittleren Baukörpers (Garderoben etc.) die ursprüngliche Idee von einer einzigen Halle spürbar zu machen. Leider wurde später zur bestehenden Lüftungsanlage eine Klimaanlage eingebaut, die die gesamte Höhe der Öffnung zwischen der Untersicht der Hallendecke und der Zwischendecke über den Garderoben beansprucht. Auf Grund der konstanten Umgebungstemperatur von +13°C wird es nicht notwendig sein, diese Klimaanlage je in Betrieb zu nehmen. Im Gegenteil: Die tiefe Lage des Turnsaales, die Erdwärme der Umfassungswände und ihre Speicherkapazität ermöglichen einen Niedrigenergiebetrieb, ohne Kühlung im Sommer und mit niedrigen Heizkosten im Winter. Einzig und allein ein ausreichender Luftwechsel muß gewährleistet sein.
Bei der Konstruktion der Halle wurden Stahlbeton-Schlitzwände bis zum Fels geschürft.

The competition project planned a single, yet dividable hall, since the school is equipped with neither an assembly hall nor an auditorium. On the narrow sides, bleachers were installed above the cloak- and storerooms. This solution could not be carried out in its full scale. Volker Giencke attempted to make perceptible the original idea of a single hall by means of the optical and spatial permeability shown by the central structure. Unfortunately, an air-conditioning system was installed alongside to the present ventilation equipment, taking up the entire height of the opening between the soffit and the intermediate ceiling above the cloakrooms. Due to a constant ambient temperature of 13° C, however, it will never be necessary to put the air conditioner into operation. On the contrary: The gyms' low-lying position of the gyms, the geothermionics of the enclosing walls and their heat storage capacity facilitate low-energy operations, without the need to cool in summer and with low heating costs in winter. Merely sufficient ventilation must be ensured. In the course of hall construction, reinforced-concrete diaphragm walls were dug through to bedrock level.

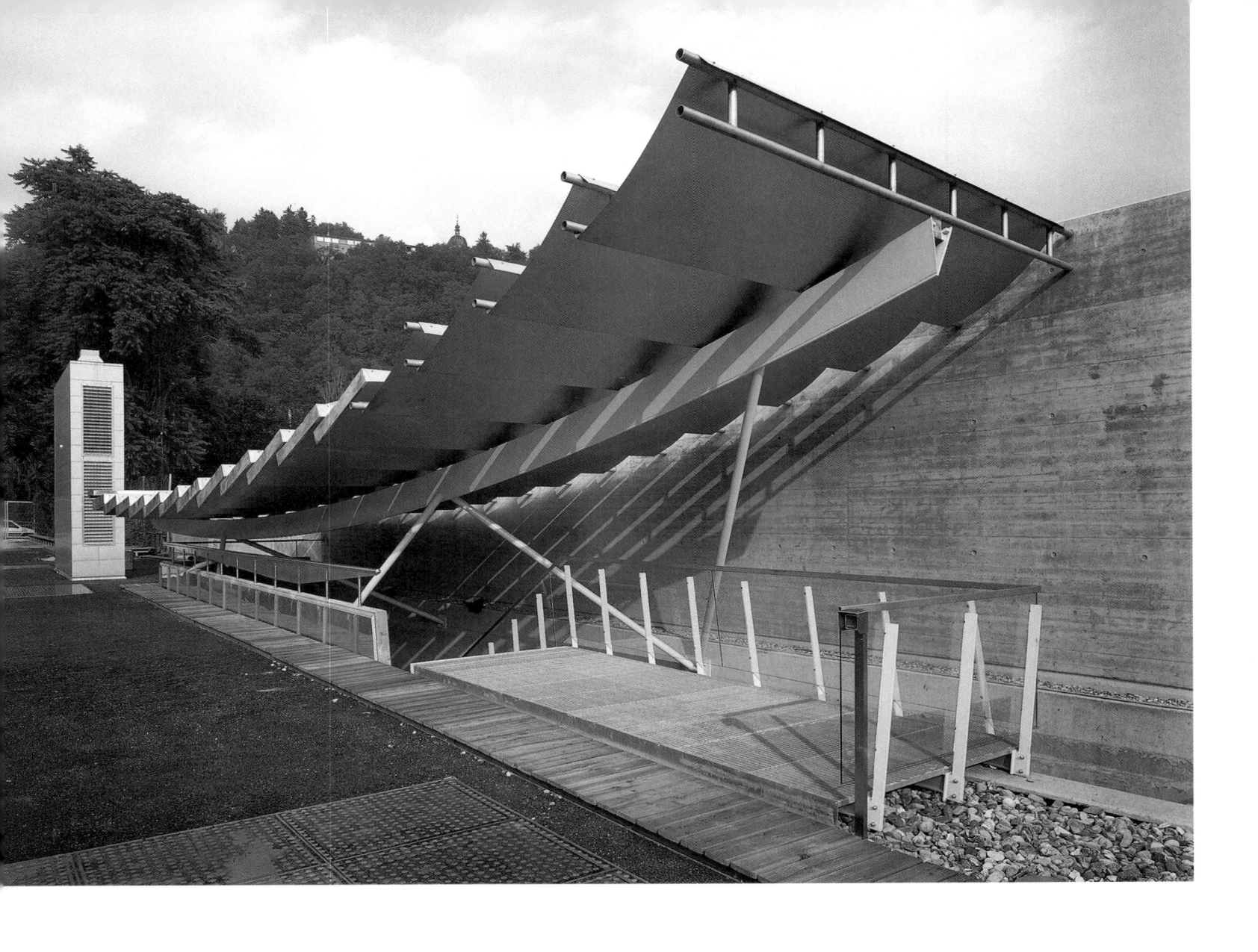

Das Tragwerk der Turnsaaldecken sind 250 mm hohe I-Profil-Träger, die diagonal die rechteckigen Sportflächen überspannen. Die Stahlbetondecke wurde zwischen die I-Profile eingegossen. Als Bewehrung wurden Stahlbügel in die I-Profile eingeschweißt und mit der Bewehrung der Stahlbetondecken verbunden. Kreuz und quer gespannte Zugstähle, die das vergleichsweise leichte Tragwerk vor Durchbiegung schützen, sind an den Knotenpunkten mit einfachen Blechlaschen auf die Druckstäbe gesteckt. Die Auflager des Stahltragwerkes sind entsprechend der Einleitung der Zugkräfte aus Stahlblechen geschweißte Konstruktionen. Vier breite Glasstreifen, ein Verbund mit einem Zweischeibenisolierglas, belichten die Turnhallen und ermöglichen die Befahrbarkeit der Hoffläche mit LKWs bis zu 25 t Gewicht.

The roof structure of the gymnasium roofs are 250 mm thick I-section joists that diagonally cover the rectangular sports grounds. The reinforced concrete roof was cast between the I-sections. Steel stirrup reinforcements were welded into the I-sections and connected to the roof reinforcements. At the truss joints, stretched and intersecting tensile steel elements are attached to the compression bars with joint pieces and protect the comparatively lightweight structure from bending. Corresponding to the introduction of the tensile forces, the supports of the steel-framed construction are welded from steel sheets. Four wide glass strips, a composite construction with double-pane laminated glass, illuminate the gymnasiums and allow trucks up to 25 tons to traffic the courtyard.

Double Gymnasium – Kepler Secondary School, Graz

EXPO '92 – Österreichischer Pavillon, Sevilla / Austrian Pavilion, Seville
1989–1992

Sevilla gilt als die heißeste Stadt Europas. Der Entwurf sah einen taghellen Pavillon vor, dessen Eigenschaft vor allem darin bestand, dass er nichts als eine physikalische Hülle für den Inhalt sein sollte. Diese "Haut" ist eine Erfindung des österreichischen Lichtplaners Prof. Christian Bartenbach. Eine 10 mm dicke, transparente Reflexionsplatte hätte 85% der Sonneneinstrahlung zurückgeworfen, so dass nur mehr das Zenithlicht in den Pavillon gefallen wäre. In der Hitze Sevillas wäre ein Stück österreichischer Landschaft als optische Attraktion und als Synonym für den Erholungswert einer unverbrauchten Natur präsentiert worden. Eine intelligente, äußerst effektive Installation, die "denaturiert" acht Jahre später unter geschlossenem Hallendach auf der EXPO 2000 als Schaumgummilandschaft tatsächlich passierte. Wasser aus den künstlichen Teichen vor dem Pavillon und im Inneren des Pavillons sollte zur Kühlung des Materials über die Dachflächen fließen und das Vorbeiziehen von Wolken simulieren. Durch eine spezielle Polaroidfolie auf der Dachinnenfläche wäre der Besucher in optischer Abfolge über kulturelle Ereignisse informiert worden, ohne dass dadurch die Transparenz des Daches verlorengegangen wäre. Schlussendlich wurde versucht, mit Architektur den Gegensatz zwischen natürlicher Landschaft und der Geometrie des Gebauten zu demonstrieren. Die Inszenierung sah den Zugang zum Pavillon als Schräge vor, die von der vorbeiführenden Avenida nach unten in die Ausstellung führte. Die Durchquerung des Pavillons auf Brücken, Stegen und Treppen setzte sich nach oben auf das Niveau der Galerie fort, von wo aus man vorbei oder durch das Restaurant ins Freie und über gestufte Terrassen zurück zur Avenida gelangte.

Seville is known as Europe's hottest town. The Pavilion was designed to be as light as day and is characterized, in particular, by the lack of intention to apply it as a physical cover for its contents. Its "skin" was invented by the Austrian lighting engineer Prof. Christian Bartenbach. A 10 mm transparent reflective plate was meant to reverberate 85% of the insolation, merely zenith light thus falling into the Pavilion. In the heat of Seville, a piece of Austrian landscape would be presented as an optical attraction, a synonym for the value of rest and relaxation associated with refreshing nature. An intelligent and utterly effective installation, the Pavilion was implemented eight years later, at EXPO 2000, as a "denatured" foam rubber landscape under a hall's closed roof. Water from the artificial ponds in front of and inside the Pavilion was intended to flow over the roofings in order to cool the material and simulate clouds moving past. By means of a special polaroid sheet on the roof's inside face, visitors were to be informed of cultural events in optical succession, without a loss of transparency for the roof. Finally, an attempt was made to demonstrate the opposition between the natural landscape and building geometry. The production planned an inclined access to the Pavilion, leading from the adjacent avenida down to the exhibition. The Pavilion's traversal over bridges, footpaths and stairways was continued upwards, at the gallery level, from which one could step outside, through the restaurant or by passing it, to again reach the avenida over stepped terraces.

EXPO '92 – Austrian Pavilion, Seville

113

EXPO '92 – Österreichischer Pavillon, Sevilla

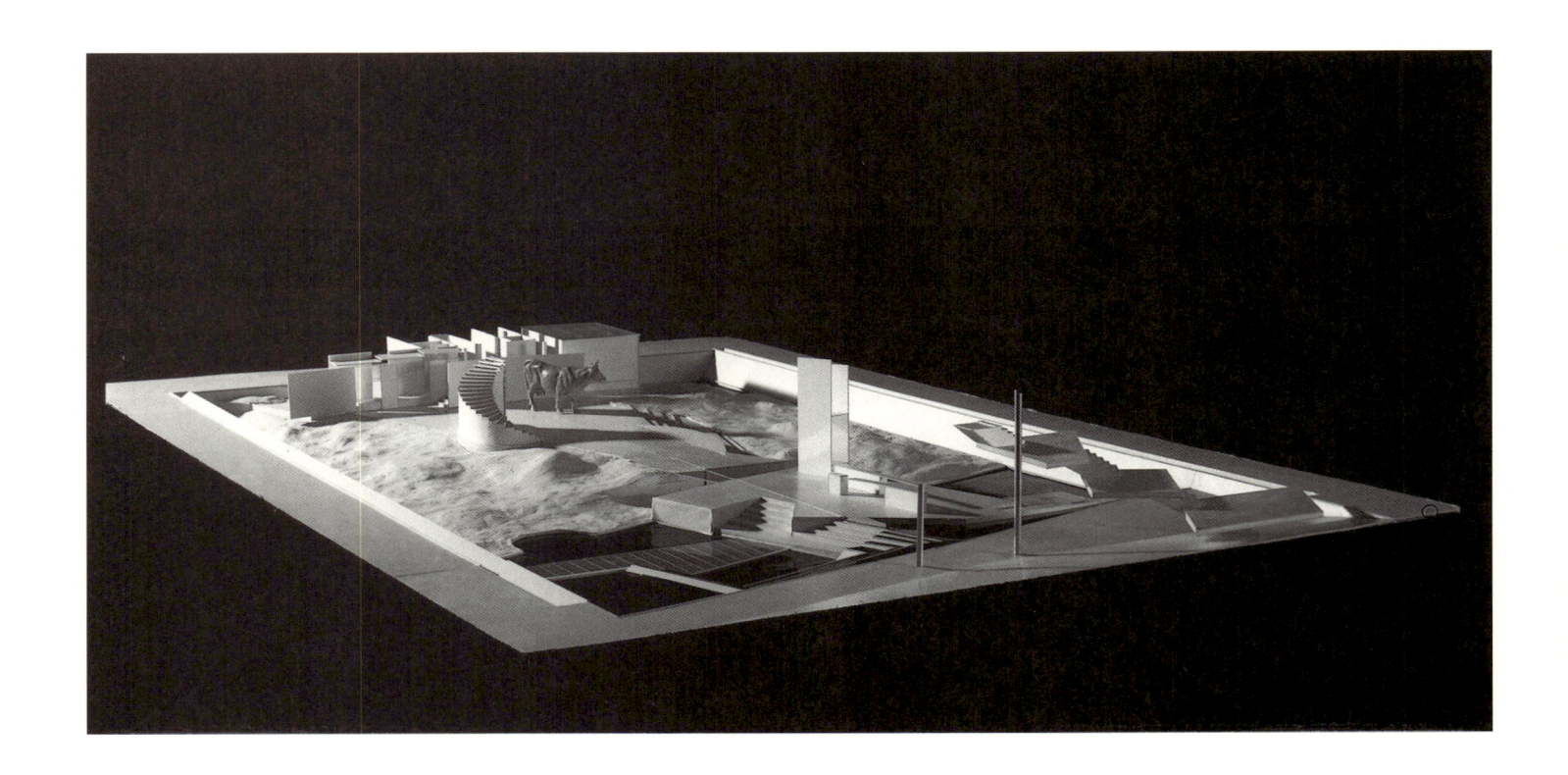

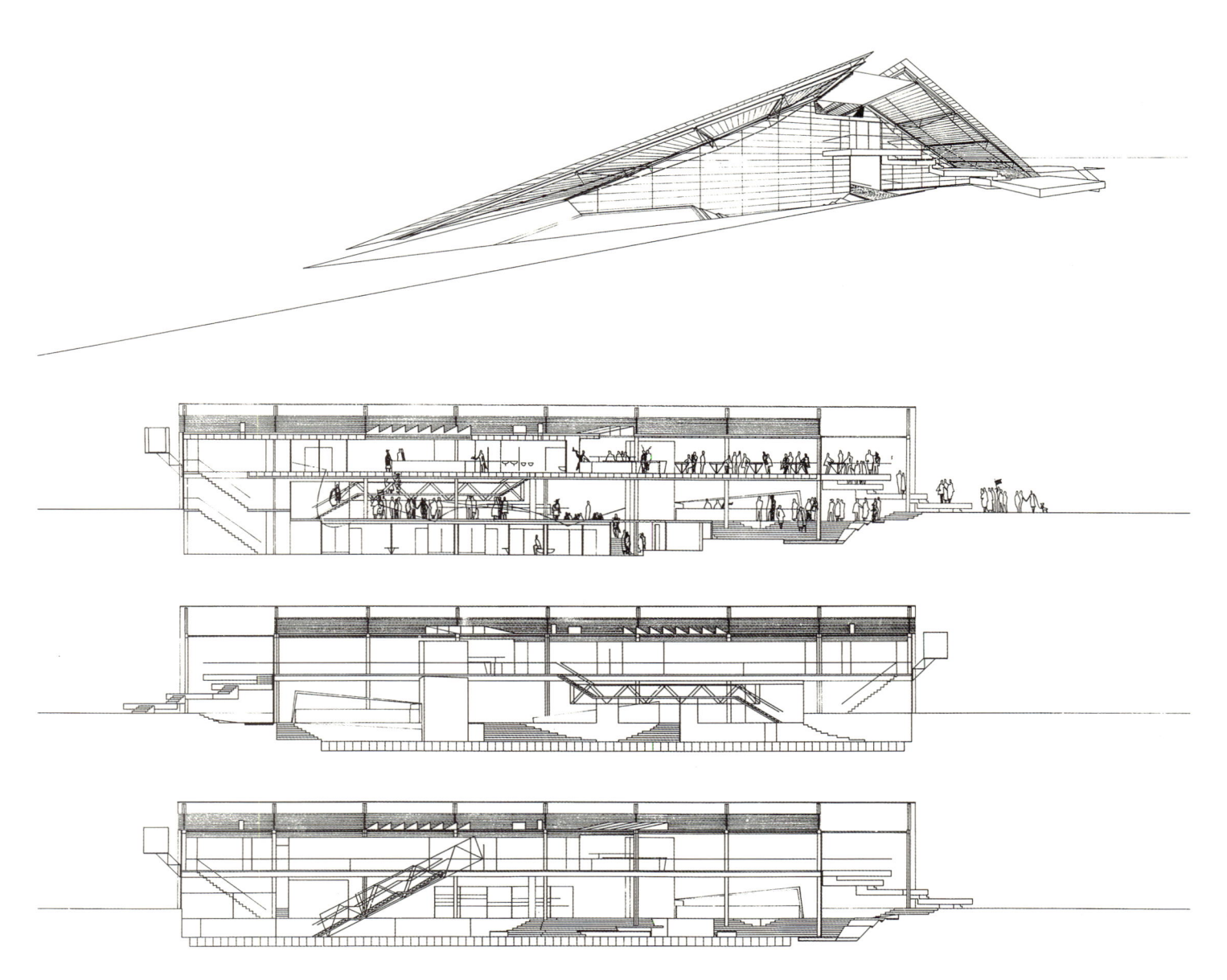

EG / 1ST FL.

1 VORPLATZ
2 EINGANGSBRÜCKE
3 AUFGANG RESTAURANT 1.OG
4 WASSERBECKEN
5 COUNTER
6 KUNSTLANDSCHAFT
7 PFLANZENBECKEN
8 AUSSTELLUNG
9 EMPFANG
10 BÜRO
11 AUFGANG RESTAURANT 1.OG

1 FORECOURT
2 ENTRANCE BRIDGE
3 STAIRCASE TO RESTAURANT 2ND FL.
4 BASIN
5 COUNTER
6 ARTIFICIAL LANDSCAPE
7 PLANTING AREA
8 EXHIBITION AREA
9 VIP-LOUNGE
10 OFFICE
11 INTERIOR STAIRCASE
   TO RESTAURANT 2ND FL.

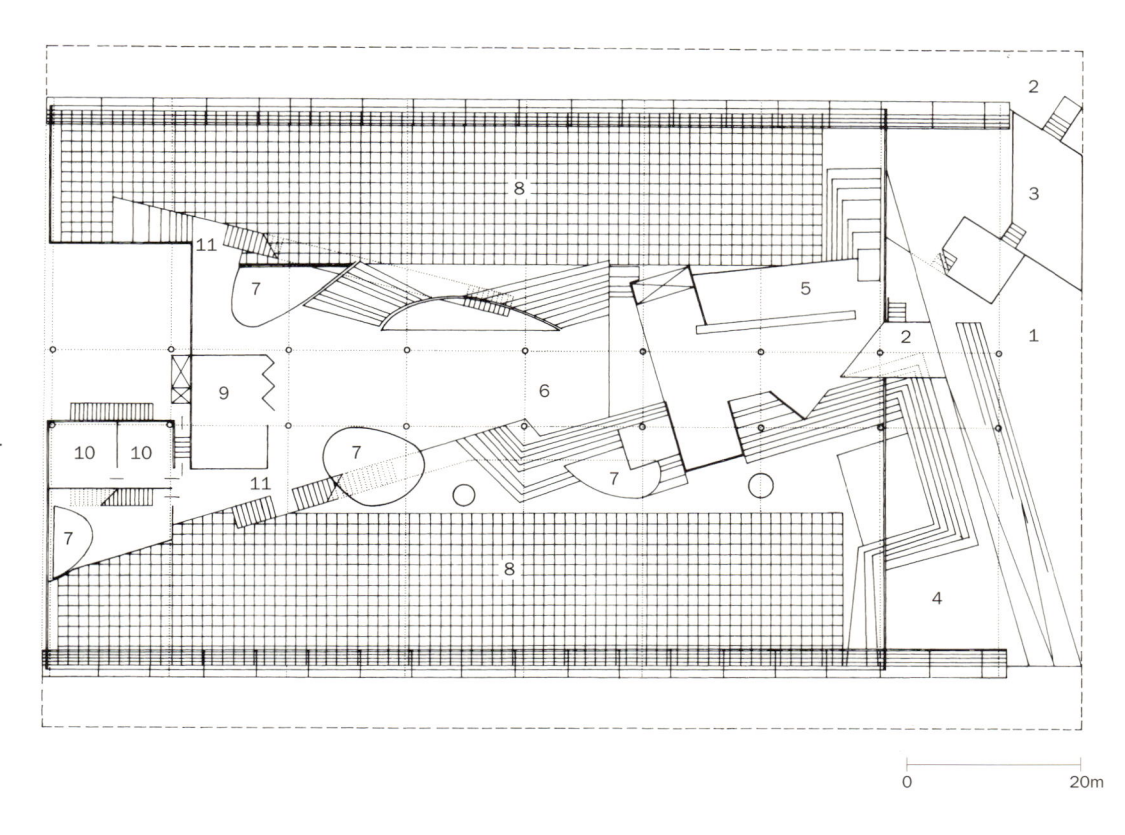

EXPO '92 – Österreichischer Pavillon, Sevilla

116

117

STEWEAG, Graz
1996

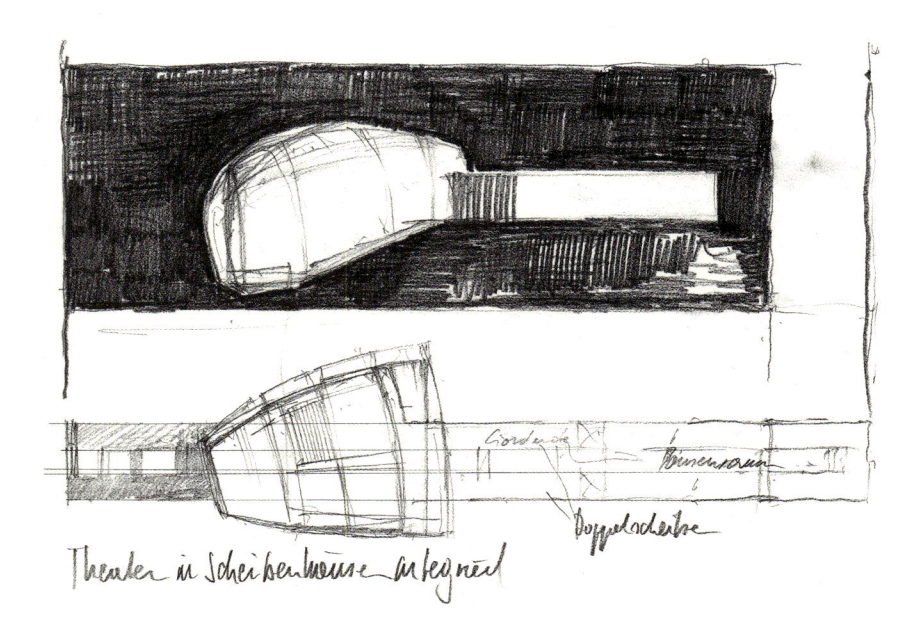

Die Scheibenhochhäuser sind sehr einfach konstruiert. Scheiben oder Stützen mit auskragenden Geschossplatten sollen eine freie Einrichtung des jeweiligen Grundrisses zulassen. Die Scheiben sind nur 6, 7 oder 8 Meter tief, und können in Kombinationen einhüftig bis fünfhüftig ausgeführt sein. Die Geschosshöhen sollen generell und auch innerhalb der einzelnen Scheibe unterschiedlich sein. Der Geschossausbau als Splitlevel bei mittiger Erschließung ist ebenso möglich, wie der Einbau großer Raumeinheiten, die über mehrere Scheiben und mehrere Geschosse reichen. Ausgesteift wird die Konstruktion durch die Stiegenhausblöcke. Die Brücken, welche die Scheiben in verschiedenen Geschossen miteinander verbinden, sind als geschoßhohe Hohlträger gebaut, in deren Inneren man geht.
Die Fassaden der Häuser sind mehrschalige, transparente, transluzente und geschlossene Membrankonstruktionen. Die innere Haut zeigt dabei immer eine feste, unbewegliche Oberfläche, während die äußere Haut als High-Tech-Element den Einfluss des Windes und des Sonnenlichtes durch die Veränderung ihrer Oberfläche sichtbar macht und in elektrische Energie umsetzt.
So legt sich z.B. die äußere Membran bei Winddruck an die starren Rippen der Fassaden an und schafft damit eine neue, bewegte Ansicht der Stadt am Ufer der Mur.

These high-raise slab blocks are constructed in a simple way. Slabs or supports with projecting floors are intended to allow for free ground-plan furnishing. The slabs are merely 6, 7 or 8 m deep and, in combinations, can be completed on multiorganized floors. The heights of the floors are generally meant to vary, including those within individual slabs. It is possible to develop the stories both in terms of a split level developed concentrically and by incorporating spatial units that extend over several slabs and stories. Staircase blocks serve to stiffen the construction. The bridges that connect the slabs on different stories are built as floor-to-floor, walk-in box girders.
The facades of this house, set up for the Styrian Electricity and Waterpower Corporation (STEWEAG), consist of multiple-leaf, transparent, translucent and closed membrane constructions. The inner skin shows a constantly fixed, immobile surface, while the outer skin, as a high-tech element, makes the impact of the wind and sunlight visible by means of a changing surface and translates the forces into electric energy. The exterior membrane clings closely to the rigid facade ribs, thus creating a new, moved view of the city on the banks of the River Mur.

119

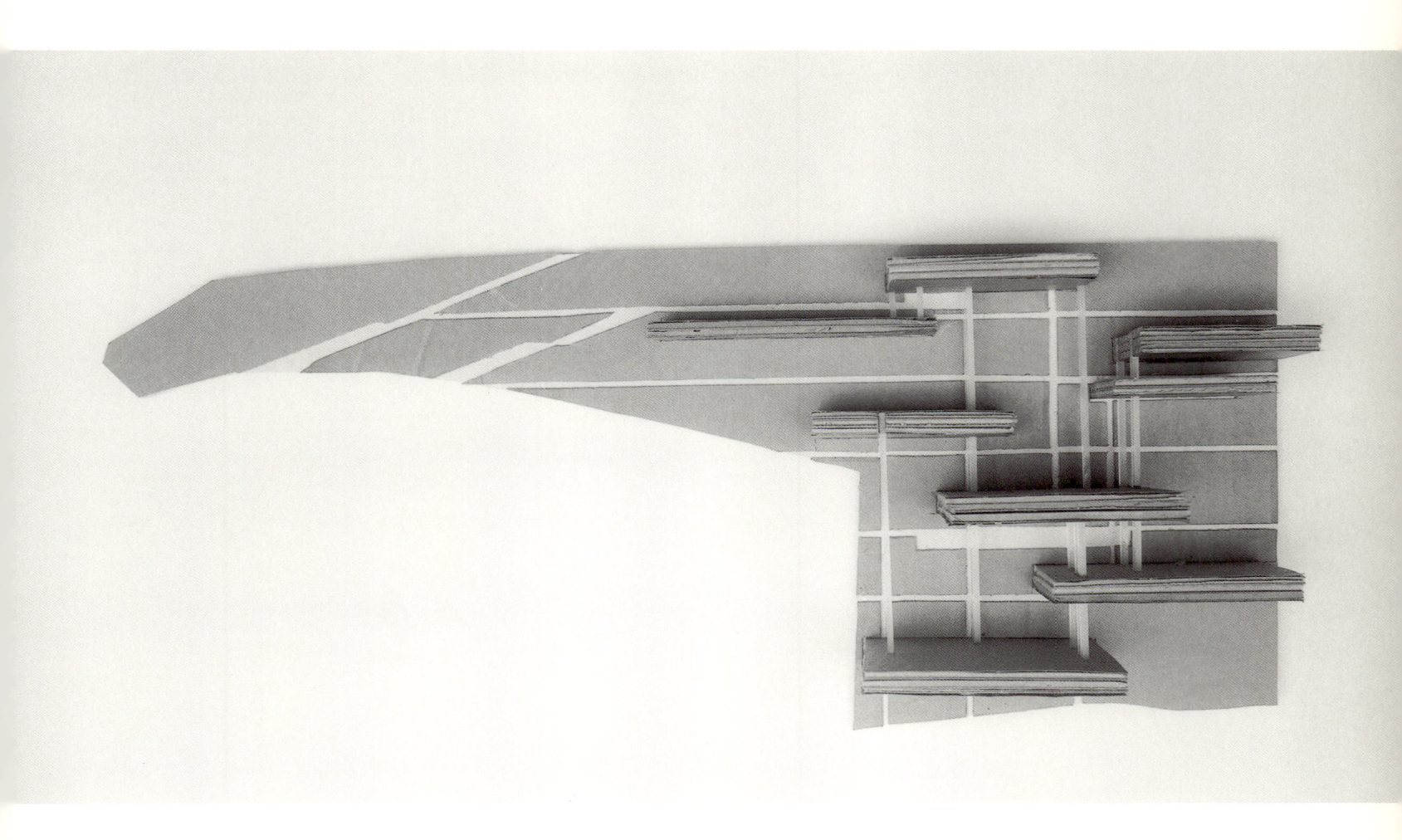

"EGON" – Überdachung Hauptbahnhof Helsinki /
"EGON" – Roofing, Helsinki Central Station

1994–1995

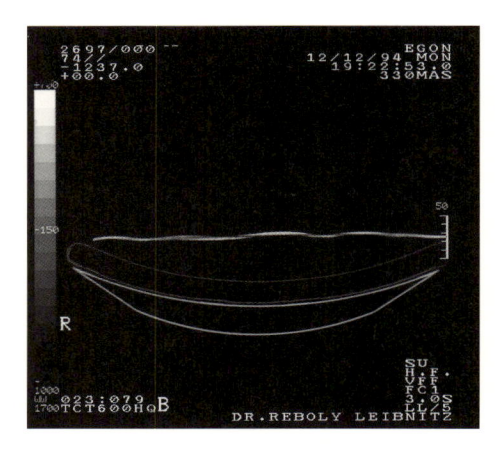

Das alte Herz von Helsinki liegt wie eine Faust im Meer, mit dem Landesinneren verbunden durch die Eisenbahntrasse, die nach Norden führt. Helsinki hat als letzte europäische Metropole einen Bahnhof, der nicht überdacht ist. Der Bahnhof wurde von Eliel Saarinen entworfen und um 1910 gebaut. Er liegt nahe am Zentrum der Stadt, und doch an der Peripherie der eigentlichen City. Stadtauswärts schließt der Tölöönlahti-Park mit seinen zwei großen Seen an das Bahnhofsgelände an. Man sieht die Züge auf dem erhöhten Bahndamm fast einen Kilometer lang in die Stadt hinein und aus ihr heraus fahren. Ein faszinierender, weil ungewohnter Anblick, zumindest für den, der Helsinki besucht und zum Trainspotting verführt wird. Ebenso faszinierend muß der Blick aus dem Zug sein: links und rechts die beiden Seen, der Blick nach Osten und auf die Stadt, und im Westen die "Architekturmeile" mit Olympiastadion, Oper, Finlandia, Parlament und schließlich dem Bahnhof selbst. Man wird diesen Blick vergessen, wenn die Ausblicke und Ansichten von kommerzieller Architektur verstellt sein werden. Ein Gedankenfehler zuerst, ein Planungsfehler danach.
Das Projekt zeigt die Überdachung des Bahnhofes als Witterungsschutz.

The old heart of Finland's capital, reminiscent of a fist lying in the sea, is connected upcountry by a railroad line running northward. Helsinki was the last European metropolis without a roofed train station. The station was planned by Eliel Saarinen and built around 1910. It is located close to the city's center, yet on the rim of downtown Helsinki. Out of town, Töölönlahti Park and its two large lakes border on the station site. For almost a kilometer, the trains can be seen driving into and out of the city upon an elevated railway embankment. An unusual and fascinating sight indeed, at least for those visiting Helsinki and being enticed into train spotting. The view from the train is certainly as remarkable: the two lakes to the left and right, a view on the city to the east and, to the west, the "avenue of architecture" with its Olympic Stadium, the Opera House, Finlandia, Parliament and finally the railroad station itself. This sight will have been forgotten once the views and prospects are obstructed by commercial architecture. False reasoning at first, and false planning thereafter. This project is intended as a roofing for the station to protect it against bad weather.

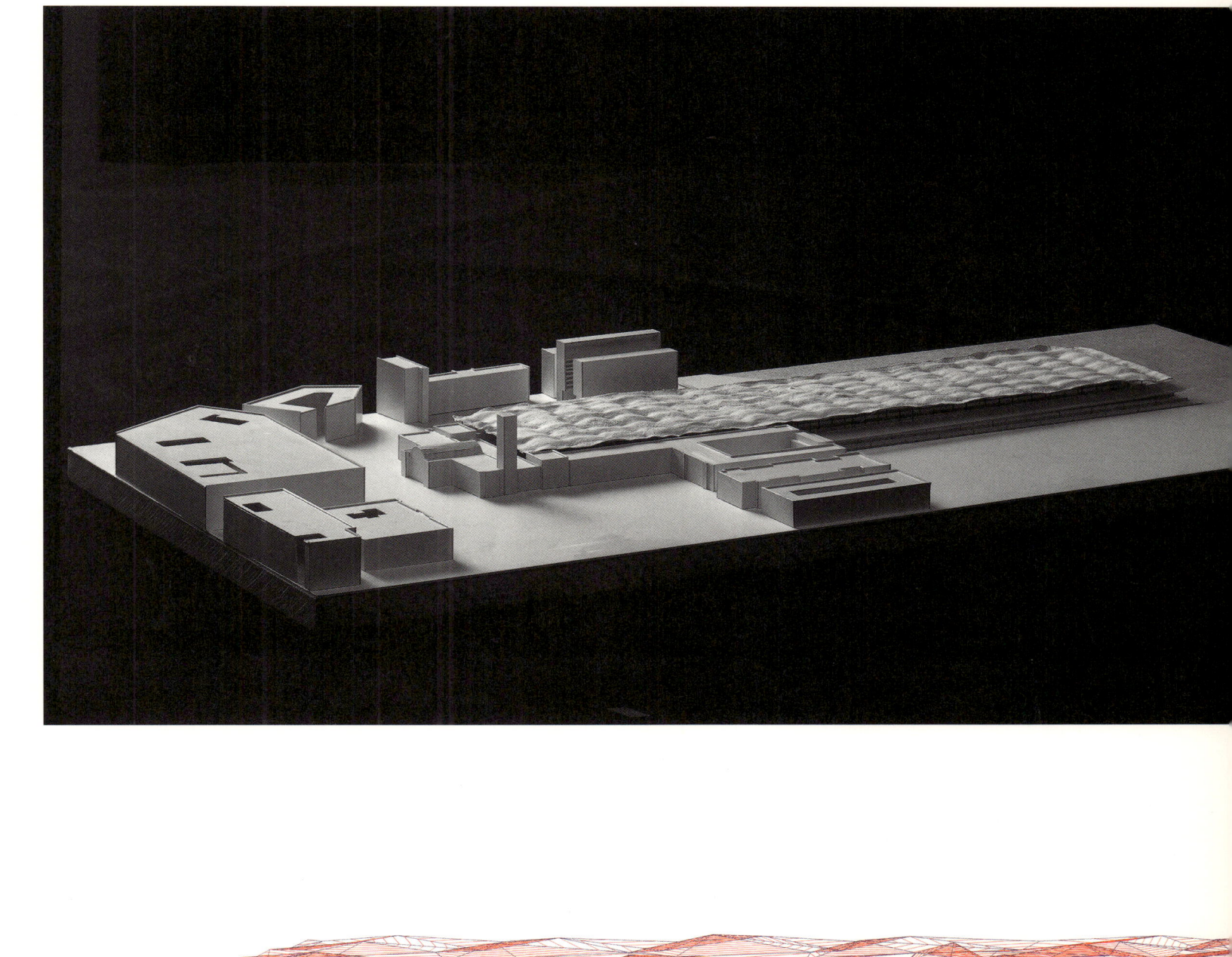

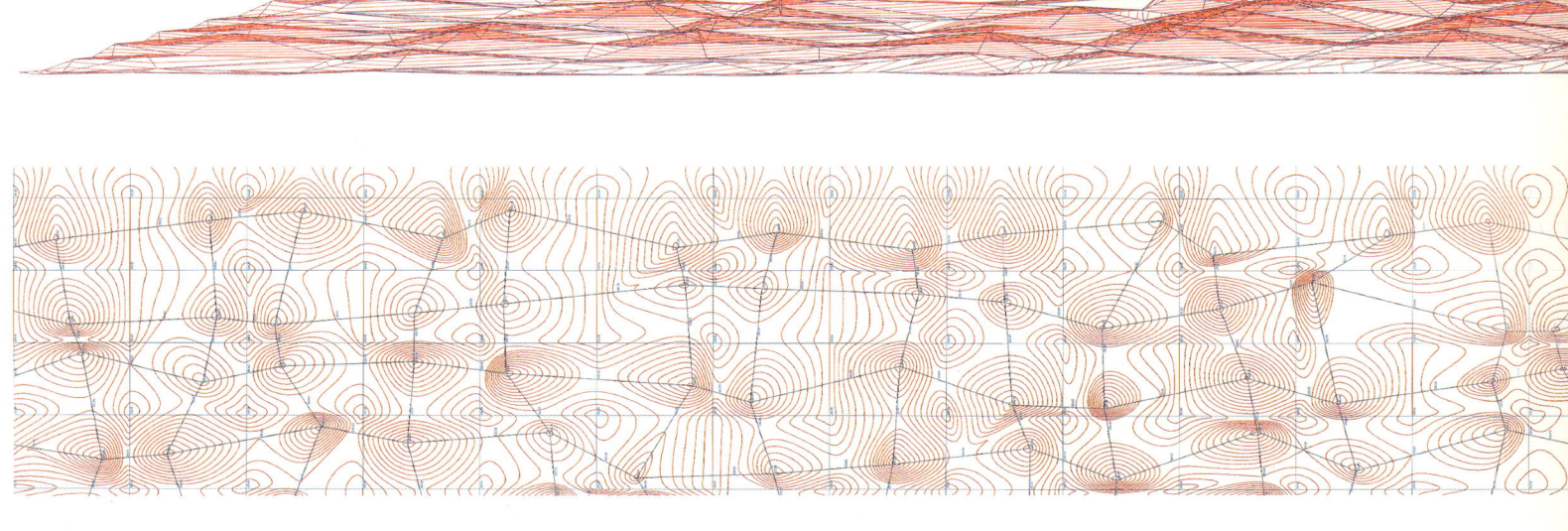

"EGON" – Roofing, Helsinki Central Station

"EGON" – Überdachung Hauptbahnhof Helsinki

Man tritt wie bisher aus dem Bahnhofsgebäude ins Freie. Doch es regnet nicht, wenn es regnet, und es schneit nicht, wenn es schneit. Das Dach ist eine 450 Meter lange horizontale Konstruktion, die den Eindruck einer zweiten Landschaft, zwanzig Meter über dem Erdboden vermittelt. Wie ein Leintuch liegt diese Landschaft mit Hoch- und Tiefpunkten über wenigen Stützen. Die Bewegung des Daches folgt der Bewegung der ein- und ausfahrenden Züge. Die genaue Form des Daches wurde am Modell festgelegt. Um die Dachquerschnitte bestimmen zu können, musste das Modell durch einen Krankenhaus-Scanner geschickt werden (Patient "Egon").

Leaving the station building, one still enters into the open – but it doesn't rain when it rains, and it doesn't snow when it snows. The roof is a horizontal construction, 450 m by length, that gives the impression of a second landscape twenty meters aboveground. Quite like a linen veil, this landscape and its high and low points rest upon few supports. The roof's movement follows that of trains pulling in and drawing out of the station. Its precise form was set down according to a model. In order to determine the roof cross sections, the model had to be run through a hospital scanner (Egon being the name given to the "patient").

"EGON" – Roofing, Helsinki Central Station

Die Dachlandschaft ist eine Schale aus Spritzbeton geformt, ca. 10 bis 20 cm dick. Luftporenbeton wird vorgeschlagen, um Frostschäden zu verhindern. Wegen temperaturabhängiger Verformungen lagert die Schale auf Pendelstützen. Das Regenwasser wird in den Tiefpunkten gesammelt und in den Stützen abgeleitet. Glasblöcke sind dort in den Beton eingegossen, wo es zur Belichtung der Bahnsteige notwendig scheint. Die Untersicht des Daches ist, wie das Dach selbst, weiß gestrichen und reflektiert das Tages- bzw. Kunstlicht.

The roof landscape is a shuttering formed of shotcrete and 10 to 20 cm thick. Air-entrained concrete was proposed in order to prevent frost damage. The formwork is mounted on rocker hinged columns on account of temperature-dependent deformations. Rainwater is collected in the low points and discharged in the supports. Glass blocks were cast into the concrete where it seemed necessary for purposes of platform illumination. Like the roof itself, its soffit is painted in white and reflects natural and artificial light.

Landeskrankenhaus Hartberg, Steiermark / Hartberg Hospital, Styria
1992

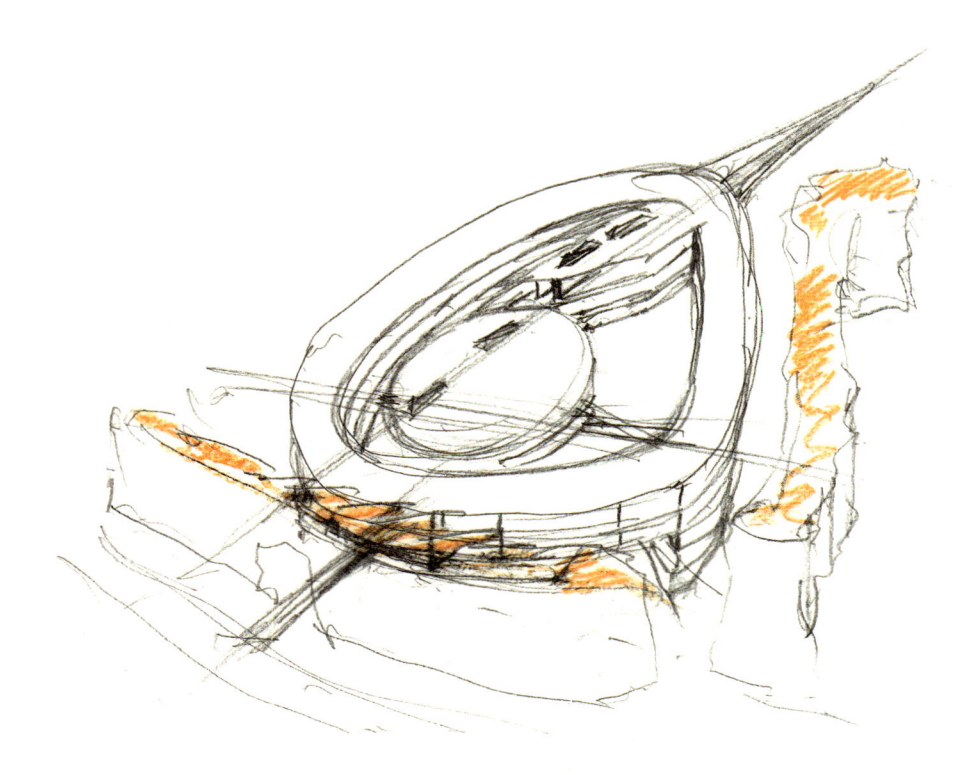

Die Wahl des genauen Standortes auf einer möglichst hohen Geländestufe, folgt dem geotechnischen Gutachten und dem alten Baumbestand des Grundstückes. Funktionell sind Betten- und Operationstrakt entsprechend ihrem unterschiedlichen Inhalt zwei Bauwerke. Der freigeformte Ring des Bettentraktes über zwei bzw. drei Geschosse folgt der Zuordnung der Nutzungen, der Orientierung des Baukörpers nach allen Seiten entsprechend der Ausrichtung und grundrisslichen Gliederung der Räume.
Entsprechend der senkrechten Bettenaufstellung sind Krankenzimmer breitgelagert, und hat jeder Patient Ausblick ins Freie. Die spezielle Fassadenkonstruktion und die niedrige Brüstung nehmen darauf Rücksicht. Durch ein Zwischengeschoss, das nur der Erschließung dient, ist der Baukörper vom Boden abgehoben. Der Operationstrakt und die Ambulanzen liegen im Hof des Bettentraktes. Dieses Gebäude verbindet die Zufahrt im Norden mit dem Zugang im Süden und ist an vier Positionen an den umgebenden Bettentrakt angeschlossen.

The precise location of the Hospital upon the highest possible terrace was chosen in consideration of both a geotechnical certificate and the plot's old stand of timber. The inpatient ward and operating tract are accommodated in two separate buildings in accordance with their different functions and uses. A free-formed ring, constituting the inpatient section and occupying two to three floors, follows the allocation of utilizations, the panoramic orientation given to the structure, along with the alignment and ground-plan arrangement of the building's rooms.
Corresponding to the perpendicular arrangement of beds, the sickrooms are kept in a broad position so that every patient can enjoy a view into the open. This is facilitated by a particular facade construction and a low balustrade. The structure is elevated from the ground by an entresol exclusively serving access purposes. The operating and outpatient units are located in the area enclosed by the inpatient section. This building connects the driveway in the north with the southern access road and is linked to the circumjacent inpatient ward at four positions.

Hartberg Hospital, Styria

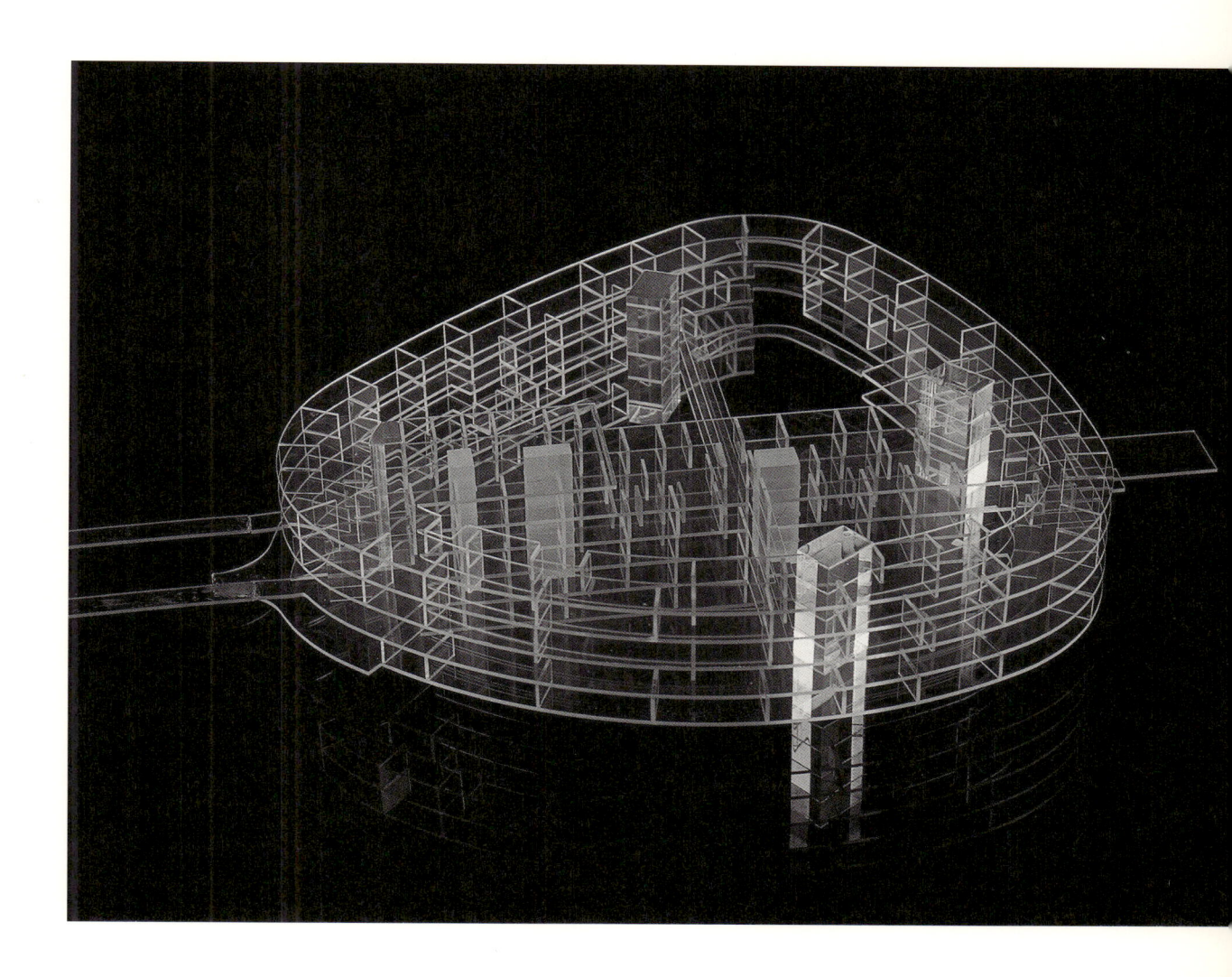

"Beyond Bjorvika", Neue Oper Oslo / New Opera House Oslo
2000

Als erstes Opernhaus in Norwegen hat die neue Oper nicht bloß funktionale, konstruktive und formale Anforderungen zu erfüllen. Ein Wahrzeichen trägt emotionale Kriterien mit – wie übrigens jede bedeutende Architektur. Es sind Kriterien, die verbal schwer zu fassen sind, wie Überraschung, Sehnsucht und Vitalität der Form. Entsprechend den ethischen Funktionen der Architektur sollte so ein Bauwerk die Kreativität der Sänger, Schauspieler und Tänzer repräsentieren und, weiter gedacht, die im besten Sinne "spielerische" Überlegenheit der professionell ausgeübten Kunst über finanzielle und politische Macht.
Die Zeichenfunktion des Bauwerkes und der Blick von oben über das Meer, die Stadt und das Land sind die grundlegenden Gedanken des Projektes. Deshalb betritt man die Oper aus einer dreißig Meter über Oslo liegenden zweiten Stadtebene. Die axiale Erschließung aus dem Stadtteil Bjorvika tangiert das neue Opernhaus am Fuß einer ebenso mächtigen, konstruktiv aber zarten gewölbten Schale aus Aluminium, in welche breite Stufen und Podeste integriert, bzw. verschieden geneigte Rolltreppen eingeschnitten sind.

The New Opera House, the first in Norway, not only fulfills functional, constructive and formal requirements. A landmark tends to meet emotional criteria, quite like any other important architecture. The criteria are hard to express verbally, such as surprise, longing and formal vitality. In accordance with the ethical functions of architecture, such an edifice should represent the creativity displayed by singers, actors and dancers and, further, the "playful" superiority of professionally practiced art over financial and political power.
The allegorical function attached to the building and the view from above over the sea, the city and the countryside are the project fundamental concepts. This is why the Opera is accessible from a second urban plane thirty meters above Oslo. The axial access from the district of Bjorvika is tangent to the new Opera House at the foot of an equally impressive, yet constructively delicate, vaulted aluminum shell into which broad steps and pedestals have been integrated or escalators incised at different inclinations.

"Beyond Bjorvika", New Opera House Oslo

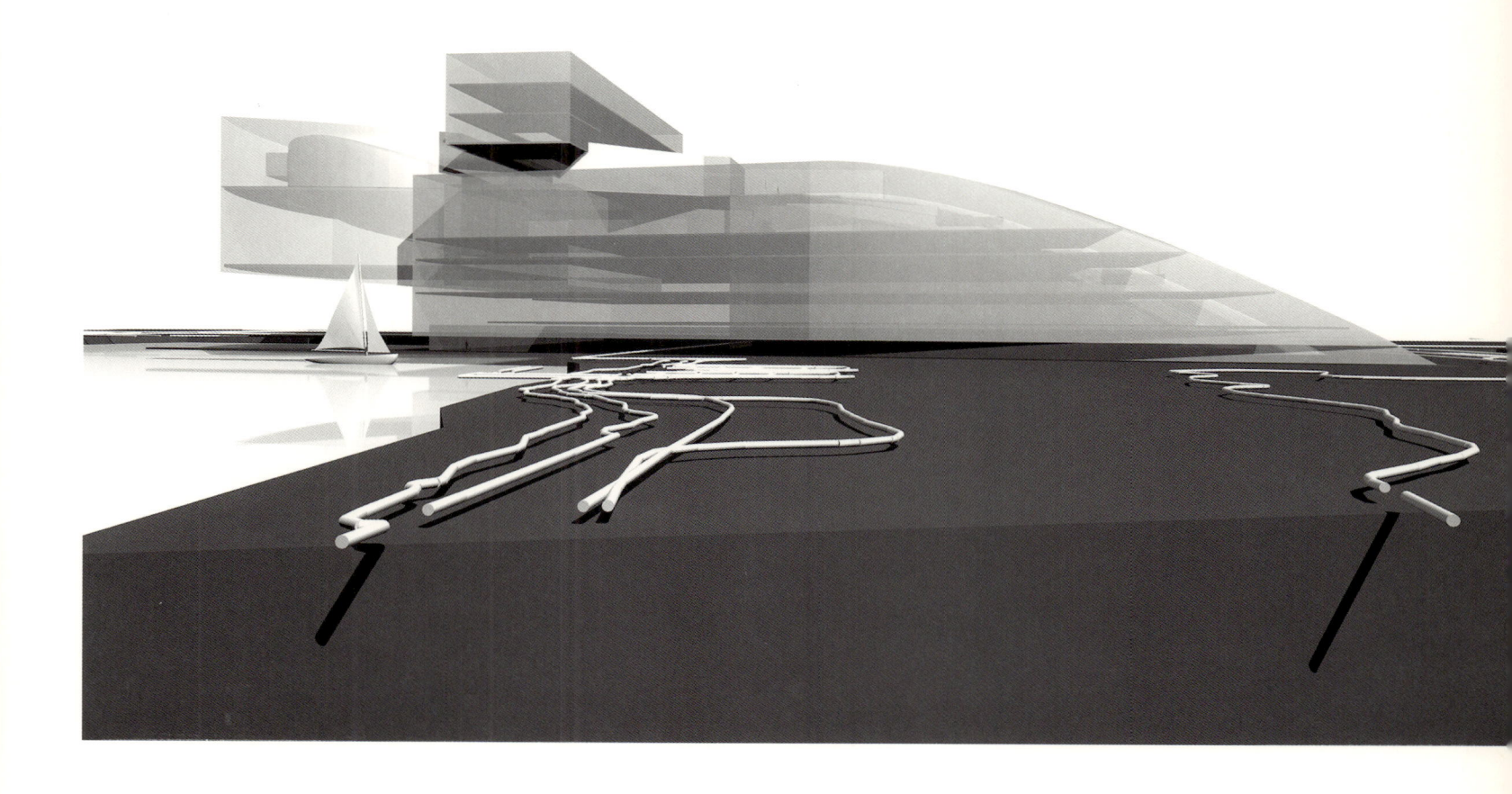

Dem Besucher, der mit den Rolltreppen hochfährt – die Rolltreppen, Fahrsteige, Stufen und Podeste sind nichts anderes als die Fortsetzung der Gehwege in die dritte Dimension der Stadt –, zeigt sich sukzessive ein anderes Bild der Stadt, bevor er die Terrasse über der Stadt erreicht und sich selbst als Beobachter eines größeren Ganzen erfährt. Diese zweite Stadtebene soll Ort für verschiedene Aktivitäten, wie Performances, Ausstellungen und Feste im Freien sein.
Aus ihr herausgeschnitten ist das Foyer, aus dem man das große und kleine Auditorium erreicht, die Proberäume und die Ballettschule, die rund um den Bühnenturm im "Flügel" über der Eingangsebene untergebracht sind. Opernbesucher, für die die Benützung des vertikalen Gehwegnetzes zu beschwerlich ist, können ebenso wie Besucher, die mit dem Boot anlegen, die Stiegen und Lifte benützen, die an der Westfassade direkt in das Foyer führen.

The escalators, moving walkways, steps and pedestals are nothing but a third-dimensional extension of the city's footpaths - and visitors going up with the escalators are shown successively different images of Oslo before they reach the terrace above the city, finally to experience themselves as observers of a greater entity. This second urban level is meant to serve various activities, such as open-air performances, exhibitions and festivals. Cut out of this level, the foyer leads to the large and small auditoriums, the rehearsal halls and the ballet school, altogether accommodated around the stage tower in the entrance level "wing". Visitors calling at the port and those who find it difficult to use the vertical footpath network are invited to use the stairways and elevators on the west facade, leading directly to the foyer.

"Beyond Bjorvika", Neue Oper Oslo

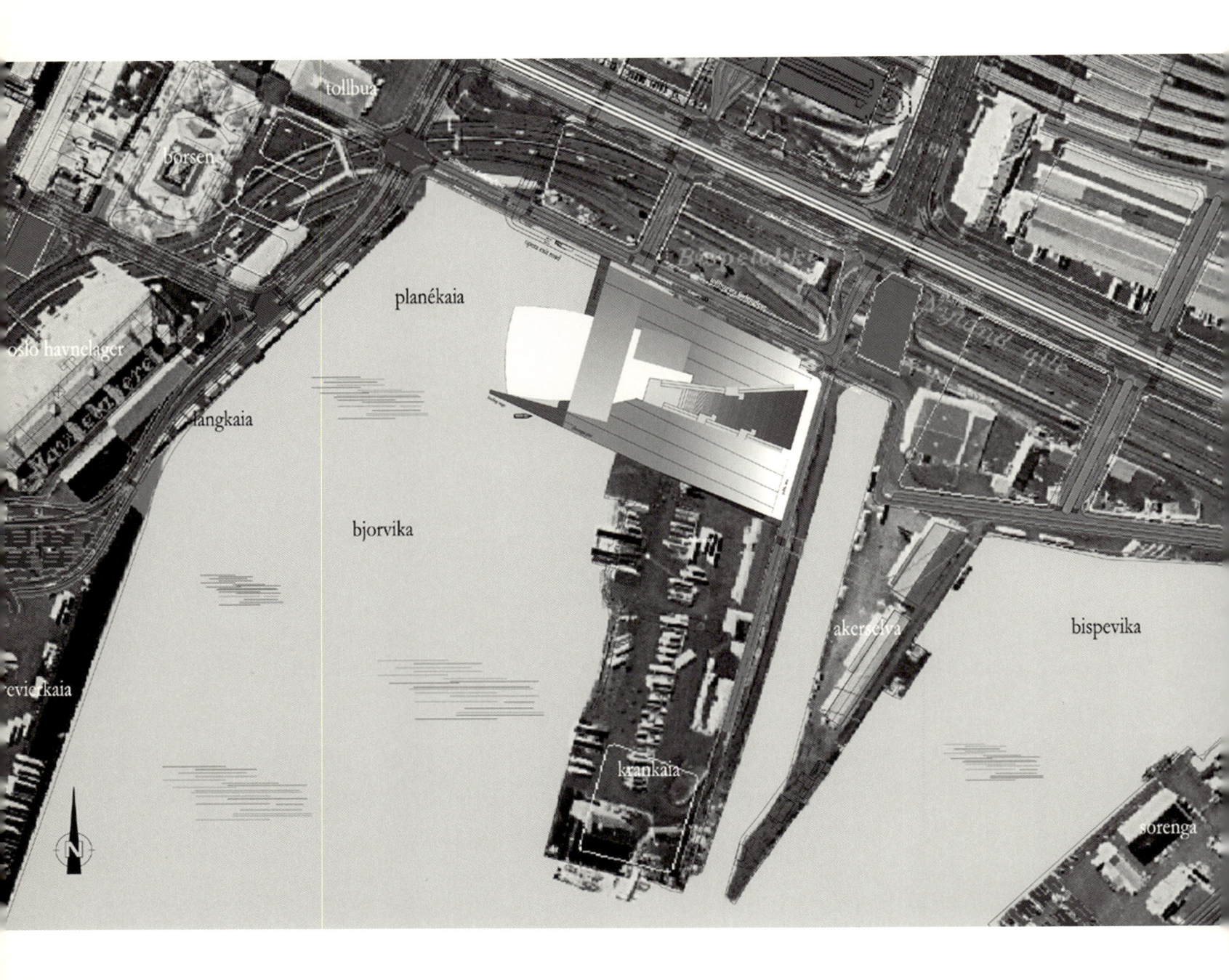

Der beeindruckendste Teil des Foyers kragt aus und liegt rund um das Auditorium. Dieser Teil ist vollständig verglast und erlaubt den Blick nach allen Himmelsrichtungen genauso, wie er von überall her eingesehen werden kann. Das Niveau des Foyers ist das Niveau der obersten Sitzreihe des Zuschauerraumes. Man betritt den Zuschauerraum und findet seinen Platz unter 1388 Besuchern, indem man die Sitzreihen nach unten wandert, immer die Bühne vor Augen. Alle übrigen Funktionen der Oper sind als "großer Bauch" unterhalb der Schale aus Aluminium untergebracht.

The most impressive part of the foyer is corbelled out and surrounds the auditorium. This part is paned throughout and, being fully visible from outside, likewise allows a view in any direction. The foyer is leveled at the same height as the uppermost tier. Entering the auditorium, 1388 visitors find their seats by walking down the rows with a constant view on the stage. All the other functions of the Opera House, a "large belly", are accommodated beneath an aluminum shell.

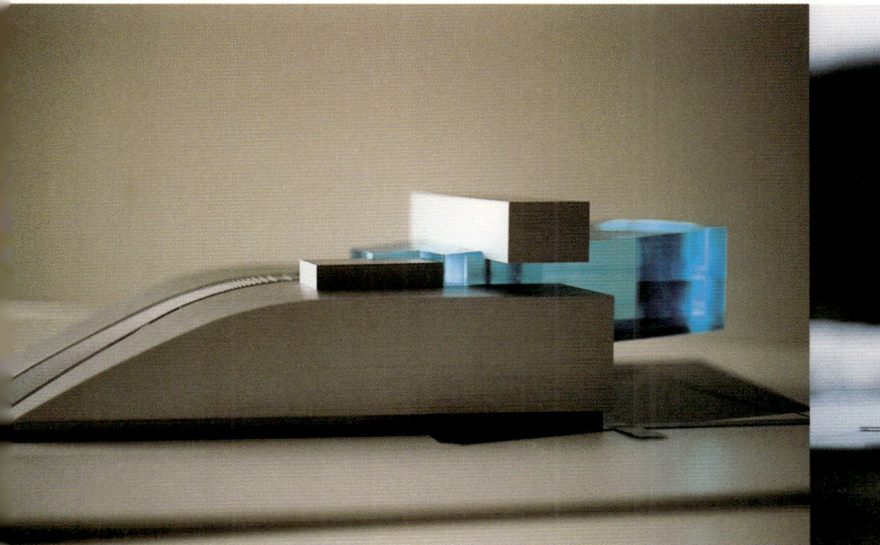

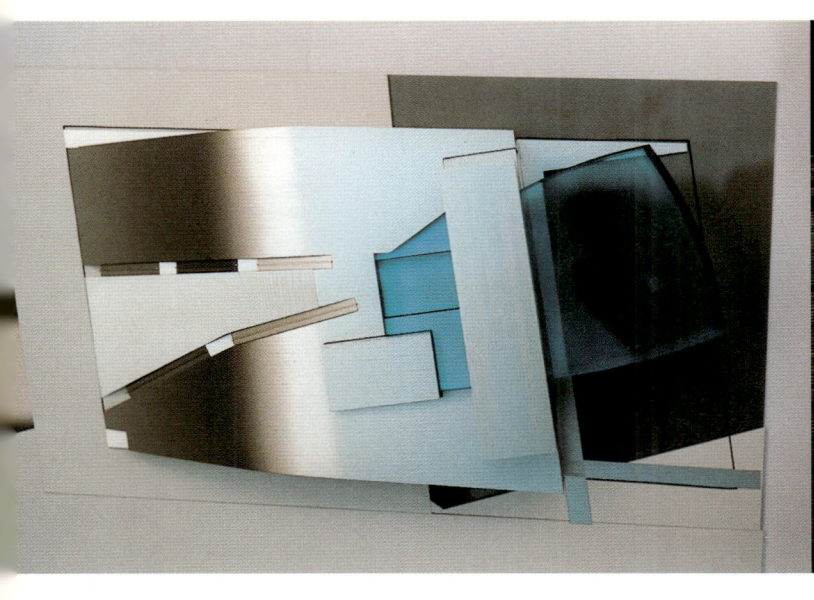

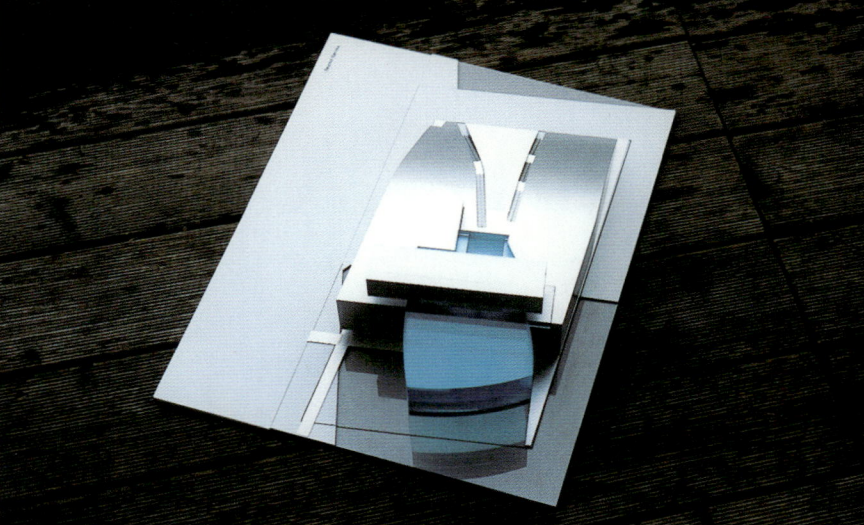

"Beyond Bjorvika", New Opera House Oslo

"Beyond Bjorvika", Neue Oper Oslo

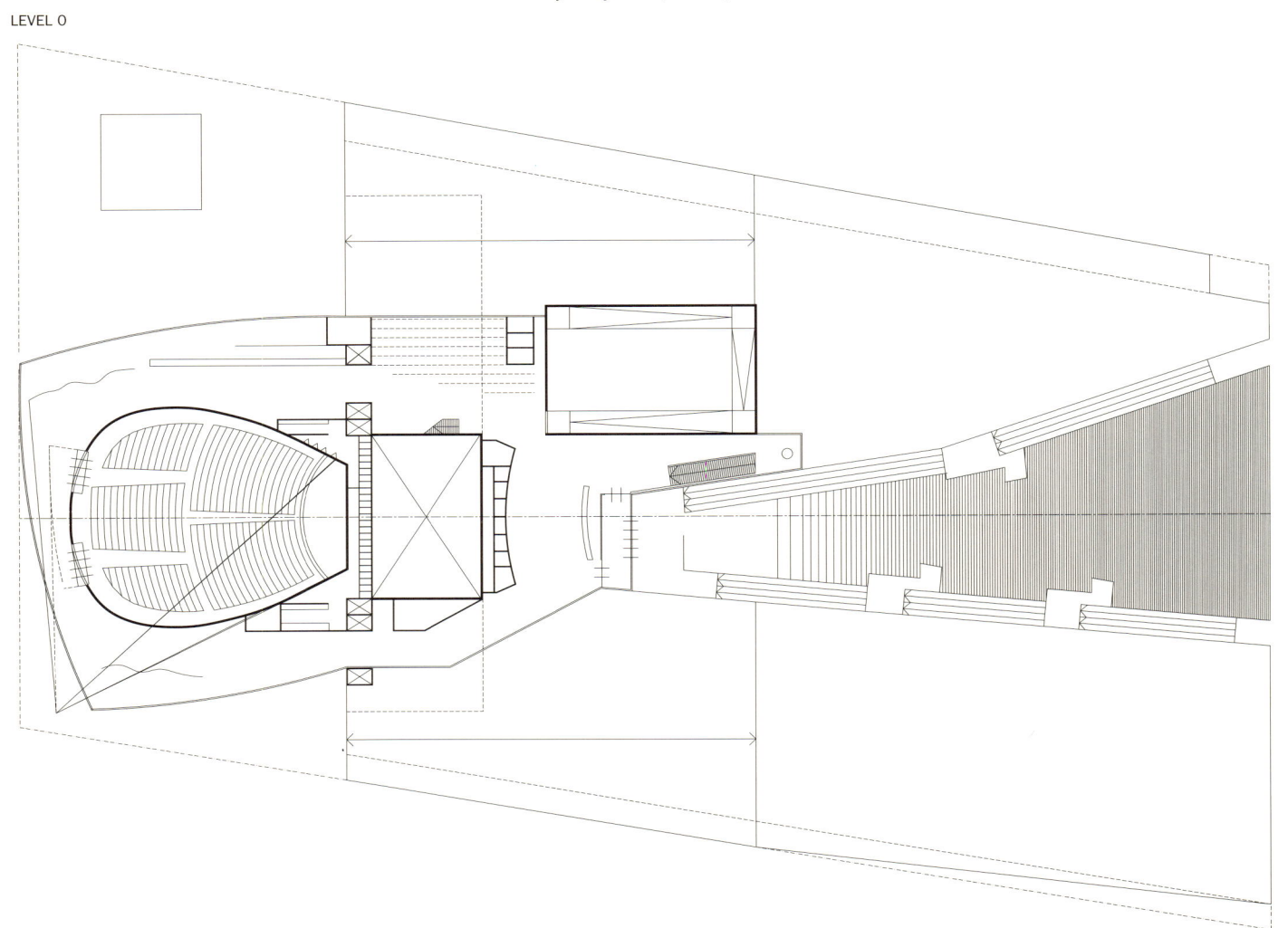

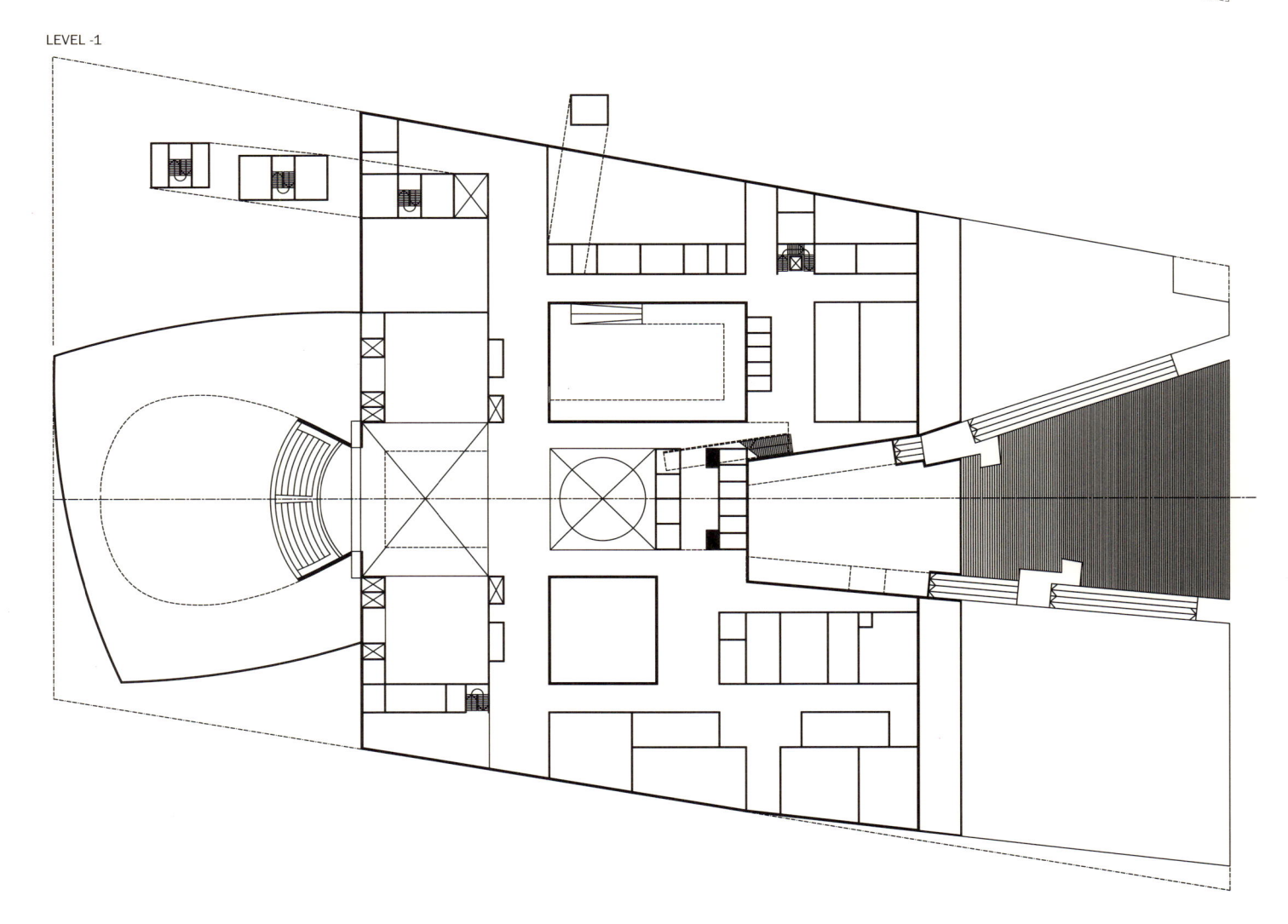

LEVEL 0

LEVEL -1

PARKING LEVEL -4

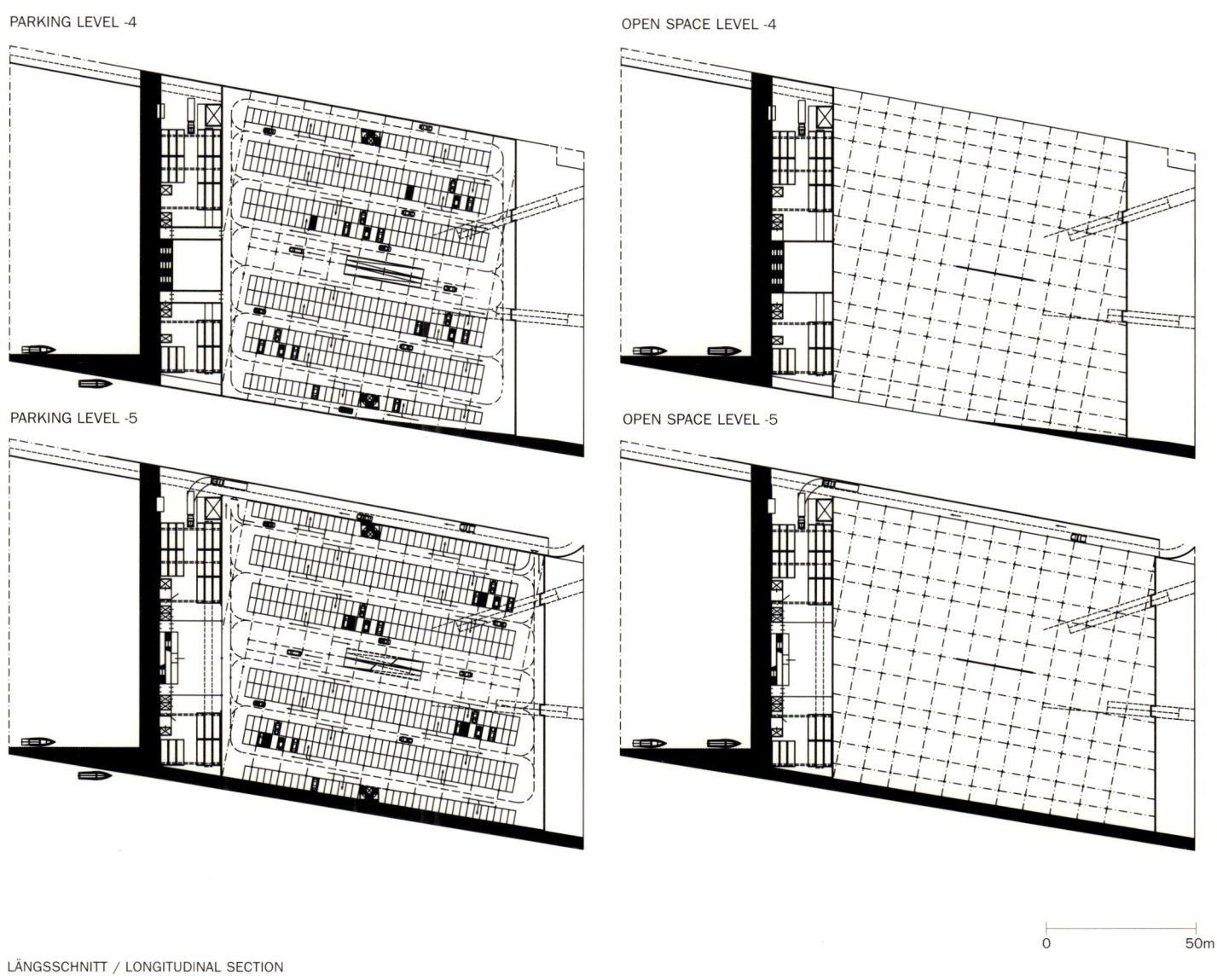

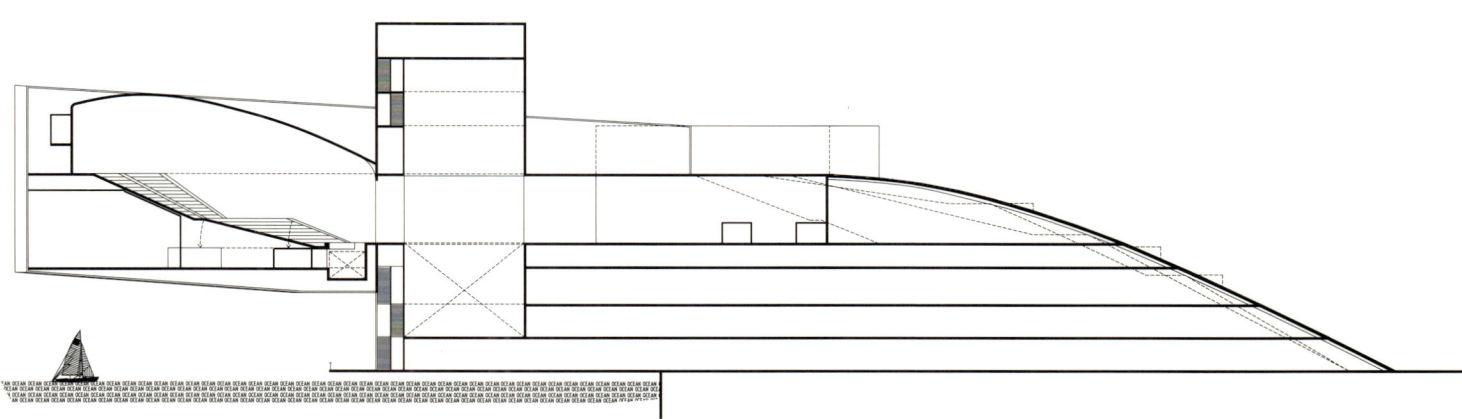

OPEN SPACE LEVEL -4

PARKING LEVEL -5

OPEN SPACE LEVEL -5

0   50m

LÄNGSSCHNITT / LONGITUDINAL SECTION

QUERSCHNITT / CROSS SECTION

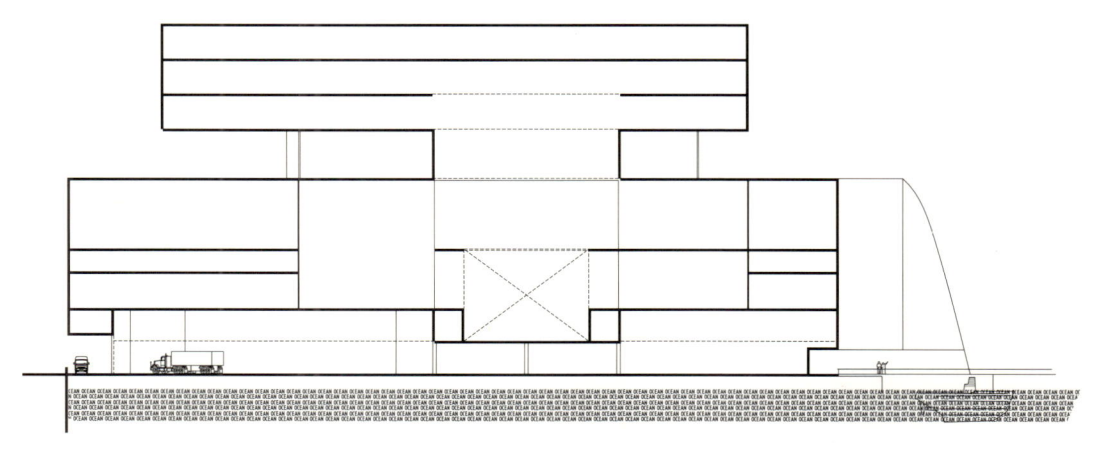

"Beyond Bjorvika", Neue Oper Oslo

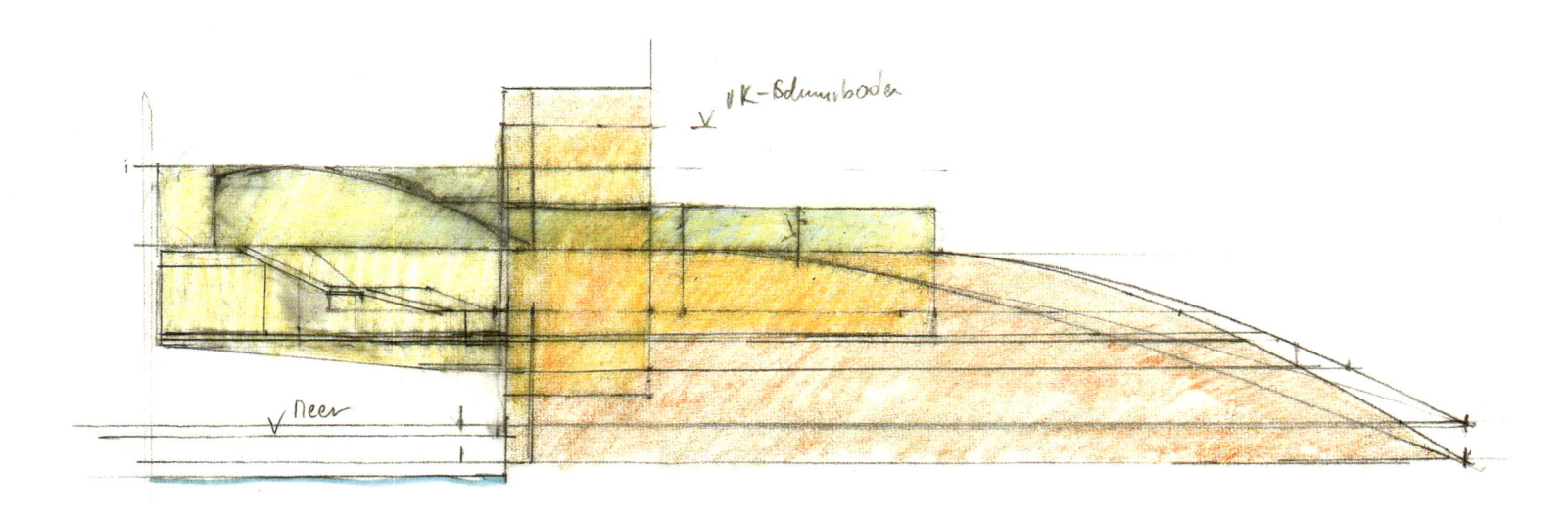

"Beyond Bjorvika", New Opera House Oslo

SÜD / SOUTH

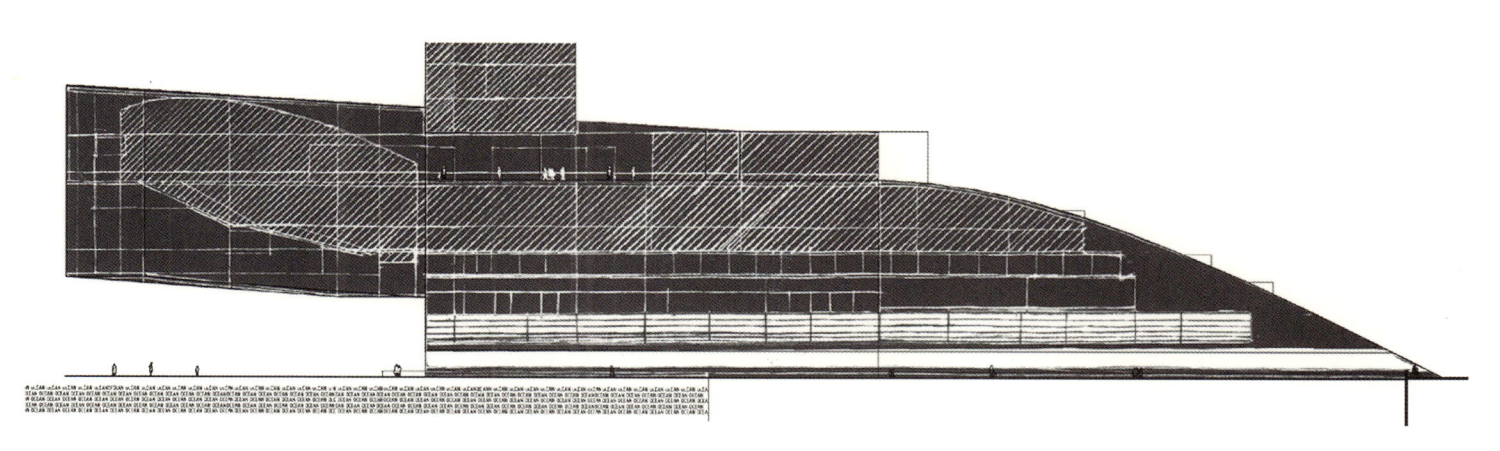

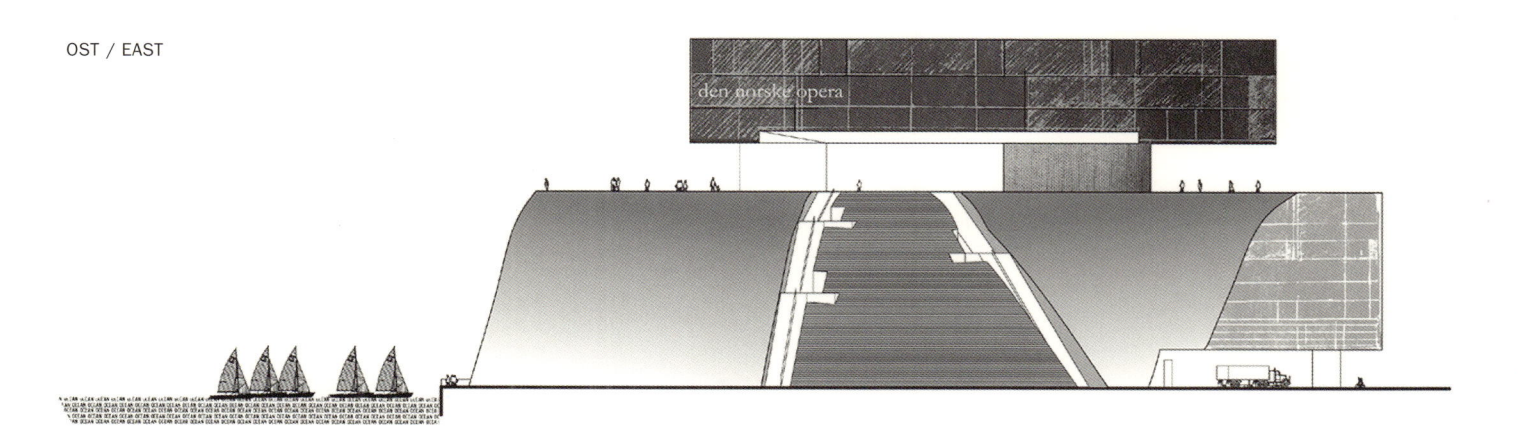

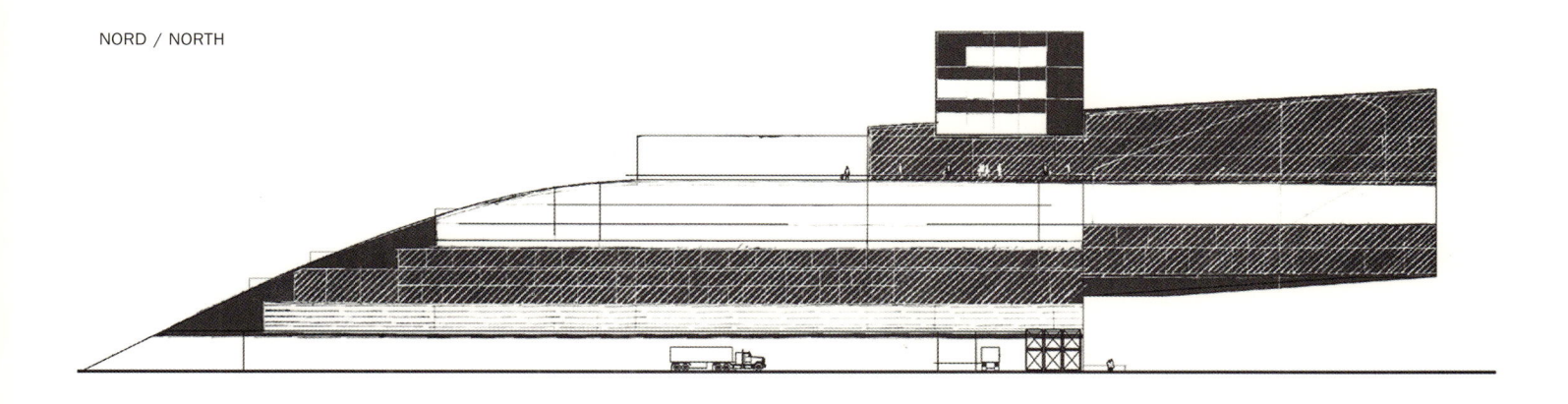

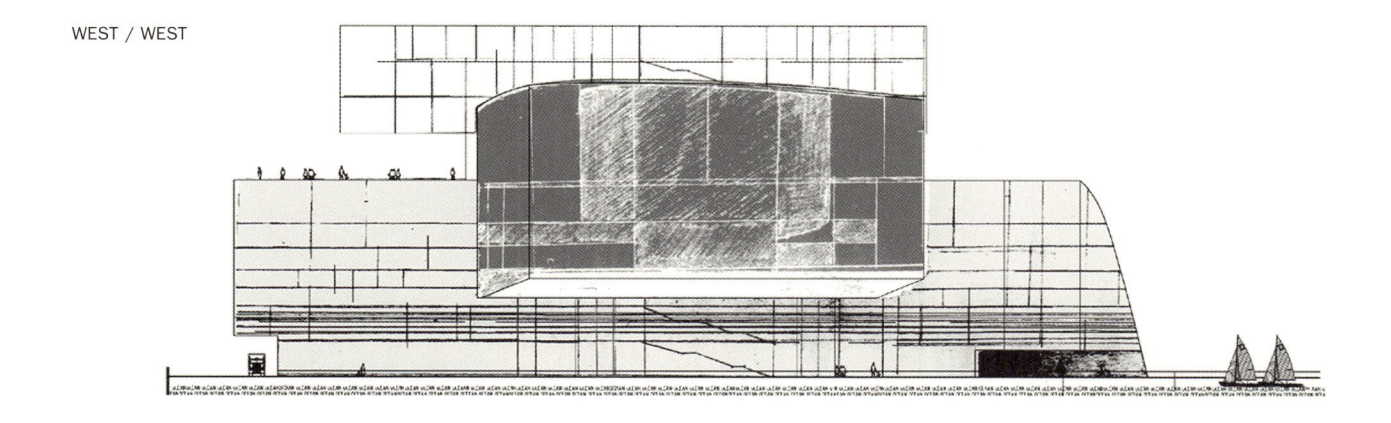

OST / EAST

NORD / NORTH

WEST / WEST

Universität Brixen / University of Bressanone

1998

EG / 1ST FL.

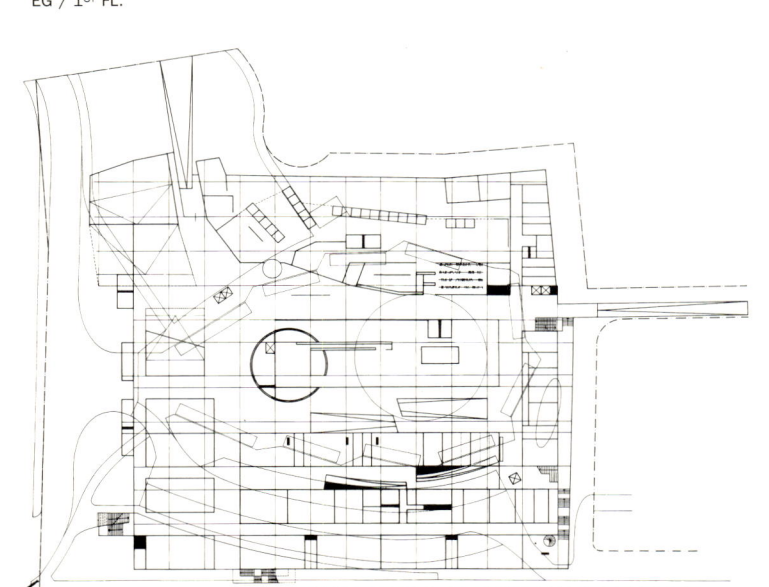

UG / BASEM.

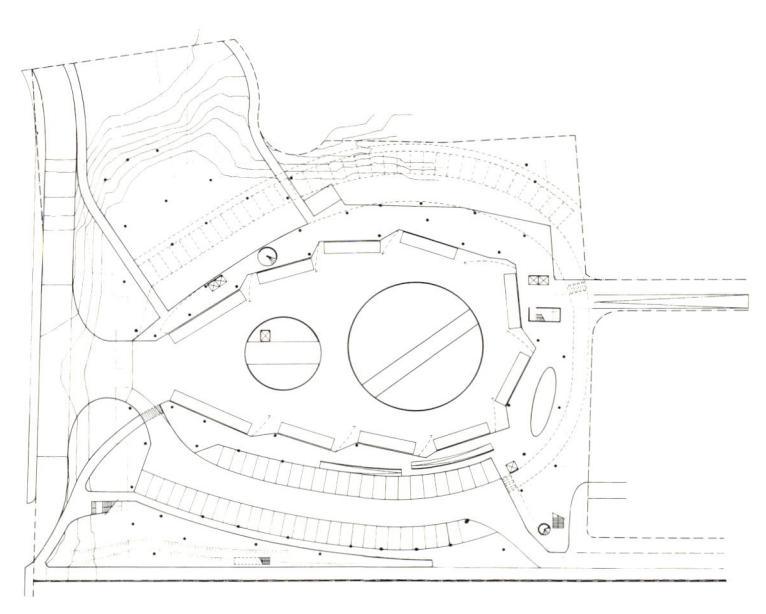

Die Lage der Universität, über dem bestehenden Busbahnhof im Zentrum der Stadt, scheint auf den ersten Blick schwierig. Die unterschiedliche Nutzung ein und desselben Grundstückes ist für ein städtisches Gefüge jedoch charakteristisch und im besten Sinne eine planerische Herausforderung. Der planerischen Absicht entgegen kommt die Tatsache, dass auf Grund der unterschiedlichen Stadtniveaus der Busbahnhof tiefer als die Altstadt und die Umfahrungsstraße liegt. Das Grundstück für die Universität wurde deshalb 5,5 Meter über das Grundstück des Busbahnhofes gehoben und auf Stützen gestellt, die entsprechend den Bushaltestellen unregelmäßig, aber statisch richtig, verteilt sind. Das zweigeschossige Gebäude schwebt förmlich über dem Busbahnhof und ist mit Brücken, Rampen und Stiegen an die übrigen Stadtebenen angeschlossen. Das äußere, maßstäblich von der Altstadt bestimmte Wegenetz setzt sich im Inneren der Universität fort. Das konstruktive System wechselt von Stützen im Untergeschoss zu Stützen und Scheiben im ersten Geschoss bzw. zu Scheiben im zweiten Geschoss. Nach oben kann die Universität erweitert werden. Die übergeordneten, auch der allgemeinen Nutzung zugedachten Funktionen, wie die Aula Magna, die Hörsäle und die Bibliothek, sind mehrgeschossig und zum Teil von oben belichtet. Die Aula Magna definiert durch ihre betont freie und zeichenhafte Form die Besonderheit des Gebäudes.

At first sight, the University's location overhead the present bus terminal in the center of the city seems precarious. Multiple use of one and the same developed property, however, is characteristic of urban setups and, in the best sense of the word, a challenge to planners. Complying with this designer's intention, the bus terminal is located at a lower level than the old town and the bypass, on account of different altitudes within the city. The site for the University has thus been elevated by 5.5 m above that of the terminal and set upon columns that have been distributed irregularly, according to the bus stops, but statically sound. The two-story building is virtually suspended over the bus terminal and linked to the other city levels by bridges, ramps and perrons. The external road system, a true-to-scale representation of the old town, is prolonged within the University. The constructive system shifts from columns on the basement floor to columns and discs on the first and, finally, discs on the second floor. The University can optionally be extended upwards. Intended for public use as well, the superordinate functions such as the Auditorium, lecture rooms and library are multistory and in part illuminated from above. The Auditorium defines the building's exceptionality by way of a notably free and allegoric form.

135

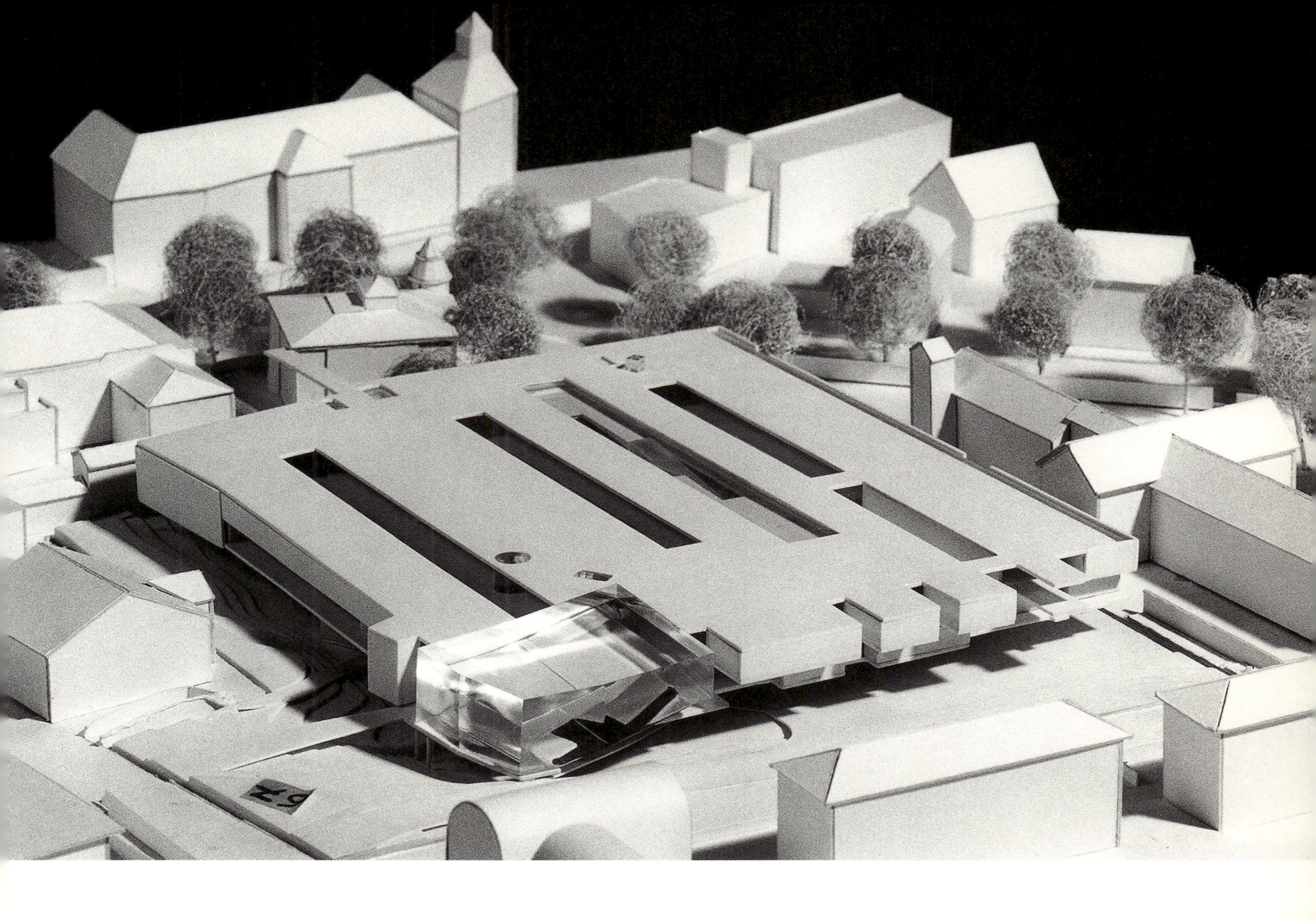

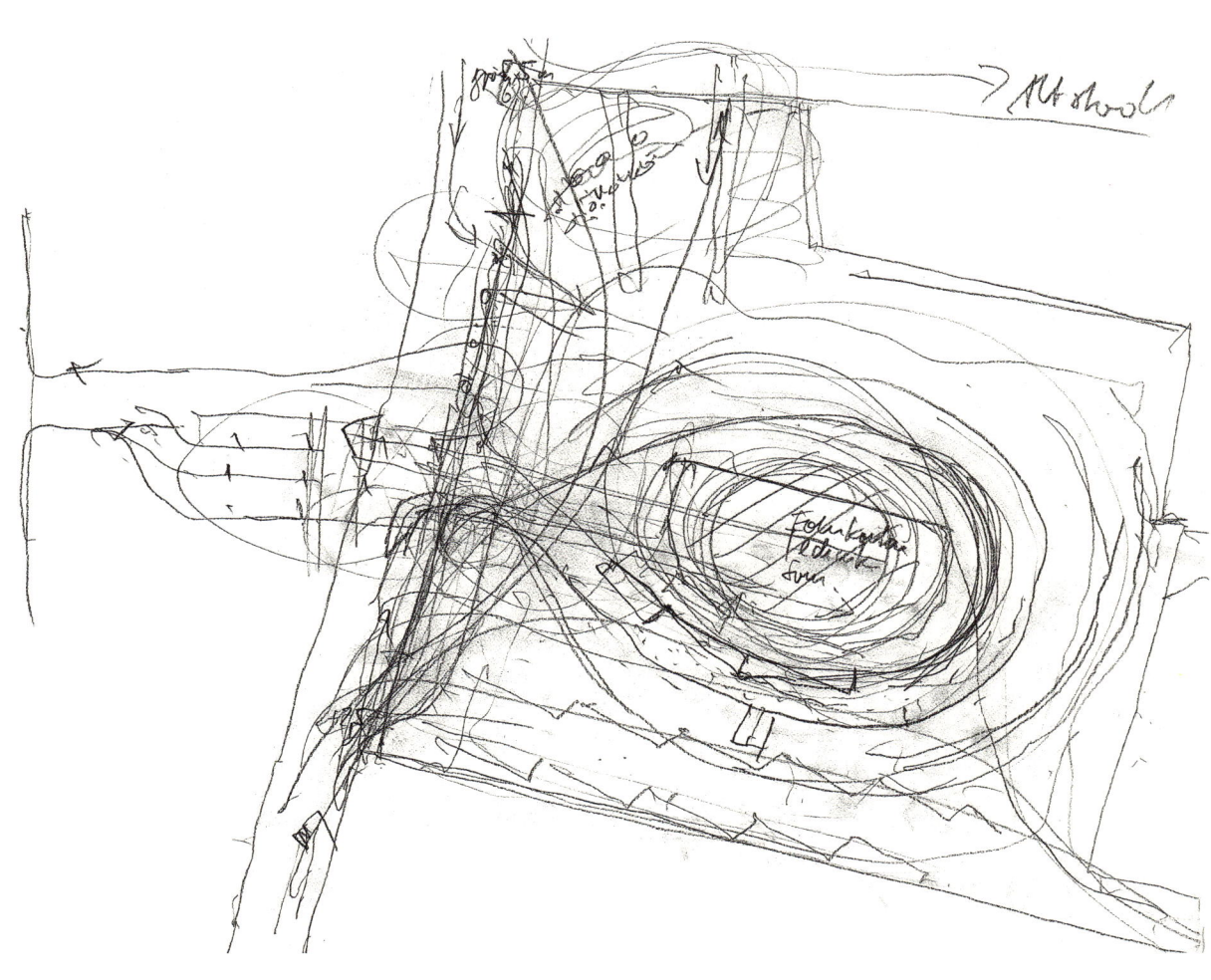

Mega-BauMax, Klagenfurt

1997–1999

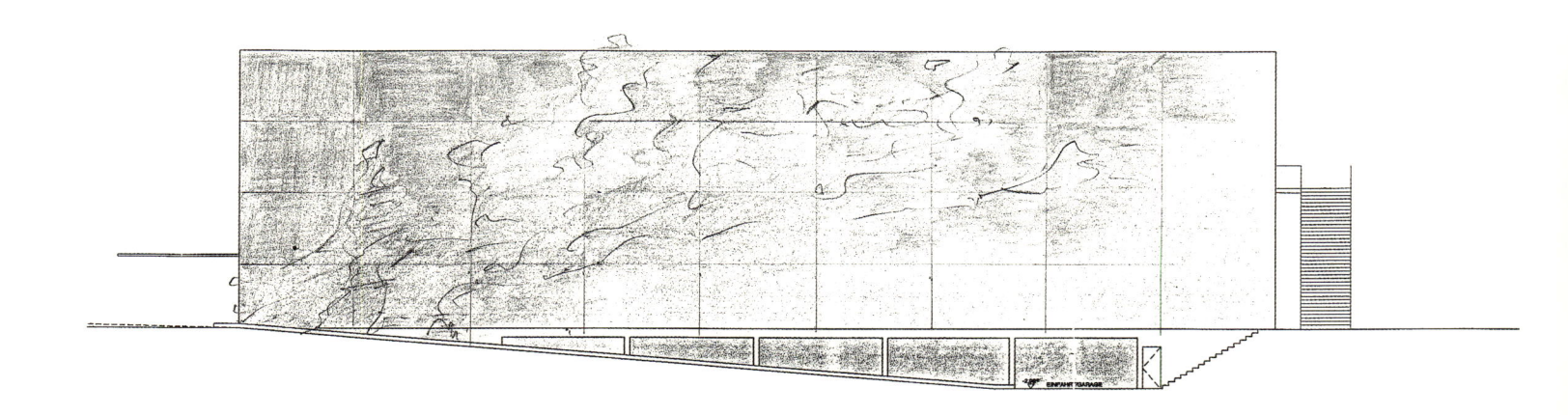

Ein Mega-Baumarkt ist kein eindimensionaler Ort. Er ist der Bezugspunkt des Kaufwunsches und der Ort, in dem das Einkaufserlebnis passiert. Immer öfter sind solche Megamärkte Orte der Information, der Mitteilung und des Zeitvertreibs. Schließlich werden sie die neuen Warteräume der Menschen sein. Der reine Versorgungs- oder Kaufgedanke ist dann sekundär und die Schaffung eines Milieus, in dem neben dem Kaufreiz zum Verweilen und Warten eingeladen wird, die primäre Planungsabsicht. Die Voraussetzungen dafür zu schaffen, heißt, einen großen räumlichen Zuschnitt zu wählen und damit ein Höchstmaß an innerer Flexibilität. Daneben muss das Äußere des Gebäudes ein unverwechselbares Zeichen setzen. Man wusste, dass die Entscheidung, am nördlichen Rand von Klagenfurt zu bauen, beispielgebend sein könnte. Einerseits ist dort die Landschaft ausnehmend schön, andererseits liegt dort das bauliche Entwicklungspotential der Stadt. Das heißt, vom Investor, vom Bauherrn und Nutzer wurde ein Bekenntnis zu einer Architektur verlangt, die für gewöhnlich im Repertoire der Super-, Mega- und Hypermarkets nicht enthalten ist. Der Mega-Baumax in Klagenfurt ist ein farbiger Block aus Beton, in den ein Glaskörper eingeschoben ist. Der rote Block ist 100 Meter lang, 45 Meter breit und 14 Meter hoch. Der Glasquader ist ebenso hoch, 90 Meter lang und 20 Meter breit. Der farbige Block hat keine sichtbaren Öffnungen. Er wird ausschließlich durch den Glasquader und Lichtkuppeln auf dem Dach belichtet und ist Ausstellungs-, Lager- und Verkaufsraum zugleich.

Such an enormous department store is no one-dimensional place. It is a reference point for the desire to purchase and a location where shopping experiences unfold. More and more frequently, such gigantic shopping facilities represent sites of information, communication and diversion, to finally become people's new waiting rooms. The primary idea of supply or purchase then becomes secondary, the designer's main objective intention being to create a milieu where the stimulus to purchase is supplemented by an invitation to stop and linger. To create the preconditions implies selecting a large spatial cutting and maximizing inner flexibility. Moreover, the building's outward appearance must set an unmistakable sign. Those involved were aware that the decision to build on the northern fringe of the Carinthian capital city could prove exemplary. The local landscape is exceedingly beautiful, and the town's constructional development potential is found in that area. This meant demanding a declaration of loyalty, on the part of the investor, building sponsor and occupants, to an architecture that is usually not contained in the repertoire of super-, mega- and hyper-dimensional shopping malls. The department store in Klagenfurt is a colored block of concrete into which a glass structure was inserted. The red block is 100 m by length, 45 m by width and 14 m high. The glass ashlar is of the same height, 90 m long and 20 m wide. The colored block shows no visible openings. A display, storage and sales room all in one, it is illuminated exclusively by the ashlar and dome lights on the roof.

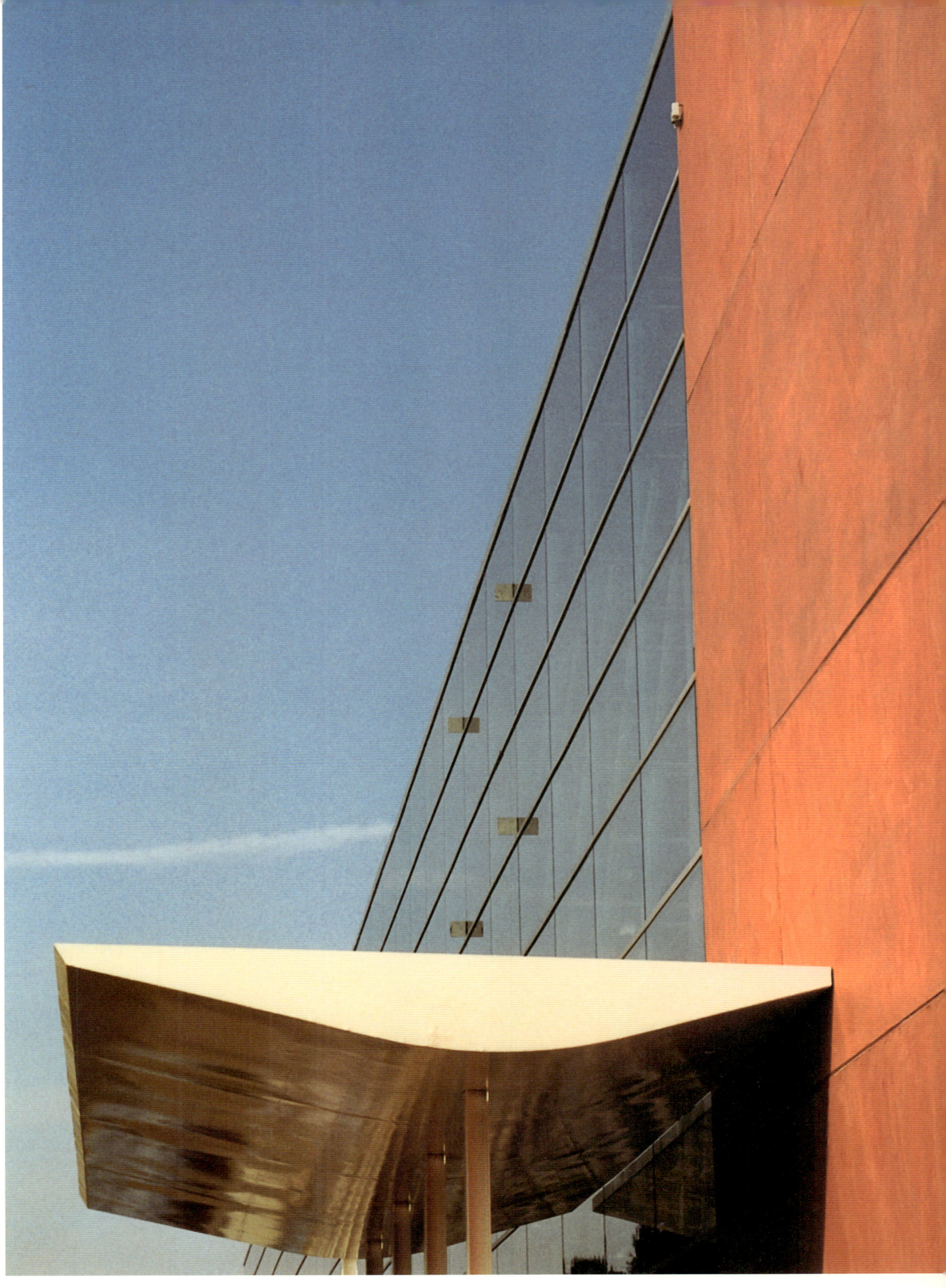

EG 1ST FL.

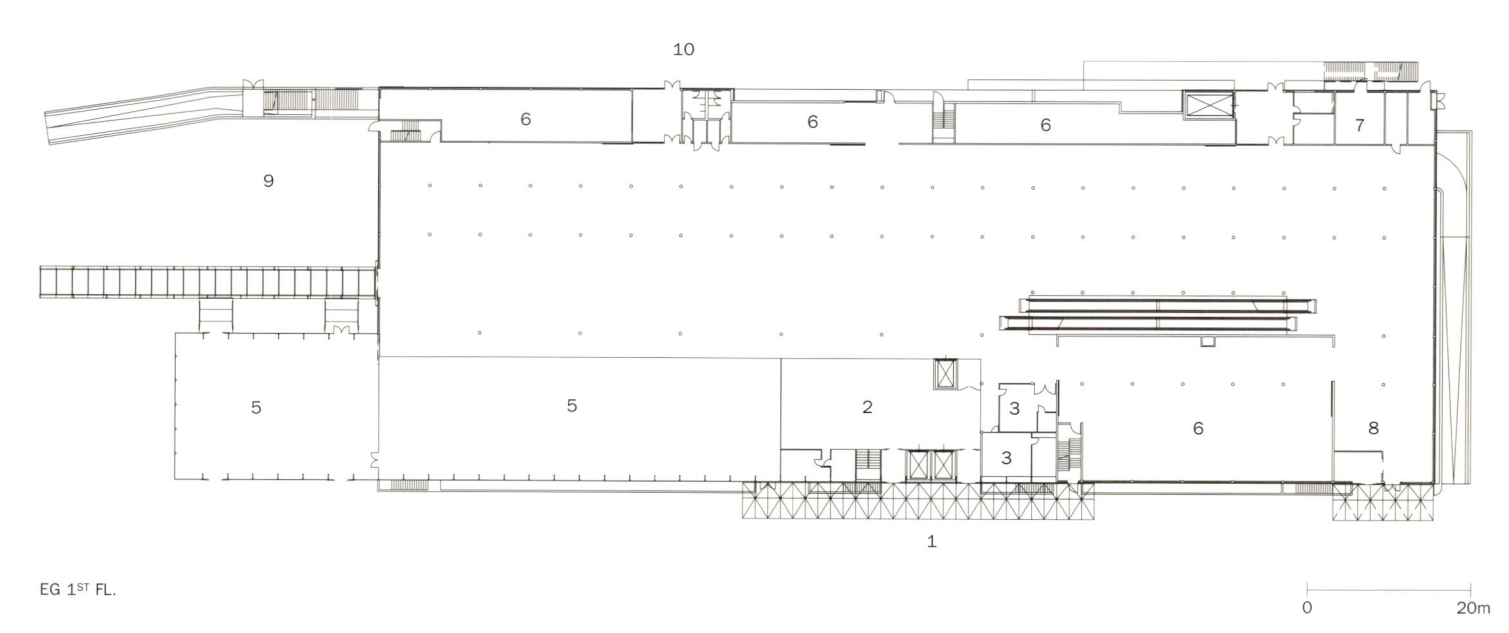

0   20m

1 EINGANGSBEREICH / ENTRANCE AREA
2 KASSABEREICH / COUNTER
3 BÜRO / OFFICE
4 BAUMARKT / HALL
5 GARTENCENTER / GARDEN CENTER
6 LAGER -NEBENRÄUME / STORE ROOMS - SERVICE ROOMS
7 TECHNIK / TECHNICAL EQUIPMENT
8 PICK - UP - ZONE
9 FREIGELÄNDE / DEPOT
10 WARENANLIEFERUNG / DELIVERY

Mega-BauMax, Klagenfurt

Das Glashaus, das ursprünglich vollständig aus Glas hergestellt werden sollte, ist eine Rahmenkonstruktion mit dreieckförmigen Blechträgern und nach innen geneigten Stützen. Jede Stütze besteht aus zwei Stahlrohren, die gegensinnig zueinander gebogen sind ("Gabelbaum"). Die auf die Fassade einwirkenden Winddruck- und Windsogkräfte können so von der Stütze selbst aufgenommen werden. Rundrohre, die im Abstand von 1,35 Metern durch diese Stützenkonstruktion gesteckt und mit ihr verschweißt sind, verhindern das Ausbauchen bzw. Knicken der Stütze bei vertikaler Belastung und tragen gleichzeitig die Glasfassade. Der Blechträger verbindet Stütze mit Stütze, bzw. die Stütze mit dem Auflager am Rand des Betondaches. Das Glashaus ist mit einem Trapezblech als Dach eingedeckt. Eine Übereck-Verglasung bildet den von außen unmerkbaren Übergang zwischen transparenter Fassade und geschlossenem Dach. Über einem Tiefgaragengeschoss, das aus Halbfertigteilen und Ortbetonsäulen errichtet ist, und durch die teilweise Schrägstellung der Umfassungswände Tageslichtmilieu besitzt, ist der zweigeschossige Betonkörper als Skelettkonstruktion hergestellt. Zwischen die schlanken Betonpfeiler sind wärmegedämmte Betonfertigteile eingefügt. Die Oberflächen dieser Fertigteile sind rot lasiert, der Farbauftrag in mehreren Schichten vorgenommen.

Initially to be built of glass throughout, the house is a frame construction with triangular steel plate girders and shores that are tilted inwards. Each shore consists of two steel tubes bent mutually towards one another. The shores themselves can thus take up the wind pressure and suction forces affecting the facade. Circular tubes were stuck through every 1.35 m and welded with the shore construction, preventing the shores from bulging or buckling with vertical load and simultaneously carrying the glass facade. The Plate girders connect the shores to one another and onto the bearing surface on the side of the cement roof. The glass house is roofed with a sheet showing trapezoidal corrugations. Double-pane diagonal glazing forms the transition, imperceptible from outside, between the transparent facade and the closed roof. The two-story concrete body was built as a skeleton construction above a basement, employing semifinished material and in situ concrete columns. It offers a daylight milieu due to the partially oblique position of its exterior walls. Thermally insulated precast elements are inserted between the slender concrete pillars. The surfaces of these prefabricated units are glazed in red, the paint being applied in several layers.

Mega-BauMax, Klagenfurt

Dabei bleibt die Textur der Betonoberflächen als Hintergrund erhalten. Entsprechend dem Tageslicht reflektiert die Fassade des Betonblocks verschiedene Rotschattierungen von bläulich-rosa bis bräunlich-rot.
An der Rückseite des Megamarktes liegen Fluchtbalkone und Fluchttreppen vor der Fassade, die in diesem Bereich tiefe Nischen zum Schutz der gelagerten Ware hat. Die Glasfassade ist ein "Klimagerät". Sie besteht aus drei Meter breiten Isolierglaselementen mit elektrisch gesteuerten Jalousien in den Scheibenzwischenräumen. Die Jalousien sind einseitig silberbedampft, so dass bei geschlossenem Zustand das Sonnenlicht fast vollständig reflektiert wird. Der Energiedurchlass ist dann vernachlässigbar gering. Die Fassade öffnet und schließt sich in drei vertikal unterteilten Sektoren entsprechend dem Stand der Sonne. Bei halbgeöffneter Jalousie wird die hochstehende Sonne ausgeblendet. Ausschließlich Zenithlicht erhellt dann den Raum. Bei offener Jalousie und tiefstehender Sonne fällt das Sonnenlicht weit in den Innenraum. Zwei große Ventilatoren, die die Außenluft über Düsen verteilt in den Raum werfen, bewerkstelligen

The texture of the concrete surfaces is thus maintained as a background. Depending on the daylight, the block's facade reflects different hues of red, from bluish pink to russet.
On the backside of the department store, escape balconies and stairways are located in front of the facade, showing deep niches intended to protect the stored goods. The glass facade is a "climatic tool" that consists of sound-resistive glass elements, 3 m in width, with electrically controlled blinds inserted in the panes' interstices. The blinds are vaporized with silver on one side to almost completely reflect the sunlight when closed, resulting in a negligible extent of energy transfer. The facade opens and closes in three vertically divided sectors corresponding to the position of the sun. With half-open blinds, the high-noon sun is screened out, only light at the zenith then illuminating the room. With open blinds and low sun, the light falls through far into the interior. Two large ventilators, diffusing the outside air into the room through jets, manage to ventilate and deventilate the entire department store

Mega-BauMax, Klagenfurt

gemeinsam mit Exhaustoren und mechanisch gesteuerten Öffnungen im Dach die Be- und Entlüftung des Megamarktes, während Kühldecken partiell zur Temperatursenkung eingesetzt werden. Die Eingänge des Megamarktes sind durch gebauchte Vordächer ausgezeichnet. Diese stehen als eigenständige Konstruktionen vor den Glasfassaden. Im Bereich des sogenannten Freilagers ist die Verlängerung der "Mall" ins Freie von einem Dach aus pulverbeschichteten Blechen überdeckt. Die Bleche hängen zueinander leicht geneigt zwischen den Stützen und überlappen sich. Die Konstruktion ist von einer extremen formalen Klarheit, der Materialeinsatz der geringst mögliche. Das Dach duelliert sich diesbezüglich mit der transparenten Zwischenwand, die das Glashaus unterteilt. Glastafeln aus Einscheibensicherheitsglas hängen aus der Dachkonstruktion, untereinander mit kaum sichtbaren Blechlaschen und Sicherungsseilen verbunden. Der Panoramalift, der mit gläserner Kabine und blechverkleidetem Stempel wie ein vertikal bewegter Raum Eingangsgeschoss und Obergeschoss miteinander verbindet, überrascht dagegen als kräftige Skulptur und stellt das formale Gleichgewicht wieder her.

with the help of exhausters and mechanically steered openings in the roof. In part, coolers are employed for balanced temperature. The entrances to the department store are characterized by bulged canopies, autonomous constructions standing in front of the glass facades. In the area of the so-called "Freilager" (bonded warehouse), the extension of the mall into the open is roofed by powder-coated metal sheets. These sheets are suspended between the supports, in an overlapping and slightly inclined position towards one another. The construction is of an extremely formal clarity and warrants a minimum application of material. In this respect, the roof competes with the transparent internal wall that divides the glass house. Sheets of toughened glass hanging out from the roof construction are interconnected by means of barely visible shackles and ropes. With its glass cabin and sheeted buttress, panoramic elevator links the entrance floor with the upper level like a room moved vertically, surprising in its powerful structure and redressing the formal balance.

Mega-BauMax, Klagenfurt

Mega-BauMax, Klagenfurt

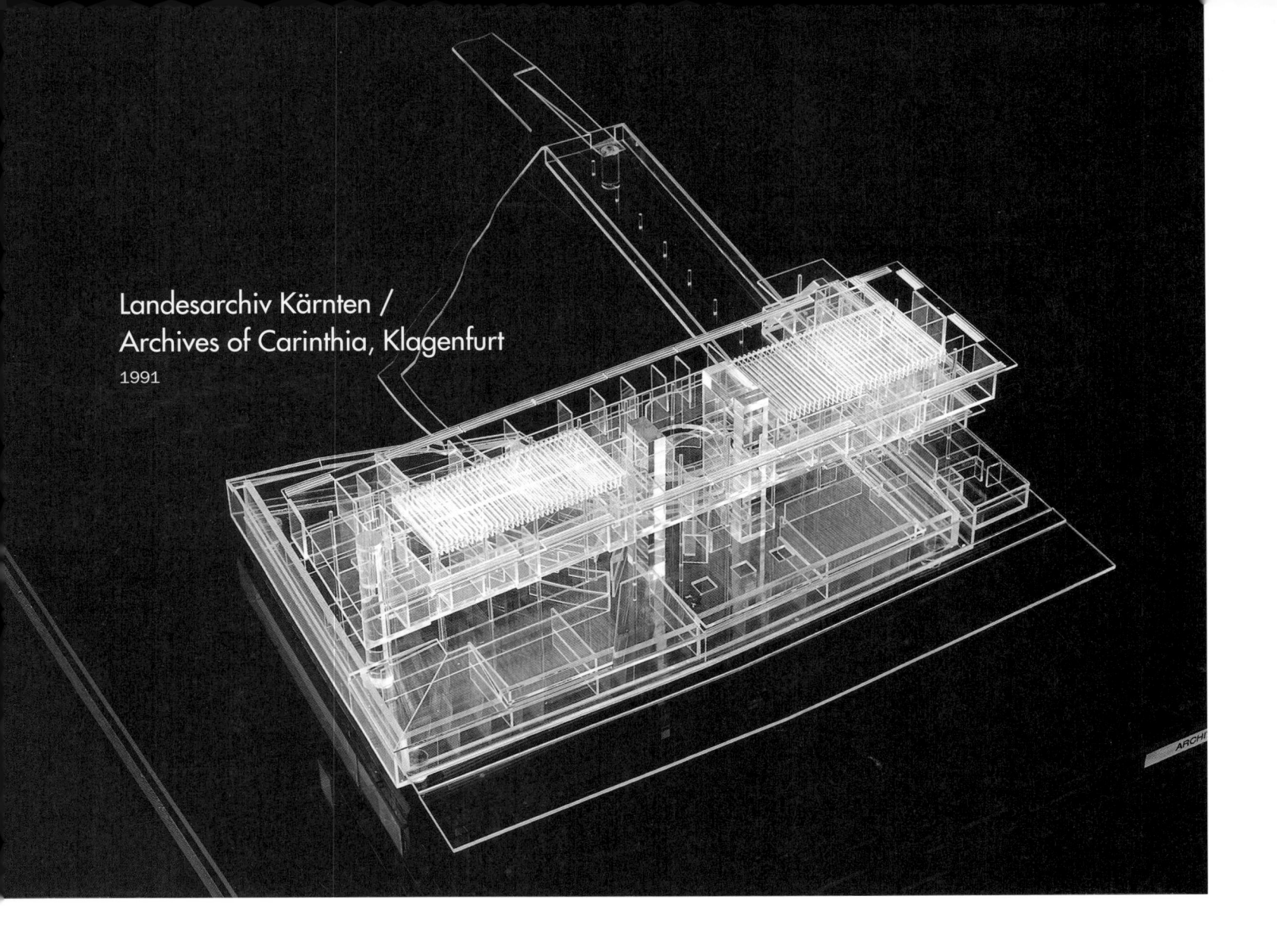

Landesarchiv Kärnten / Archives of Carinthia, Klagenfurt
1991

Die Wahl des genauen Standortes auf einer möglichst hohen Geländestufe folgt dem geotechnischen Gutachten und dem alten Baumbestand des Grundstückes. Funktionell sind Betten- und Operationstrakt entsprechend ihrem unterschiedlichen Inhalt zwei Bauwerke. Der freigeformte Ring des Bettentraktes über zwei bzw. drei Geschosse folgt der Zuordnung der Nutzungen, der Orientierung des Baukörpers nach allen Seiten entsprechend der Ausrichtung und grundrißlichen Gliederung der Räume.

Entsprechend der senkrechten Bettenaufstellung sind Krankenzimmer breitgelagert und hat jeder Patient Ausblick ins Freie. Die spezielle Fassadenkonstruktion und die niedrige Brüstung nehmen darauf Rücksicht. Durch ein Zwischengeschoss, das nur der Erschließung dient, ist der Baukörper vom Boden abgehoben. Der Operationstrakt und die Ambulanzen liegen im Hof des Bettentraktes. Dieses Gebäude verbindet die Zufahrt im Norden mit dem Zugang im Süden und ist an vier Positionen an den umgebenden Bettentrakt angeschlossen

The idea of an urban and landscape project suggested itself in view of the fact that three fourths of this development area are grassland and the adjacent property is made up of park grounds. However, the urbanists' wish was a development to accompany the street. To satisfy both design intentions, the ground floor was designed as an open and public space. On the one hand, it is attached to the Archive construction, since it functions as the major entrance, delivery and supply facility for the building. On the other, it partakes in the urban landscape due to its patency and transparency. Elevated by one meter above street level, a full-facility square can be accessed over ramps and stairs, offering a location for planned and spontaneous events alike. The square is located between the street and the park, above the book depot and beneath the library and restoration workshops. It is both the entrance and vista into the park. Together with the work of another architect, the project was promised a reward, both having won a nationwide two-step competition. Having already been eliminated in the third step, yet another project was nevertheless finally commissioned.

Archives of Carinthia, Klagenfurt

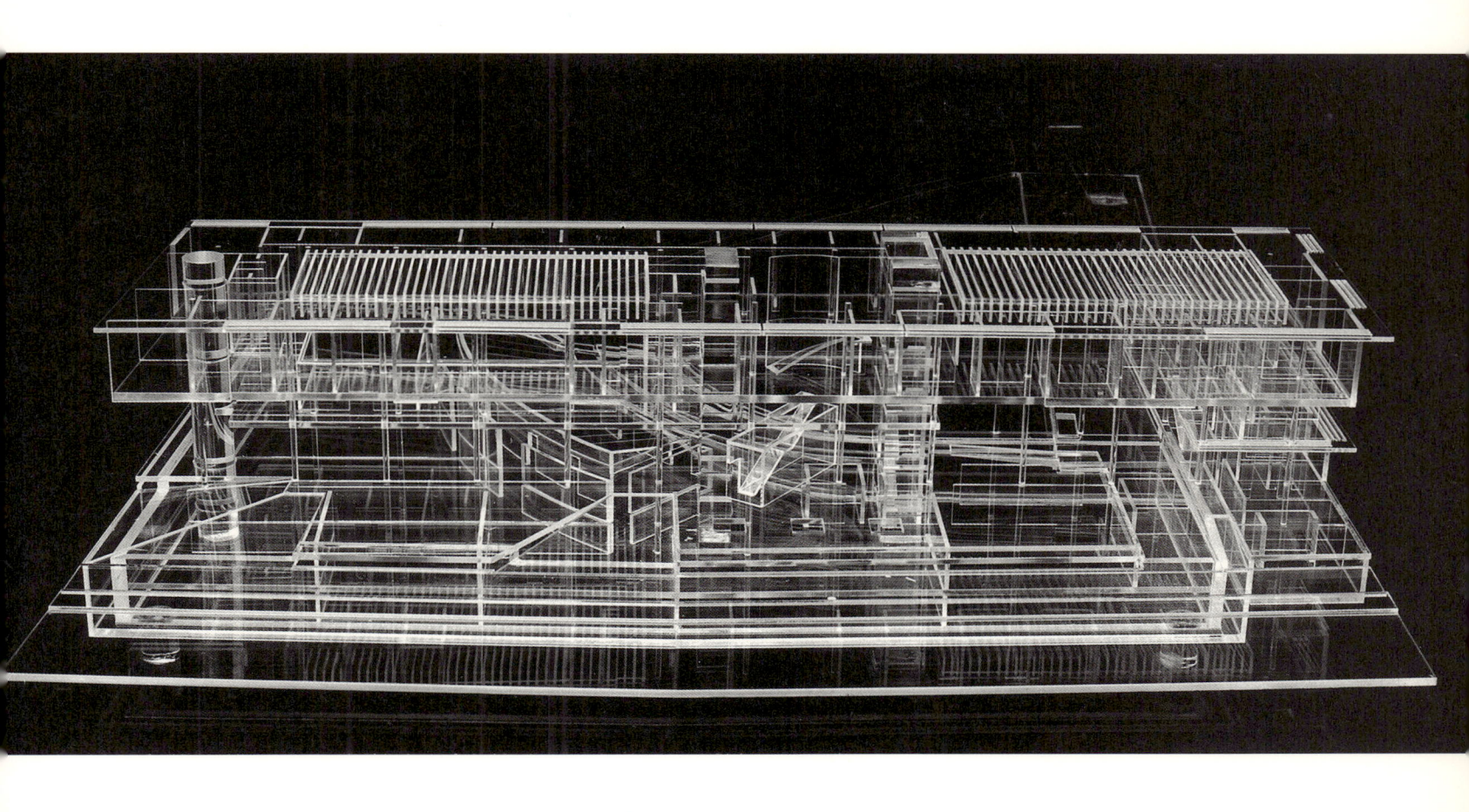

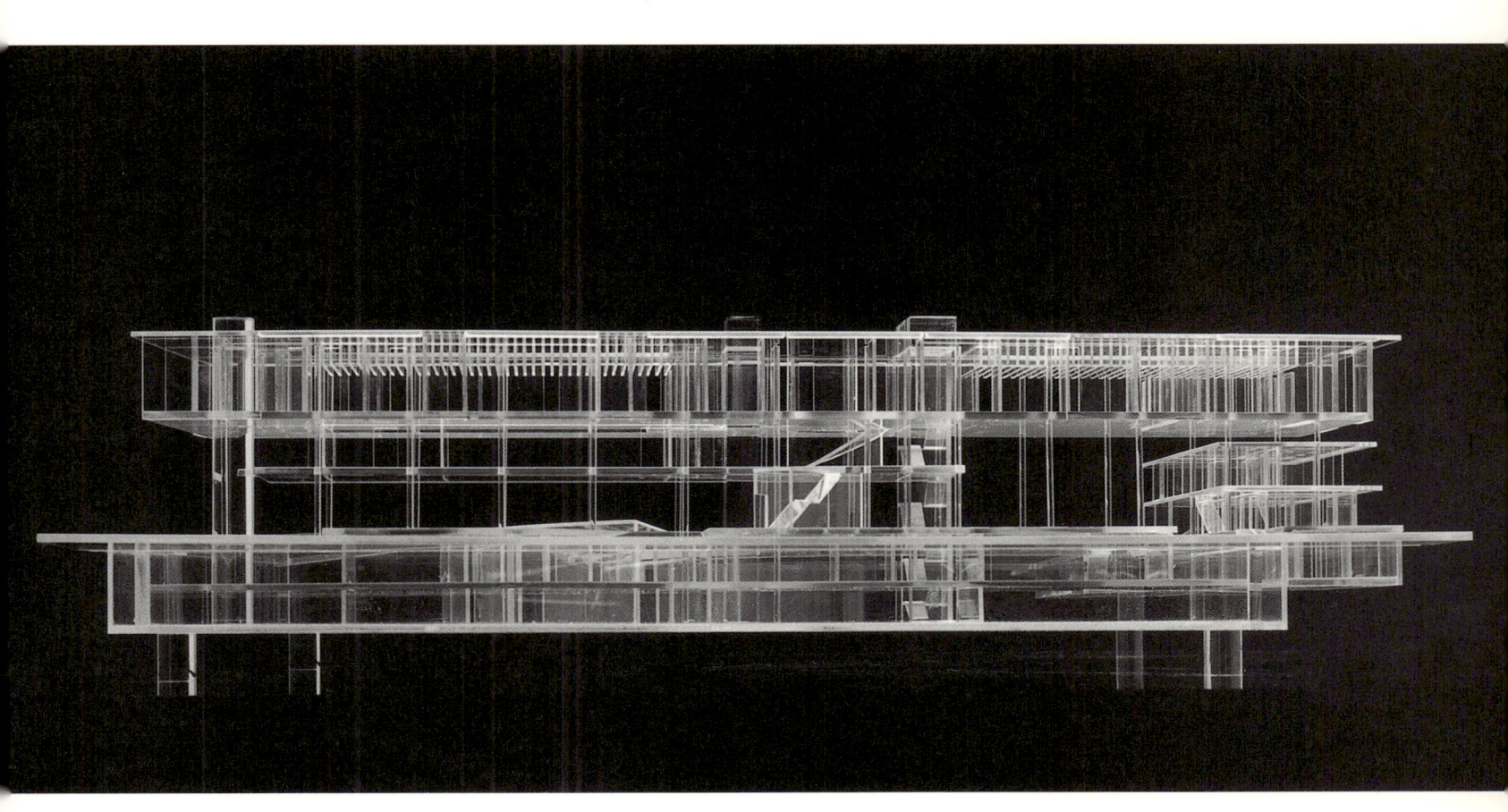

145

Mega-BauMax, Graz
1999

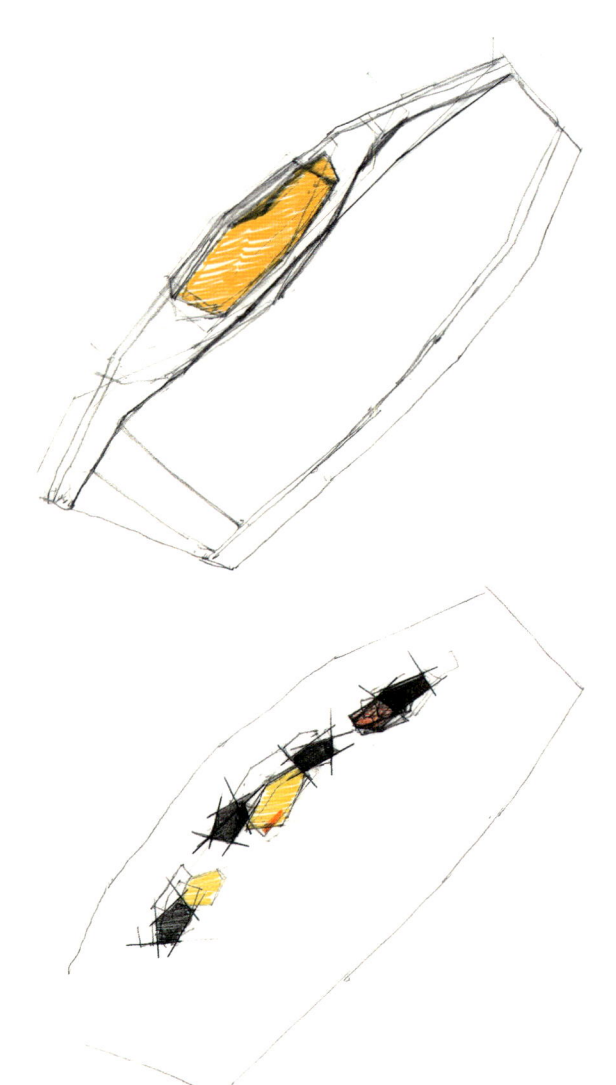

Der Baumarkt stellt sich als längsgestreckter, im Grundriss und Schnitt polygonal geformter Körper dar. Er ist diagonal in das Grundstück gestellt. Alle Funktionen werden auf zwei Geschossen untergebracht. Dabei ist das Obergeschoss wie ein Tisch in den Raum gestellt, ohne Verbindung zur Fassade oder dem Dach. Die Stahlrahmenbinder als primäre Tragkonstruktion werden mit einer äußeren und inneren Schale verkleidet. Leichtmetallbleche wechseln dabei mit großformatiger Verglasung ab, wobei die verglasten Flächen - Eingangszone und Stirnseiten - schräggestellt und zurückversetzt sind, also immer im Schatten liegen. Durch die Schrägstellung der Fassade wird ein überdachter Eingangs- bzw. Zugangsbereich entlang der gesamten Länge des Bauwerks geschaffen. Die überdachte Grundfläche dient im Erdgeschoss als Eingangs-, Verkaufs- und Ausstellungsfläche. Große Lichtöffnungen im Dach und die verglasten Stirnseiten des Bauwerks gewährleisten die notwendige natürliche Belichtung. An zwei Seiten, der Nord- und Ostseite, wird das Bauwerk vom Freigelände des Gartencenters umgeben. Die Südseite dient der Warenanlieferung, die verglaste Westfassade öffnet sich repräsentativ und mit großer Geste dem Besucher. Eine 12 m hohe und 27 m breite Scheibe ragt als Werbemonument in den Straßenbereich.

This department store dealing in building materials, tools and gardening articles presents itself as a longitudinal body with a polygonal ground plan and sections, set on the plot diagonally. All functions are accommodated on two stories, the upper floor resembling a table set into a room and lacking connections to either the facade or the roof. The primary load-bearing understructure consists of steel frame girders that are covered with external and internal shells. Light metal sheets alternate with large-size glasswork, while the paned surfaces - the entrance zone and front sides - are tipped and recessed, and thus permanently shaded. The facade's oblique position offers a roofed entrance, an access area alongside the edifice. The roofed surface area serves as an entrance, a sales and exhibition space. Large light openings in the cladding guarantee the necessary extent of natural lighting, together with the building's paned facades. On two sides, to the north and east, the building is surrounded by the open-air grounds of a garden center. The south side is used for the arrival of goods, and the glazed west facade opens to visitors with an impressive gesture of magnitude. A disk-shaped advertising monument, 12 m high and 27 m wide, projects into the street area.

Mega-BauMax, Graz

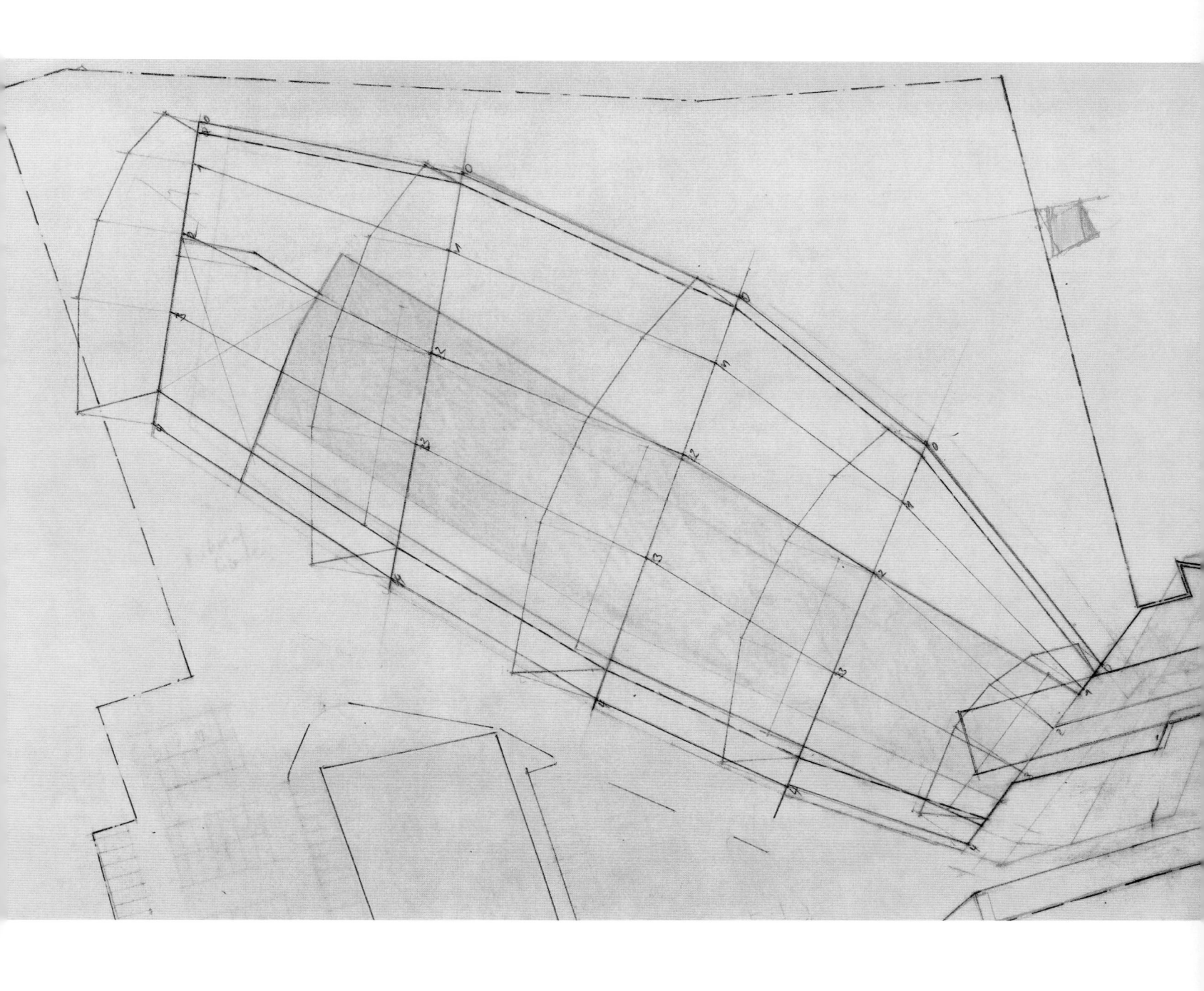

Landeskrankenhaus / Bregenz Hospital
1997-2002

Das Projekt zeichnet sich als Ergebnis eines zweistufigen internationalen Wettbewerbes vor allem durch den Versuch aus, erhöhte hygienische Ansprüche und neue Erkenntnisse der medizintechnischen Versorgung mit Hilfe der Architektur umzusetzen.
Ebenso wird versucht, mit fassadentechnischen und lichtplanerischen Mitteln die Situation der stationären Patienten und des Personals entscheidend zu verbessern. Die Erneuerung und Vergrößerung des Operationstraktes und aller bestehenden Ambulanzen, der Neubau der Intensivstation, der Unfallchirurgischen Abteilung und des Hubschrauberlandeplatzes, der Neubau der Physiotherapie, des Mutter-Kind-Hauses und des Personaltraktes, sowie die umfassende Adaptierung des Altbestandes und der bestehenden Bettenstation an den gegenwärtigen und zukünftigen Standard, verwirklichen einen neuen Typus von Krankenhaus.

The project, the result of a two-step international competition, is distinguished by an attempt to translate into action, by architectural means, the increased hygienic demands and new insights of care emerging from the perspective of medical technology. An attempt is also made to substantially improve the staff's and inpatients' situation by means of facade technology and lighting engineering.
The renovation and enlargement of the operating tract and all present outpatient clinics, the reconstruction of the Intensive Care, Traumatology and Psychotherapy Divisions, the heliport, the mother-and-child house and the personnel tract, as well as the comprehensive adaptation of the existing inpatient unit and other buildings to current and forthcoming standards, altogether act to realize a novel type of hospital.

Bregenz Hospital

Gewächshäuser Botanischer Garten der Universität Graz
Glass Houses for the Botanical Garden – University of Graz

1982–1995

Die Geschichte des Glashauses ist eine Geschichte der Dialektik von konstruktivem Risiko, räumlicher Erfindung und inszeniertem Umgang mit Natur, Abbild einer kulturellen Synthese der Interessen der Forschung, des Schauens, der Lust am Exotischen und dem Reiz der Vielfalt natürlicher und künstlicher Formen. Die Netzwerke artifiziellen Bauens, die filigranen Gespinste, scheinen in ihrer Umschreibung von Raum, mit dem Oszillieren der Begrenzungen, dem Changieren der Oberflächen, den Schichtungen, Überlagerungen, Tiefenwirkungen und ihren ständigen Veränderungen durch die Bewegung des Betrachters mit den Pflanzen selbst zu konkurrieren, die vielleicht mit ihren Strukturen, ihren Farben und Düften, diesen Sinnesrausch erweckt haben. Giencke wählt für das konstruktive Gerüst den Parabelbogen, der bekanntlich als Kettenlinie die größte Annäherung an eine natürliche statische Form darstellt. Aus Gründen der Bauökonomie wird bei allen drei Häusern – mit Ausnahme einer Fragmentierung entlang der Straße – der gleiche Bogen als Element verwendet.

Greenhouse history is a history of the dialectics of constructive risk, spatial invention and staged intercourse with nature, an image displaying a cultural synthesis of interests in research, in looking, in enjoying the exotic and the charms of diverse natural and artificial forms. The networks of artificial construction seem to paraphrase space, with oscillating bounds, charging surfaces, laminations, superimpositions, intensities and resultant, continuous changes depending on observers' movements. These networks, filigree tissues, thereby appear to compete with the plants themselves which in turn have perhaps aroused such sensual frenzy with their structures, colors and fragrances.
As a constructive skeleton, Volker Giencke chose the parabolic arch, the caterary curve known to represent the closest approximation to a natural static form. For reasons of economical engineering, the same arch is put to use as an element in all three houses - with the exception of a fragmentation along the street.

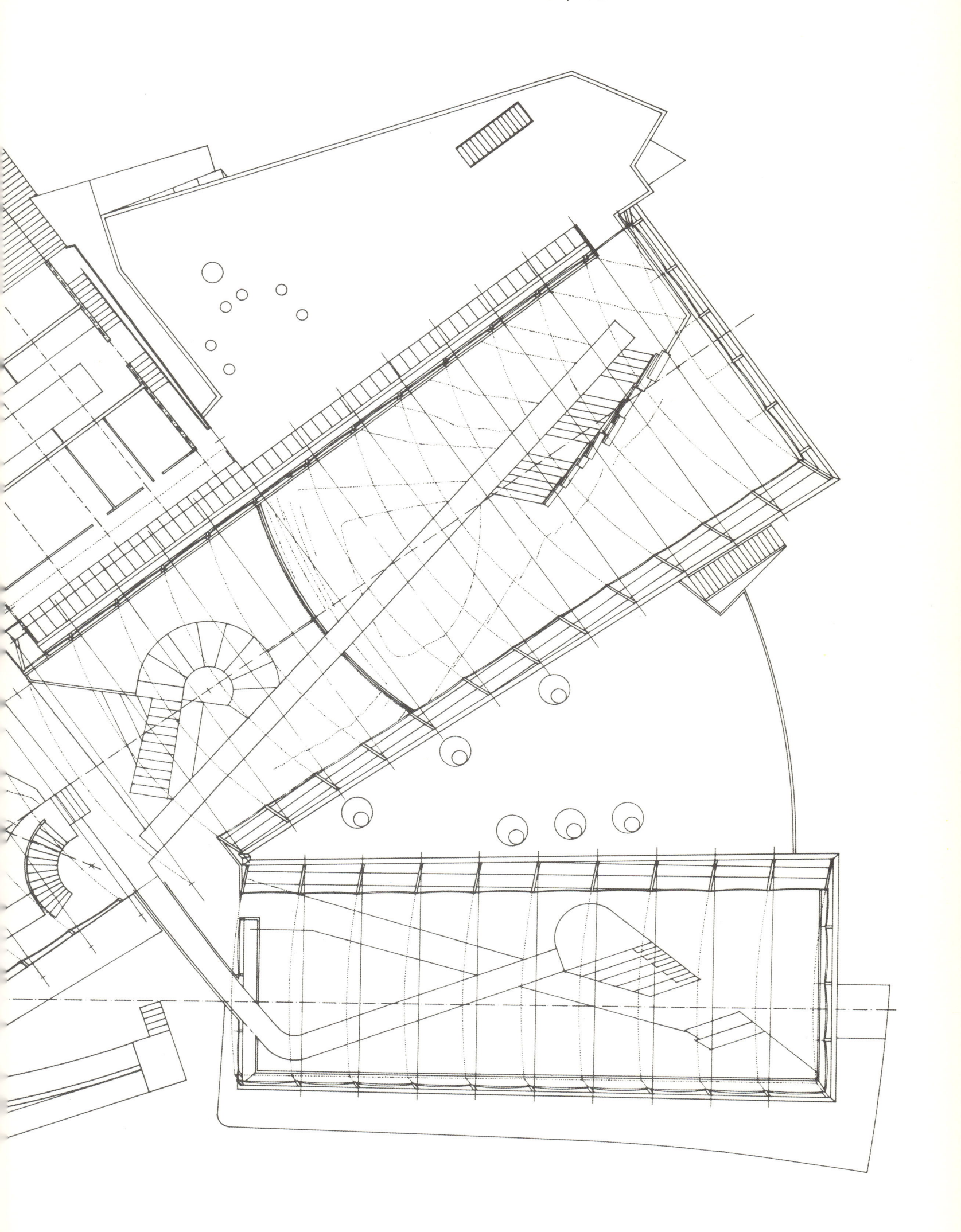

Glass Houses for the Botanical Garden – University of Graz

Gewächshäuser Botanischer Garten der Universität Graz

Der Unterschied zwischen dem Tropen- oder Warmhaus, dem Kalthaus und dem Temperierthaus liegt also in den Schnitten der sich daraus ergebenden Parabel-Zylinder und ihrer damit verbundenen Lage – Neigung – zum Boden. Diese Volumen hängen wiederum von den Pflanzengrößen ab, d.h. sie unterliegen ganz konkreten funktionalen Bindungen. Durch die konzentrische Durchdringung oder tangentiale Berührung der Volumen entsteht eine absolut neue, faszinierende Raumsituation, die jedoch genau genommen auf einer strengen Geometrie und der "semimaterialen" Erscheinung der Aluminiumkonstruktion beruht. Da die Bogen-Rohrkonstruktion gleichzeitig wasserführend, also als Heizung ausgebildet ist, entsteht ein "natürlicher" Konflikt zwischen der Leistung als Konstruktion und als Gerät.	The difference between the tropical or warm house, the cold house and the moderate-temperature unit thus lies in the sections of resulting parabolic cylinders and their corresponding - inclined - position to the ground. In turn, these volumes depend on the sizes of plants, i.e. they are subject to quite concrete formal commitments. An absolutely novel, fascinating spatial situation, actually based on a strict geometry and the "semimaterial" appearance of an aluminum construction, is created through the volumes' concentric penetration or tangential contact. Since the arch-plus-tube construction at once serves to discharge water (it is constructed as a heating facility), a "natural" conflict is generated between its application as a construction and a tool.

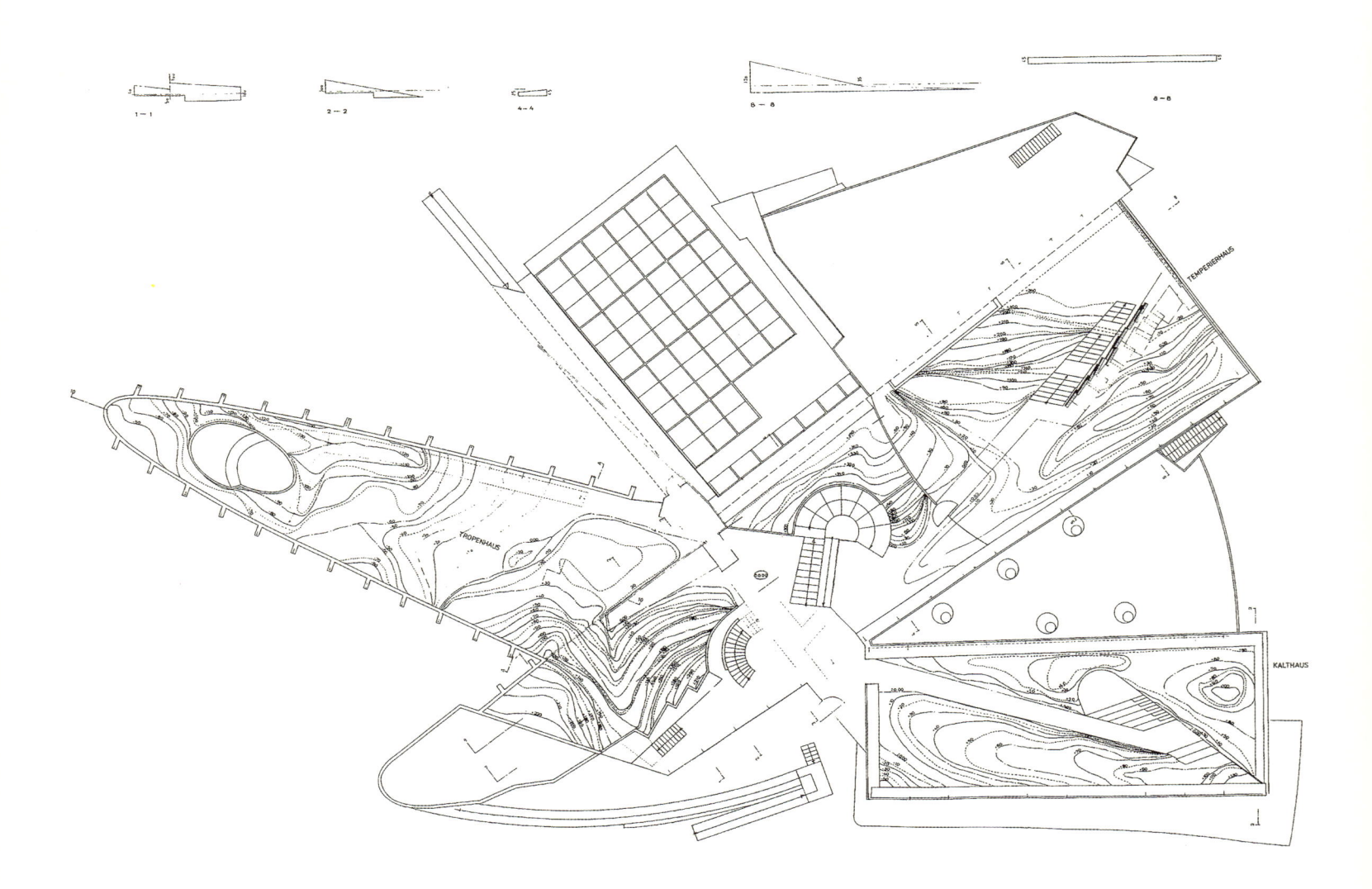

Glass Houses for the Botanical Garden – University of Graz

Die architektonisch konzipierte größere Distanz der Rohre ist der amtlichen Bauabwicklung zum Opfer gefallen, so dass der Betrachter mit den visuellen Grenzen der Hochtechnologie allein gelassen wird. Zum Trost des Architekten kann man aber feststellen, dass es sich hier, unter den neuen Bedingungen der Materialien Aluminium und Acrylglas, auch um ein Neuland für die Sehgewohnheiten handeln muss, kurz, die großen Flächen, die Tendenz zur visuellen "Verflüchtigung" des Aluminiums, verlangen nach einer gewissen optischen Resistenz des Gerüstes. Neue Gewächshäuser sind Stätten der Forschung und der sinnlichen Anschauung, der rationalen Begegnung mit der Natur oder der arglosen Perzeption ihrer selektiven Schönheit, die auch in einem modernen Glashaus nicht nur der Kunst begegnet, sondern in sie überführt wird.
(Friedrich Achleitner)

The architectural concept of a larger distance between the tubes fell a victim of the authorities' contract administration, so that observers are left alone with the visual limitations of high technology. As a consolation for the architect, however, this circumstance is also to be seen as breaking fresh ground for visual habits, under the new conditions of such materials as aluminum and acrylic glass. In short, the large surfaces, the tendency to visually "volatilize" aluminum, call for a certain optical resistance on the part of the skeleton. New greenhouses are sites of research and sensual conception, of rational encounters with nature or of unsuspecting perceptions of its selective beauty, serving to encounter art, but also to transpose into art.
(Friedrich Achleitner)

Gewächshäuser Botanischer Garten der Universität Graz

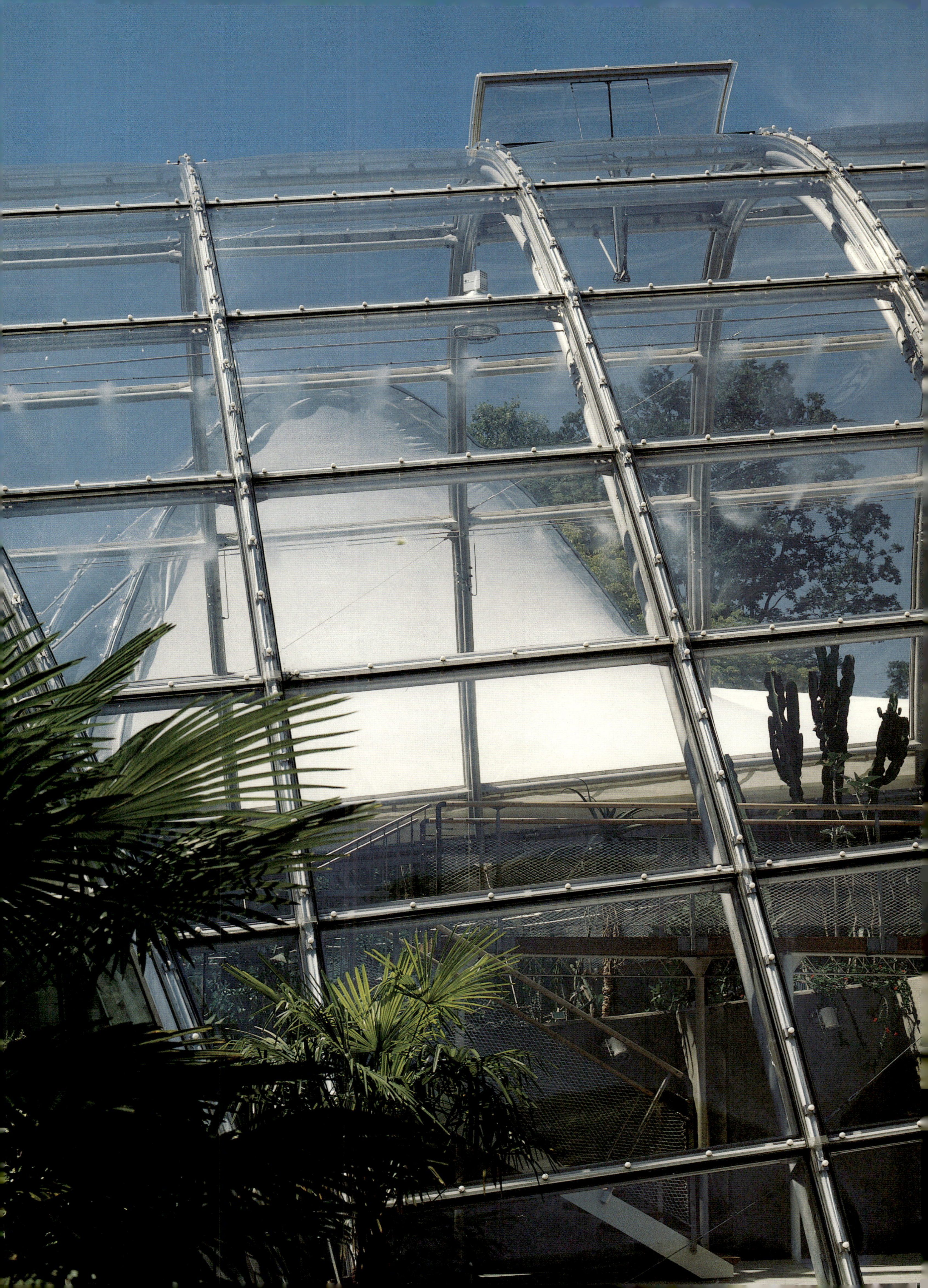

Gewächshäuser Botanischer Garten der Universität Graz

Glass Houses for the Botanical Garden – University of Graz

Gewächshäuser Botanischer Garten der Universität Graz

Glass Houses for the Botanical Garden – University of Graz

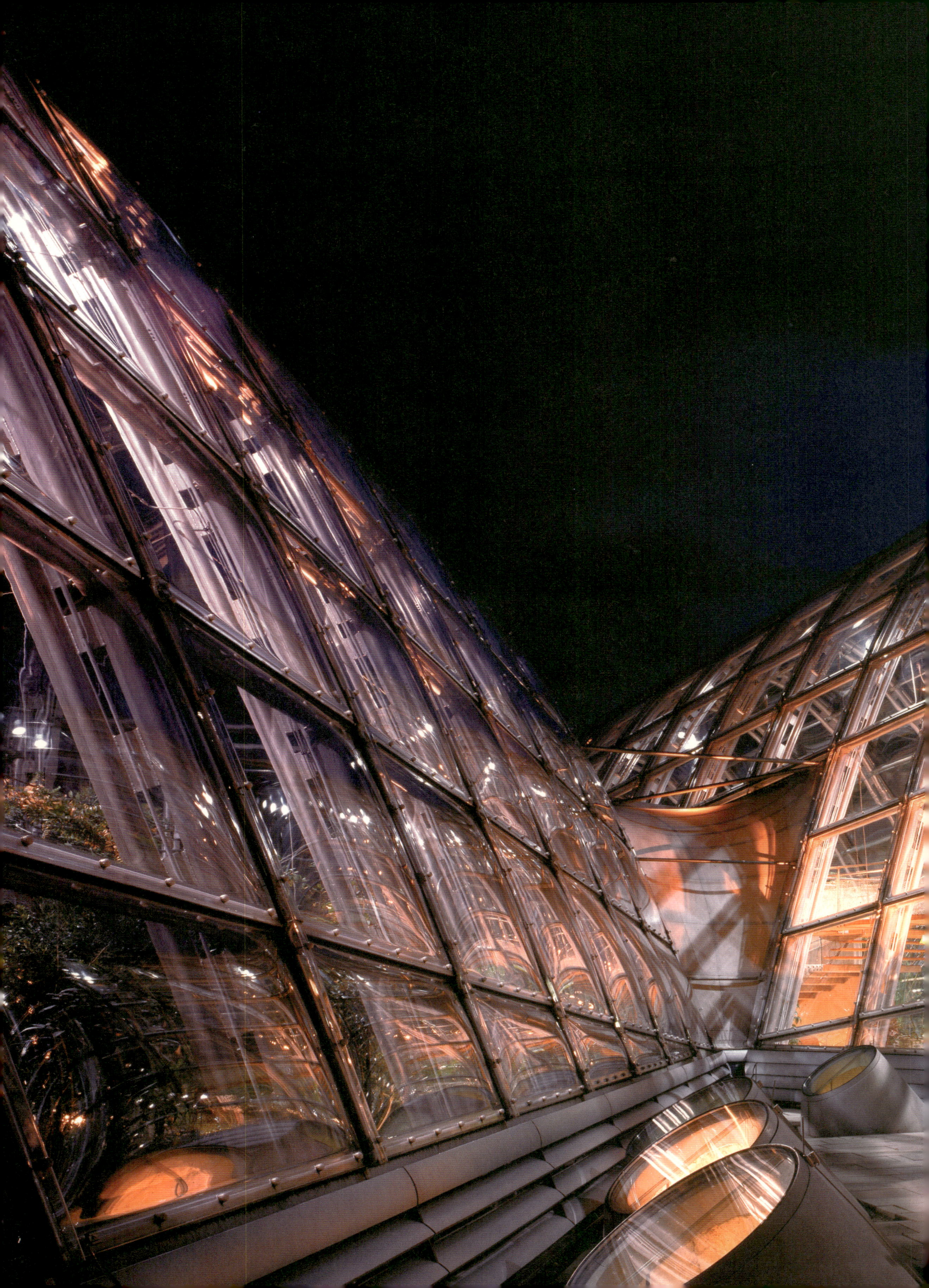

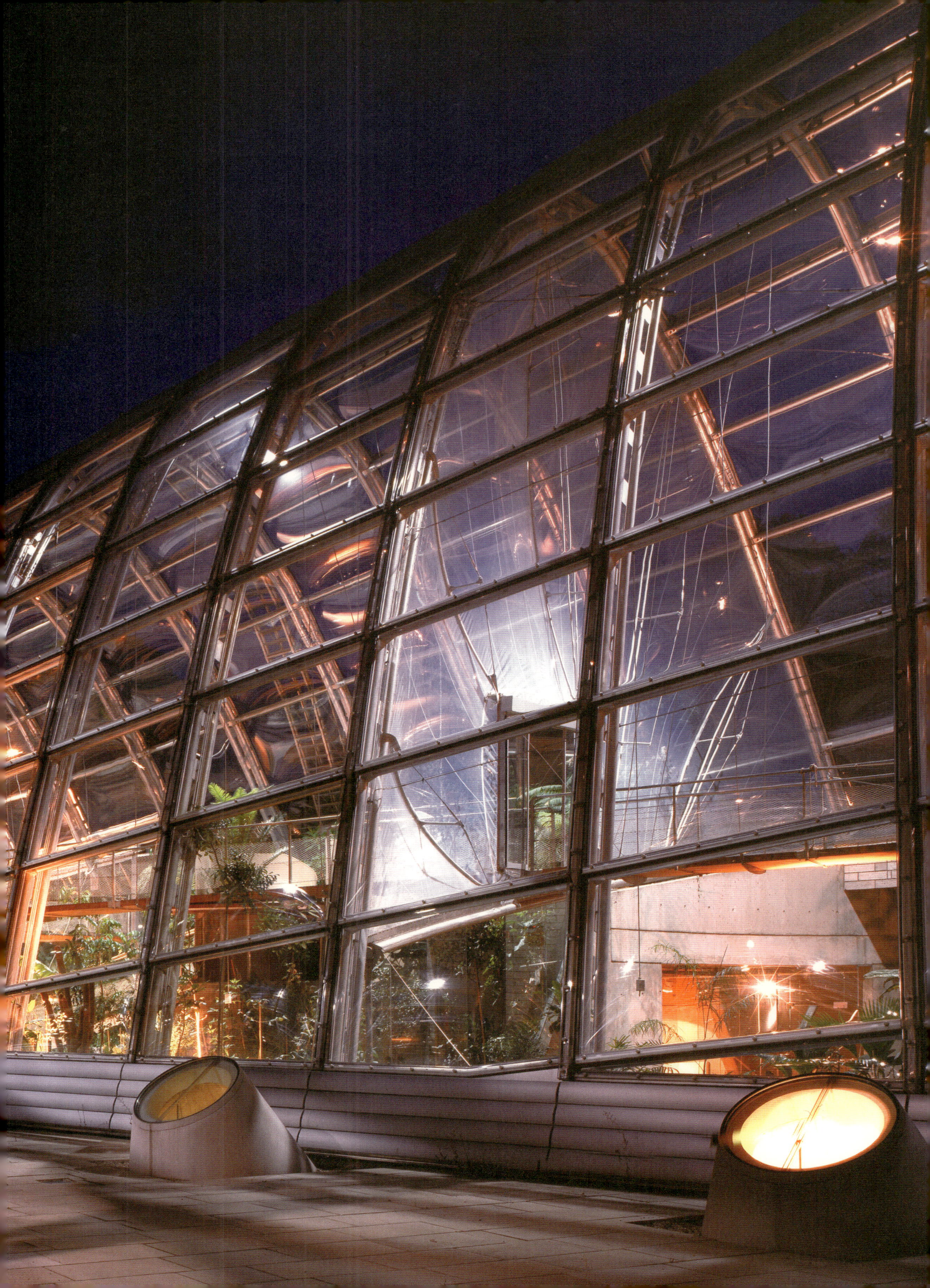

Biographie / Biography

Volker Giencke

1947 in Wolfsberg/ Kärnten geboren. Architektur- und Philosophiestudium in Graz und in Wien. Mitarbeit bei Merete Mattern und Günther Domenig. Architekturbüro in Graz seit 1981. Architekturbüro 1992 in Sevilla. Professor für Entwerfen an der Universität Innsbruck. Davenport - Professor Yale, Gastprofessor in London, Nancy, Hamburg etc. Ehrenmitglied des Bundes Deutscher Architekten. Mitglied und Miteigentümer der Gesellschaft Mies Bar der Rohe, Sevilla.

Josef-Frank-Preis, Friedrich-Zotter-Gedächtnispreis, Staatsstipendium für bildende Kunst, Preisträger im Shinkenshiku-Residential-Design-Comp., Stipendium der Akademie der Künste Berlin - Arbeit im Scharoun- Archiv, Großer Österr. Wohnbaupreis, Preisträger Constructec- Preis 1995, Mensch-im-Raum-Preis 1995, Preis der ZV '87, '91, '94 und '98, Architekturpreis von Steiermark 1987, 1998, Architekturpreis von Kärnten 1991, 2000.

Forum Stadtpark Graz 1976, Künstlerhaus Graz 1981, Steirischer Herbst 1984, Biennale de Paris 1985, Kunsthalle Berlin 1988, Hochschule der Künste Berlin 1989, Haus der Architektur Graz 1989, Expo '92 Sevilla 1992, Biennale Venedig 1993, Buenos Aires - New York - Berlin - Wien 1993, Treiber Museum Graz 1998, New York Academy of Arts 1999, Museum van Hedendaagse Kunst Antwerpen 1999.

"Arquitectura como Compromiso", Buenos Aires 1991 – "City of Future", HdA Graz 1992 – "View of the Future", HdA Graz 1992 – "Architettura e Spazio Sacro nella Modernita", Venedig – "Sarajewo 2000 – Project", Europaforum Wien 1996 – "Architecture in the Spirit of Times", Bombay 1997 – "Kultur und Wirtschaft", St. Veit 1997 – "The Responsibility of Form", Piran 1998 – "Skelett und Haut", Essen 1998 – "Ästhetik", HdA Klagenfurt 1999 – "The Organic Approach", Pratt Institute, NY 1999 – "Mountains and Microclimates", ACI London, University of North London, Neue Galerie Graz, 1999 – "Toppings", Ex-arch Innsbruck 1999 – "The Ethical Function of Architecture", Innsbruck 2000

Born in Wolfsberg, Carinthia, in 1947. Studied architecture and philosophy in Graz and Vienna. Collaborated with Merete Mattern and Günther Domenig. Studio in Graz since 1981, and in Seville in 1992. Professor of Design at the University of Innsbruck. Davenport Professor at Yale, Visiting Professor in London, Nancy, Hamburg, etc. Honorary Member of the Bund Deutscher Architekten, member and coowner of the Mies Bar der Rohe Association in Seville.

Josef Frank Prize, Friedrich Zotter Memorial Award, State Grant for Fine Arts, Prizewinner of the Shinkenshiku Residential Design Comp., Scholarship of the Berlin Academy of Arts – worked at the Scharoun Archives, Grand Austrian Award for Residential Building, Constuctec Prizewinner – Prize 1995, "Mensch-im-Raum" Prize 1995, Prize of the ZV '87, '91, '94 and '98, Styrian "Architekturpreis" 1987, 1998, Carinthian "Architekturpreis"1991, 2000.

Forum Stadtpark Graz 1976, Künstlerhaus Graz 1981, steirischer herbst 1984, Biennale de Paris 1985, Kunsthalle Berlin 1988, Berlin Academy of Arts 1989, Haus der Architektur Graz 1989, Expo '92 Seville 1992, Biennale Venice 1993, Buenos Aires – New York – Berlin – Vienna 1993, Treiber Museum Graz 1998, New York Academy of Arts 1999, Museum van Hedendaagse Kunst Antwerp 1999.

"Arquitectura como Compromiso", Buenos Aires 1991 – "City of the Future", Haus der Architektur Graz 1992 – "View of the Future", Haus der Architektur Graz 1992 – "Architettura e Spazio Sacro nella Modernità", Venice – "Sarajewo 2000 – Project", Europaforum Vienna 1996 – "Architecture in the Spirit of the Times", Bombay 1997 – "Kultur und Wirtschaft", St. Veit 1997 – "The Responsibility of Form", Piran 1998 – "Skelett und Haut', Essen 1998 – "Ästhetik", Haus der Architektur Klagenfurt 1999 – "The Organic Approach', Pratt Institute NY 1999 – "Mountains and Microclimates", ACI London, University of North London, Neue Galerie Graz 1999 – "Toppings", Ex-arch Innsbruck 1999 – "The Ethical Function of Architecture", Innsbruck 2000.

Bibliographie

Bücher und Kataloge

"Zum Wohnbau" Domenig & Huth, Herausgeber: Domenig & Huth, Graz 1973

"Architektur aus Graz", 1981, Herausgeber: Zentralvereinigung der Architekten, Landesverband Steiermark, Ausstellungskatalog Künstlerhaus Graz

"Bauen in Österreich", Herausgeber: J. Kräftner / G. Riha, Wien 1983 (Schiffswerft, Wörthersee)

"Moderne Architektur in Österreich", Herausgeber: Friedrich Achleitner, Wien 1984. "Reflexionen und Aphorismen zur österreichischen Architektur", Idee und Konzept: Viktor Hufnagel, Herausgeber und Verleger: Bundes- Ingenieurkammer Bundesfachgruppe Architektur, Wien 1984, ISBN 3-85367-040-7 (Rote Bühne, Graz)

"Architekturinvestitionen" Forum Stadtpark, Graz 1984

"Die neuen Glashäuser im Botanischen Garten in Graz", V. Giencke, Graz 1984

"Architekturvisionen im Steirischen Herbst", Herausgeber: S. Dimitriou, Graz 1984

"Biennale de Paris, Architecture 1985", Herausgeber: Pierre Mardaga, ISBN 2-87009-228-8 (Rote Bühne, Graz)

"Wohnbau in der Steiermark 1980-1986", Graz 1986

"Vue de l'intérieur", P. Mardaga, Hrsg. Biennale Paris 1986

"One-Family-House in Wood", Herausgeber: S. Bernik, Laibach 1986

"Architekturszene Graz - Ansichten 1986", Postkarten - Edition Forum Stadtpark Graz

"Artists's Statement", Herausgeber: R. Kriesche, Wien 1987

European Masters Annual of Commercial Spaces 1+2, Herausgeber: Edicione Atrium, Barcelona 1987

"Die Radikalisierung der Phantasie, Design in Österreich", Gabriele Koller, Herausgeber: Hochschule für Angewandte Kunst in Wien, Residenz Verlag, Salzburg und Wien 1987, ISBN: 3-7017-0511-9

"Architektur in Graz 1980-1987", Verlag Droschl, ISBN: 3-201-01307-2 (Rote Bühne, Graz; "Ein Haus für Studenten", Lendplatz - Graz; Haus Benedek, Graz; Maxonus, Graz)

"Ottogono 88, Going backwards towards the Future", Mailand 1988

"Berlin – Denkmal oder Denkmodell?", Herausgeber: K.Feireiss, Berlin 1988

"Indianer", G. Celedin + V. Giencke, Graz 1988 Herausgeber: Stadtmuseum Graz

"Peripherie" - direct encounter, Herausgeber: Haus der Architektur, Graz 1988

"Österreichische Architektur im 20. Jahrhundert", Friedrich Achleitner, Band II - Kärnten, Steiermark, Burgenland, Verlag: Residenz, Herausgeber: Museum Moderner Kunst Wien, ISBN: 3-7017-0322-1

"Moderner Holzbau" in der Steiermark, Verlag: Akademische Druck- u. Verlagsanstalt, Graz 1989, ISBN: 3-201-01504-0 (Haus Benedek, Graz; Haus Reischl, Steiermark)

"Bauen und Landschaft", Gerda Missoni, Graz 1989, Herausgeber: Steiermärkische Landesregierung

"Von der Wirkung des Geistes über die bauliche Herstellung", Text: V. Giencke, Graz 1989

"Writing Architecture, Fantomas Fragments Fictions", Finnland, USA 1989

"An architectural journey through the 20th century", Text und Design: Roger Connah, Erstauflage: Rakennuskirja oy, The building book LTD, Englische Ausgabe: The MIT Press, Cambridge, Massachusetts 02142, USA. ISBN: 0-262-031164-7

"Je einfacher die Form, desto größer die Herausforderung", Herausgeber: Christo Grigorow, Graz (Ausstellungs- Büro- und Lagerhalle Odörfer, Klagenfurt)

"EXPO '92 in Seville, Projects and Works", 1990

"New Spirit in Architecture", London 1990 Herausgeber: Peter Cook, Rosie Llewellyn-Jones, Verlag: Rizzoli New York. ISBN: 0-8478-1263-4, 0-8478-1264-2 (pbk)
Deutsche Ausgabe: "Neuer Geist in der Architektur" 1991, Verlag: Wieser, Basel, ISBN: 3-909158-60-9 (Haus Benedek, Graz; Maxonus, Graz; Gewächshäuser im Botanischen Garten der Universität Graz)

"Architektur und Industrie", Herausgeber: Jan Tabor/Regina Haslinger, Wien 1991 (Ausstellungs- Büro- und Lagerhalle Odörfer, Klagenfurt)

"Lebendige Altstadt, Erfahrungen und Ausblicke am Beispiel Graz", Herausgeber: Friedrich Bouvier und Hasso Hohmann, Herausgeber: Leopold Stocker Verlag Graz-Stuttgart 1991, ISBN: 3-7020-0622-2 (Ausstellung Indianer, Graz; "Ein Haus für Stundenten", Lendplatz 23, Graz)

"Du hast nichts anderes als dein Leben". Text: Volker Giencke in "Die Brücke" 2/91, Kulturzeitschrift-Kärnten

"Im Gespräch zwischen Baum und Architektur", Herausgeber: Mario Terzic, Böhlau Verlag Wien-Köln-Weimar 1991, ISBN 3-205-05436-9 (Gewächshäuser im Botanischen Garten der Universität Graz)

"Der Standard", Österreichische Tageszeitschrift, Herausgeber: Oskar Bronner. Artikel über EXPO 1992, Volker Giencke, Wien 1992

"EXPO '92 Austria-un impulso vital en Europe", Wien 1992

"The Future of the City" Volker Giencke, Graz 1992 - Sommerwerkstatt

"Die Zukunft ist jetzt", Text: Volker Giencke, Graz 1992

"The Colour Orange", Text: Roger Connah, London 1992 (Ausstellungs- Büro- und Lagerhalle Odörfer, Klagenfurt)

"V.G. Botanische Gewächshäuser", Friedrich Achleitner, Wien 1992

"The New Austrian Architecture", Herausgeber: Frank Dimster, Verlag Rizzoli International Publications Inc. Los Angeles, USA

"Architektur in Kärnten", Herausgeber: Beny Meier, Ritter Verlag, Klagenfurt 1992

"Architektur als Haltung" Graz 1992, Herausgeber: Steiermärkische Landesregierung, Landesbaudirektion FA IVa (Gewächshäuser im Botanischen Garten der Universität Graz)

"Architektur wahrnehmen", Margerita Krischanitz (Bau Art 3) Wien 1992 (Ausstellungs- Büro- und Lagerhalle Odörfer, Klagenfurt)

"Architettura e spazio sacro nella modernità", Biennale di Venezia 1992. (Kirche Aigen im Ennstal, Steiermark)

"Neue Ritualbauten der drei monotheistischen Weltreligionen", Dtsch. Ges. f. christl. Kunst, München 1993

"Architettura e Spazio Sacro nella modernità", Royal Institute of British Architects RIBA

"Sprechen über Architektur", Wien 1993, Herausgeber: Zentralvereinigung der Architekten Österreichs

"Wohnbau in der Steiermark 1986-1992", Herausgeber: Ziviltechniker Forum, Graz 1993, Verlag: Architektur Aktuell, Fachjournal-Verlagsges.m.b.H. ISBN: 3-9500237-0-4 (Haus Treiber, Graz; Dachbodenausbau Grazbachg., Graz; Stadtsanierung Knittelfeld, Steiermark; Wohnen mit Holz Zeltweg, Steiermark; WB Studentenheim WIST Graz; Wohnbau Carl-Spitzweg-Gasse, Graz)

"Architektur Steiermark / Architecture Styria 1983-1993" Graz 1993, Herausgeber: Zentralvereinigung der Architekten Österreichs - Landesverband Steiermark, Verlag: Droschl Graz, ISBN 3-85420-146-X (Kirche Aigen im Ennstal, Steiermark)

"International Interiors 3" 93/94, Bangert / München (Ausstellungs- Büro- und Lagerhalle Odörfer, Klagenfurt)

"International Interiors 4", Lucy Bullivant, London 1993 (Ausstellungs- Büro- und Lagerhalle Odörfer, Klagenfurt)

"Neue Häuser", Herausgeber: Margherita Spiluttini, Wien 1993 (Ausstellungs- Büro- und Lagerhalle Odörfer, Klagenfurt)

"Einfamilienhäuser aus Holz", Herausgeber: Holger Rainers, München 1993. (Haus Benedek, Graz)

"Architecture as Commitment", Styrian Architecture 1986-1992, Herausgeber: Haus der Architektur Graz 1993, ISBN: 3-901174-09-5. (Gewächshäuser im Botanischen Garten der Universität Graz, Ausstellungs- Büro- und Lagerhalle Odörfer, Klagenfurt; Kirche Aigen im Ennstal, Steiermark; Haus Reischl, Steiermark)

"Hans Scharoun", Bremerhaven 1993

"The Best in Leisure and Public Architecture", Herausgeber: Alan Phillips, Batsford / London 1993 (Kirche Aigen im Ennstal, Steiermark; Glashäuser im Botanischen Garten der Universität Graz)

"Experimentelle Architektur 1" Innsbruck 1994, Herausgeber: Volker Giencke, Institut für Hochbau und Entwerfen

"Hubert Hoffmann, Festschrift zum 90. Geburtstag", Dessau 1994, Text von Volker Giencke: "Ein Maler, Architekt, Städteplaner, Literat", Herausgeber: Bauhaus Dessau, ISBN 3-910022-00-6

"Industriearchitektur in Europa", H.C.Schultz Constructec-Preis 1994, Hannover 1994 (Ausstellungs- Büro- und Lagerhalle Odörfer, Klagenfurt)

"Österreich" - Arch. im 20. Jhdt., Herausgeber: Deutsches Architekturmuseum - DAM, Frankfurt am Main, 1995

"Neues Bauen heute" Europ. Arch. der Neunziger Jahre, Herausgeber: Architekturzentrum Wien, Wien 1995

"581 Architects in the World", Japan, Erstausgabe: Japan Dez. 1995, TOTO Shuppan, Herausgeber: TOTO Nogizaka Bldg.,2F,1-24-3. ISBN: 4-88706-129-3 (Gewächshäuser im Botanischen Garten der Universität Graz; Ausstellungs- Büro- und Lagerhalle Odörfer, Klagenfurt; Doppelturnhalle Kepler Gymnasium, Graz; Kirche in Aigen im Ennstal)

"Primer", London 1996, Herausgeber: Peter Cook, - Academy Editions

"Angemessenheit der Mittel?", Graz 1996, Herausgeber und Verlag: Haus der Architektur Graz, ISBN: 3-901174-20-6

"Individuelle Einfamilienhäuser unter DM 500.000,-", Herausgeber: Holger Reiners, Callwey, München 1996

"Der Grazer Campus", Univ.-Doz. Mag.Dr.A. Kernbauer, 1996 (Gewächshäu-ser im Botanischen Garten der Universität, Graz)

"Schule und Architektur" Graz, Herausgeber: Landesschulrat für Steiermark und Steiermärkische Landesregierung, Fachabteilung IVa - Hochbauamt (Doppelturnhalle Kepler Gymnasium, Graz)

"Achtung Architektur", Herausgeber: Eeva Liisa Pelkonen, Deutsche Ausgabe: Ritter Verlag Klagenfurt 1996, Österreich, ISBN 3-85415-185-3
Englische Ausgabe: The MIT Press, Cambridge Massachusetts, ISBN 0-262-16159-1 (Wohnbau Carl-Spitzweg-Gasse, Graz; Gewächshäuser im Botanischen Garten der Universität Graz; Kirche in Aigen im Ennstal, Steiermark; Ausstellungs- Büro- und Lagerhalle Odörfer, Klagenfurt; Rote Bühne, Graz; Hotel "Speicher Barth", Ostsee, Deutschland; Haus Benedek, Graz; Haus Treiber, Graz; Haus Reischl, Steiermark)

"Dictionnaire de L'Architecture du XXE-siecle", Institut Francais d'Architecture, Paris 1996, Verlag: Editions Hazan

"Österreichischer Schulbau", Herausgeber: Diether S. Hoppe, 1996 (Doppelturn-halle Kepler Gymnasium, Graz)

"Styrian Window" Christiane Steinle/ Alexandra Foitl, Herausgeber: Neue Galerie des Landesmuseums Steiermark 1997

"Multiunit Housing", Barcelona 1997, Herausgeber: LINKS international. ISBN: 4-938812-92-4 (Wohnbau Carl-Spitzweg-Gasse, Graz)

"New Architecture" Spanien 1997, Verlag: Atrium International, Ganduxer 115, 08022 Barcelona, ISSN: 1137-2605 (Glashäuser im Botanischen Garten, Graz)

"The Ethical Function of Architecture", USA 1997, Herausgeber: The MIT Press, Cambridge, Massachusetts 02142, Autor: Karsten Harries. ISBN: 0-262-08252-7 (Rote Bühne, Graz)

"Graz - Kommunaler Wohnbau 1982-1997", Herausgeber: Magistrat Graz, MA 21W ("Ein Haus für Studenten", Lendplatz)

"Architektur:Physis", Innsbruck 1998, Herausgeber: Volker Giencke, ISBN: 3-901869-01-8

"Autohaus Horizonte", 1998, Herausgeber: Aral Lubricants GmbH, Bochum. Architekturwettbewerb "Autohaus der Zukunft"

"Rhododendron-Park und Rhodarium Bremen, Erlebnispark Artenvielfalt", Herausgeber: Freie Hansestadt Bremen 1998, ISBN: 3-933229-03-0 (kart) (Rhodarium Bremen)

"Skelett und Haut", Symposium interdisziplinär, Universität Essen 1998, Herausgeber: Bernd Baier, Text von Volker Giencke: "Topological Structures- Operational Landscapes"

"Dialogues in Time", Graz 1998, Hausgeber: Peter Blundell Jones, Verlag: Haus der Architektur, Graz, ISBN: 3-901174-36-2, (Wohnbau Carl-Spitzweg-Gasse, Graz; Gewächshäuser im Botanischen Garten der Universität Graz; Kirche in Aigen im Ennstal, Steiermark; Ausstellungs- Büro- und Lagerhalle Odörfer, Klagenfurt; Rote Bühne, Graz; Hotel "Speicher Barth", Ostsee, Deutschland; Haus Benedek, Graz; Haus Treiber, Graz; Haus Reischl, Steiermark)

"Metallbau Treiber ... über 100 Jahre", Graz 1998, Herausgeber, Verlag: Metallbau Treiber, ISBN: 3-9500806-0-0, (Rote Bühne, Graz; Ausstellungs- Büro- und Lagerhalle Odörfer, Klagenfurt; Haus und Atelier Schönbrunngasse, Graz; Gewächshäuser im Botanischen Garten der Universität Graz; Hotel "Speicher Barth", Ostsee, Deutschland)

"Freie Universität Bozen/ Bolzano, Architekturwettbewerb für den Hauptsitz", Italien, Verlag: Folio Verlag Wien, Bozen 1998, ISBN: 3-85256-105-1, 88-86857-06-3, (Wettbewerbsbeitrag)

"Ein Bau für die Bildung" – "Una costruzione per la cultura", Planungswettbewerb Freie Universität Bozen, Standort Brixen, Herausgeber: Autonome Provinz Bozen - Südtirol, Abteilung VI Bauten und Vermögensverwaltung, 1998 (Wettbewerbsbeitrag)

"Bauen in Europa" Österreichische Architekten im Europa des 20. Jahrhunderts, Österreich, Frankreich, Herausgeber: Springer Verlag/ Wien, New York 1998 (EXPO '92, Sevilla; Museum of Contemporary Art, Helsinki; Hotel "Speicher Barth", Ostsee, Deutschland), Ausstellungskatalog zur Ausstellung: "Architectes autrichiens en Europe au Xxème siècle"

"Holz-Wohnhäuser" International Projects, Herausgeber: Dworschak/ Wenke, Verlag für Bauwesen 1998, BRD, ISBN: 3-345-00644-8 (Haus Reischl, Steiermark)

"Holz-Variationen", Herausgeber: Dworschak/ Wenke, Verlag für Bauwesen 1998, BRD, ISBN: 3-345-00645-6 (Haus Schönbrunngasse, Graz)

"The Power of Contemporary Architecture", England, Herausgeber: Peter Cook und Neil Spiller, Verlag: Academy editions Great Britain 1999. ISBN: 0-471-98419-1 (Gewächshäuser im Botanischen Garten der Universität Graz)

"Architecture in Austria, a survey of the 20th century", Spanien, Schweiz 1999. Herausgeber: ACTAR Publishers, Roca I Batlle 2-4, E 08023 Barcelona. ISBN: 3-7643-6031-3, ISBN: 0-8176-6031-3 (Gewächshäuser im Botanischen Garten der Universität Graz)

"Europe, The Contemporary Architecture Guide, Vol. 2", Japan Autor: Masayuki Fuchigami, Erstausgabe: Japan Dez. 1999, TOTO Shuppan. Herausgeber: TOTO Nogizaka Bldg., 2F, 1-24-3, ISBN: 4-88706-184-6 (Gewächshäuser im Botanischen Garten der Universität Graz; Ausstellungs- Büro- und Lagerhalle Odörfer, Klagenfurt; Hotel "Speicher Barth", Ostsee, Deutschland; Doppelturnhalle Kepler Gymnasium, Graz)

"Toppings", Österreich 1999, Katalog zum Workshop 1998/99, Herausgeber: Universität Innsbruck, Institut für Hochbau und Entwerfen, Prof. Volker Giencke. ISBN: 3-901869-02-6

"Mountains and Micro-Climates", Österreich, England 1999, Ausstellung in London, Innsbruck, Graz und Wien, Workshop: Prof Volker Giencke, Univer-sität Innsbruck, Institut für Experimentelle Architektur, Mark Hewitt und Andy Ford, University of London, Broschüre der Neuen Galerie Graz (Studio 1999)

"Österreichische Architekten" im Gespräch mit Gerfried Sperl, Wien 2000. Verlag: Anton Pustet, Salzburg - München, ISBN 3-7025-0413-3

'The World of Contemporary Architecture', Verlag: Könemann Verlagsges.m.b.H, Köln 2000, ISBN 3-8290-3564-0 (Gewächshäuser im Botanischen Garten der Universität Graz)

Zeitschriften

A+, Belgien, Brüssel 1987
        - Architecture de Graz

"alaprajz", Ungarn, ISSN: 1417-6939
2000/ 4   - Abtei Seckau, Steiermark

amc, le moniteur architecture, Paris
1999/ 97   - Hörsaal für die Architekturfakultät
         der Universität Innsbruck

Archicréé, architecture interieure, Paris
1998, 285   - Hotel "Speicher Barth",
         Ostsee, Deutschland

arkkitethi, Finnland
6/1990   - Ausstellungs- Büro- und Lagerhalle
         Odörfer, Klagenfurt
        - Gewächshäuser im Botanischen
         Garten der Universität Graz

Architektur Aktuell, Österreich
124 79-87   - Giencke & Co
1988/ 126   - Ausstellung "Indianer" in Graz
1989/ 134   - WB Stadtamtsgebäude Albertstraße
         in Graz
1992/ 147   - Ausstellungs-, Büro- und Lagerhalle
         Odörfer Klagenfurt
1992/ 147   - Kirche Aigen im Ennstal,
         "Der Campanile", Steiermark
1994/ 167   - Haus Treiber, Graz
1997/ 210   - Hotel "Speicher Barth",
         Ostsee/Deutschland
1998/ 221   - Hörsaal für die Architekturfakultät
         der Universität Innsbruck
1999/ 233-234   - Abtei Seckau

Architektur & Bauforum, Österreich
165/ 1994   - Wohnbau Carl-Spitzweg-Gasse, Graz
170/ 1995   - 10 Fragen an 10 Architekten
174/ 1995   - Gewächshäuser im Botanischen
         Garten der Universität Graz
178/ 1995   - Haus Schmidt, Gnas/ Steiermark
194/ 1998   - Die präzisen Außendeutungen einer
         diffusen Innenwelt, Walter M. Chramosta
        - Ausstellungs- Büro- und Lagerhalle
         Odörfer, Klagenfurt
197/ 1998   - Österreichischer Bauherrenpreis 1998 –
         Botanischer Garten der Universität Graz
197/ 1998   - Megabaumax Klagenfurt-Lehndorf
200/ 1999   - Haus Schönbrunngasse, Graz
5* 1999   - Abtei Seckau, Turnsaal,
         Umbau Gymnasium
        - Ausstellung "Die Welt der Mönche"
209/ 2000   - "Mit Überbreite zwischen Untiefen",
         Interview

A3, Österreichische Bauwirtschaft, Österreich
1-2/ 92   - Volker Giencke

AIT, BR Deutschland
5/ 1993   - Kirche Aigen im Ennstal, Steiermark
6/ 1999   - Hotel "Speicher Barth",
         Ostsee, Deutschland
3/ 2000   - Abtei Seckau, Steiermark

Alu-Globe
3+4/ 96, Nr.11   - Gewächshäuser im Botanischen
         Garten der Universität Graz

Architecture et Technique, Frankreich
405   - Kirche Aigen im Ennstal, Steiermark

Architektur & Technik, BR Deutschland
6/ 95   - Kirche Aigen im Ennstal, Steiermark

Bauwelt, Deutschland
30/ 85   - Härte Graz
32/ 90   - Ausstellungs- Büro- und Lagerhalle
                Odörfer Klagenfurt
35/ 94   - Wohnbau Carl-Spitzweg-Gasse, Graz
31/ 32, 1997   - Hotel "Speicher Barth",
                Ostsee, Deutschland

Beton Zement, Österreich
1/ 96   - Wohnanlage Carl-Spitzweg-Gasse, Graz

Construire, Italien
9/ 1992   - Ausstellungs- Büro- und Lagerhalle
                Odörfer Klagenfurt
                - Haus Benedek, Graz

DBZ (Deutsche Bauzeitschrift), Deutschland
1/ 94   - Kirche Aigen im Ennstal, Steiermark
6/ 94   - Wohnbau Carl-Spitzweg-Gasse, Graz
5/ 96   - Gewächshäuser im Botanischen
                Garten der Universität Graz
7/ 98, 204   - Hotel "Speicher Barth",
                Ostsee, Deutschland

BauSanierung, Deutschland
Mai/ Juni 1998   - Hotel "Speicher Barth",
                Ostsee, Deutschland

DIVA, Österreich
3 -6/ 93 Spezial   - Gewächshäuser im Botanischen
                Garten der Universität Graz

Domus, Italien
543, 546, 576, 622
628   - Schifffahrtsanlage Klagenfurt 1982
689   - Modegeschäft Maxonus 1987

GA – Houses, Japan
1989 GA - Houses 27   - Haus Benedek, Graz
1993 GA - Houses 41   - Haus Dr.Treiber, Graz
1994 GA - Houses 43   - Haus Dr.Treiber,
                - Wohnbau Carl-Spitzweg-Gasse, Graz
1994 GA - Houses 47   - Haus+Atelier Schönbrunngasse, Graz

GEO-Special, Deutschland
Dez.'95   - "Wien/ Österreich"
                - Gewächshäuser im Botanischen
                Garten der Universität Graz

Glasforum, Deutschland
3/ 92   - Ausstellungs- Büro und Lagerhalle
                Odörfer Klagenfurt
2/ 94   - Kirche Aigen im Ennstal, Steiermark
2/ 96   - Gewächshäuser im Botanischen
                Garten der Universität Graz

Hochparterre, Schweiz
6/ 90   - Haus Benedek, Graz

H.O.M.E., Wohnen-Bauen-Media-Garten, Österreich
9/ 98   - Volker Giencke, Ein Grazer
                Architekten-Avantgardist

Kunst und Kirche, Deutschland
2/ 95   - Kirche Aigen im Ennstal, Steiermark

Konstruktiv, Zeitschrift der Bundeskammer
für Ingenieurkonsulenten, Österreich
205/ 1998   - "4xZukunft der Architektur" - Interview

Leonardo, Deutschland
3/ 96   - Gewächshäuser im Botanischen
                Garten der Universität Graz

L'industria delle costruzioni, Italien
12/ 1994, 278   - Ausstellungs- Büro- und Lagerhalle
                Odörfer Klagenfurt

L'Architecture d'aujourd'hui, Frankreich
264/ 89   - Vienne & Graz
266/ 89   - Logement en Europe
276/ 91   - Lumières de L'Epoque-Odörfer
305/ 96   - Faux Mouvement

L'arca, Italien
111/ 1997   - Gewächshäuser im Botanischen
                Garten der Universität Graz

Neues Wohnen, Österreich
5/ 94   - Haus Reischl, Steiermark

NB New Builder, England
9/ 94 Nr. 227   - Gewächshäuser im Botanischen
                Garten der Universität Graz

News, Österreich
1994 Mai   - Die Top Architekten

Nummer Null – Architekturzeitschrift der Universität Innsbruck
1994/ 3   - Artikel: "Berlin Wien die Schweiz
                Graz Innsbruck"
                - Artikel: "Drehen tut sich die Sonne 2"

Our House, Tokyo, Japan
1990, Nr.90   - Haus Benedek, Graz

Österreichische Bauwirtschaft
2/ 92   - Volker Giencke
3/ 93   - Sixtus Beckmesser oder ein Archi-
                tekturwettbewerb in Klagenfurt

Progetto, journal of architecture art communication design,
Triest - Italien
1999/ 5   - Hotel "Speicher Barth",
                Ostsee, Deutschland
                - Gewächshäuser im Botanischen
                Garten der Universität Graz
                - WB Hypo-Bank Klagenfurt
                - WB Rhodarium Bremen

Raum & Wohnen
3/ 92   - Haus Benedek, Graz

Schöner Wohnen, Österreich
6/ 1989   - Ein Haus für junge Leute - "Ein Haus
                für Studenten", Lendplatz - Graz

S.D. Space Design, Tokyo, Japan
1990   - Contemporary Austrian Architecture

The Architectural Review, England
1017, 1025, 1102
1118   - Haus Reischl, Steiermark
1140   - Ausstellungs- Büro- und Lagerhalle
                Odörfer Klagenfurt
1142   - Kirche Aigen im Ennstal, Steiermark
1184   - New Graz Architecture
                - Gewächshäuser im Botanischen
                Garten der Universität Graz
                - Wohnbau Carl-Spitzweg-Gasse, Graz
                - Sporthalle BRG Kepler, Graz
1219/ 1998   - Hotel "Speicher Barth",
                Ostsee, Deutschland
1228/ 1999   - Abtei Seckau, Steiermark

Photos

VWAT, Deutschland
1/ 94	- Architektur in der Steiermark/ Glashäuser im Botanischen Garten, Graz
1994	- Journal Kärnten, Ausstellungs- Büro- und Lagerhalle Odörfer Klagenfurt

Wallpaper, London
October 2000	ISSN 1364-4475 Top Architecture Schools

W.I.N.D. World Interior Design, Japan
1990/ 10, Tokyo

Wettbewerbe, Österreich
1979/ 10	- HBLA Leoben, Steiermark
1981/ 18	- WB Neubau der alten Innbrücke, Tirol
1981/ 19	- WB "Wohnen in der Friedrichstadt", Berlin
1981/ 20-21	- WB Internationale Schule Wien, Wien
1982/ 24	- Schifffahrtsanlage Wörthersee, Kärnten
1984/ 35-36	- Seminar- und Clubräume der Ingenieurkammer Graz
1984/ 37	- WB Universität Graz, Heinrichstraße, Graz
1986/ 51-52	- WB Institutsbauten der Karl-Franzens Universität Graz
1987/ 60-61	- AHS Graz West
1987/ 62-63	- WB Café Restaurant Rosenhain, Graz
1987/ 64-65	- WB Porschehof Salzburg, Salzburg
1987/ 66-67 der	- Gewächshäuser im Botanischen Garten Universität Graz
	- WB Carl-Spitzweg-Gasse, Graz
1988/ 70-71	- Großer österreichischer Wohnbaupreis "Ein Haus für Studenten" Lendplatz, Graz
1988/ 74-75	- WB Abbundhalle Murau, Steiermark
1990/ 90-91	- WB Österreichischer Pavillon 'EXPO 1992' in Sevilla, Spanien
1991/ 100	- EXPO 1995/ Wien Jury
1992/ 109-110	- WB Neubau Landesarchiv Klagenfurt
1992/ 113-114	- Jubiläumsbeitrag zu 15 Jahre Architekturjournal 'wettbewerbe'
1992/ 117-118	- Kirche Aigen im Ennstal
	- WB Landeskrankenhaus Hartberg, Steiermark
1993/ 127-128	- WB Elektrotechn.Institut/ Infeldgründe Graz, Loospreis 1993
1994/ 133-134	- Erweiterung des Finanzamtes in Bregenz; Vorarlberg
1994/ 135-136	- WB Hauptbahnhof Helsinki, Finnland
1994/ 137-138	- Carl-Spitzweg-Gasse, Graz
1995/ 139-140	- Doppelturnhalle Kepler Gymnasium, Graz
1997/ 159-160	- WB Hypobank Klagenfurt, Kärnten
1997/ 161-162	- WB LKH Bregenz, Vorarlberg
1999/ 181-183	- WB Freie Universität Bozen, Standort Brixen

Werk, Bauen + Wohnen, Schweiz
Sept. 1994	- Wohnbau Carl-Spitzweg-Gasse, Graz

Archiv Atelier Giencke
S. 8, 9, 13 re., 16 re., 19 li., 20, 21, 25, 26, 27, 30, 31, 33, 40, 48, 49, 50, 53, 60, 64, 67 u., 68, 69, 80 li., 90, 95, 99, 100, 101, 102, 112, 113, 116, 117 mitte, 135, 139, 150, 153, Werkverz.: Abb. 1, 2, 3, 4, 6, 7, 8, 9, 10, 11, 12, 17, 18, 19, 22, 23, 24, 27, 28, 30, 32, 33, 36, 37, 38, 40, 42, 43, 45, 46, 52, 53, 54, 57, 59, 60, 64, 75, 76, 77, 78, 85, 92, 95, 98, 101, 115, 117, 122

Walter Buck
S. 137, 138, 140, 141, 142, 143

Peter Eder
S. 97, 98, 104, 105, 109, 110, 111, 159 mitte li./ u. li., Werkverz.: Abb. 5, 20, 29

Angelo Kaunat
Werkverzeichnis: Abb. 107

Karla Kowalski
S. 19 re.

Craig Kuhner
S. 16 re, 54, 55, 80 re., 81, Werkverz.: Abb. 39, 71, 72

Zita Oberwalder
S. 15, Werkverzeichnis: Abb. 13

Paul Ott
S. 13 li., 14 li., 22, 23, 28, 29, 31 Abb.5, 61, 63, 65, 67 o., 91, 94, 96, 106, 107, 114, 125, 144, 145, Werkverz.: Abb. 15, 25, 31, 34, 41, 49, 50, 51

Patrik Pedò
S. 131

Claudius Pratsch
S. 117 o.

Ralph Richter
S. 12, 24, 35, 36, 37, 39, 41, 56, 57, 58, 59, 159 mitte re. / u. re., 160 - 161, Werkverz.: Abb. 106

Bernd Rustmeier
S. 51

Pater Severin Schneider
S. 32, 34

Stephen Strassnig
S. 64

Hans Georg Tropper
S. 11 li., 14 re., 18, 42, 52, 72, 73, 74, 75, 86-87, 115, 119, 121, 122-123, 154, 155, 156, 157, 158, 159 o., Werkverz.: Abb. 44, 70, 73, 79, 80, 81, 94, 105

Horst Welebny
Werkverz.: Abb. 114

Werkverzeichnis

1-5

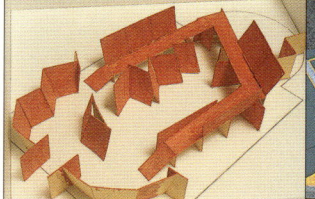

Ausstellung "Architektur aus Graz" Künstlerhaus Graz	Internationale Schule, Wien	Lendplatz 23 "Ein Haus für Studenten", Graz	Haus Treiber, Graz	Botanischer Garten, Universität Graz
1981	Projekt 1982	1982-84	1982-91	1982, Ausf. 1991-95

11-15

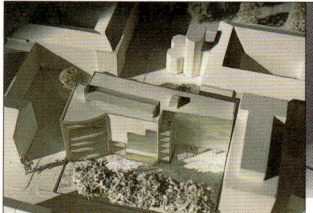

Universität Graz, Philosophische Fakultät	Kirche Lannach	"Maxonus", Graz	"Wohnen in Holz", Zeltweg	Kirche Aigen im Ennstal
Projekt 1983	Projekt 1984, 1.Preis	1984-85	Projekt 1985	1985, Ausf. 1990-92

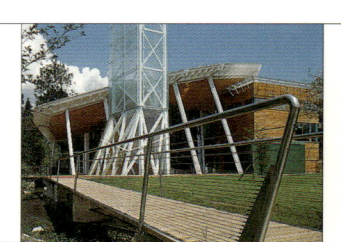

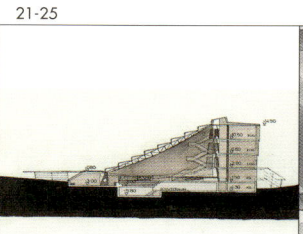

21-25

AHS Graz- West	Färberplatz, Graz	Veranstaltungszentum Graz	Café Rosenhain, Graz	Haus Reischl, Lavantegg
Projekt 1986	Projekt 1986	1986	Projekt 1987	1987

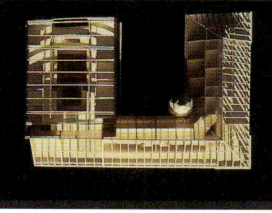

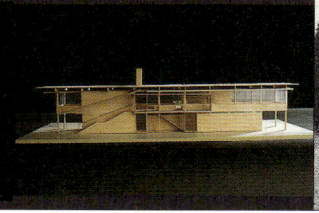

31-35

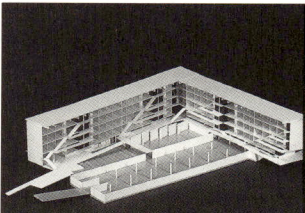

Studentenwohnheim WIST, Graz	Dachbodenausbau Grazbachgasse, Graz	Abbundhalle Murau	"Indianer"-Ausstellung zur Kunst der Zwischenkriegszeit, Graz	BRG Kepler, Neuorganisation, Graz
Projekt 1987	Projekt 1987	Projekt 1987	1988	1988

41-45

"Odörfer", Ausstellungs-, Büro- und Betriebsgebäude, Klagenfurt	Österreichischer Pavillon EXPO '92, Sevilla	Schule in Triesenberg, Liechtenstein	Haus Schmidt, Gnas/ Steiermark	Wohnbau Banngrabenweg, Graz
1989-92	1989-92	Projekt 1989	1990	Projekt 1990

				6-10
Hauptschule Kumberg	Ingenieurkammer für Kärnten und Steiermark, Graz	Boutique Südtirolerplatz, Graz	Schönaubrücke Graz	"Rote Bühne", Schloßbergplatz Graz
Projekt 1982, 1.Preis	1982-83	1983	Projekt 1983	1984

				16-20
Haus Benedek, Graz	Stadtsanierung Knittelfeld	RESOWI, Universität Graz	"Family House in Wood"	Doppelturnhalle BRG Kepler, Graz
1985-86	Projekt 1985, 1.Preis	Projekt 1985	Projekt 1985	1986, 1. Preis, Ausf. 1991-92

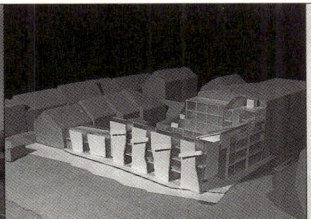

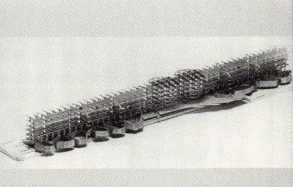

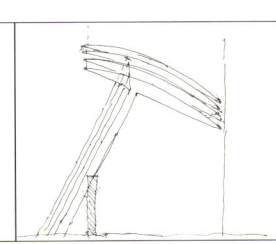

				26-30
Vordach Wartingergasse 43, Graz	Judohalle, Graz	Porschehof IV, Salzburg	Wohnbau "Carl-Spitzweg-Gasse", Graz	Civic Center, Los Angeles West Hollywood
1987	Projekt 1987	Projekt 1987	1987, 1.Preis, Ausf. 1992-94	Projekt 1987

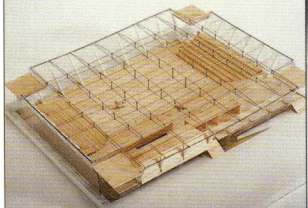

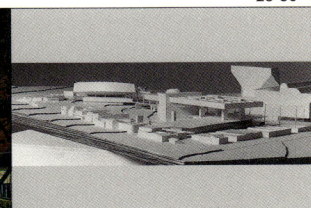

				36-40
Westcoast Gateway, Los Angeles	Haus Ruckenstuhl, Graz	Trigon Museum, Graz	Abtei Seckau	SOWI, Universität Innsbruck
Projekt 1988	1988	Projekt 1988	1988, 1.Preis, Ausf. 1990-2000	Projekt 1989

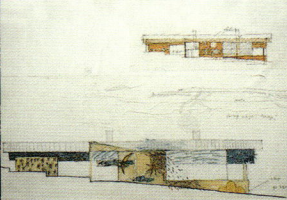

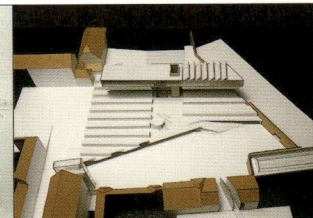

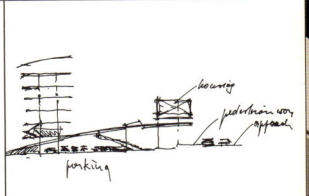

				46-50
Wohnbau Schießstätte Andritz (Giencke- M.A.R.D.I.), Graz 1990	EXPO '95, Budapest	Landeskrankenhaus Klagenfurt, Geriatrie	Landesarchiv Klagenfurt	Festspielhaus Bregenz
	Projekt 1990	Projekt 1991	Projekt 1991, 1.Preis	Projekt 1992

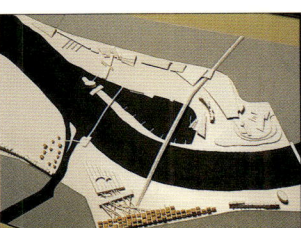

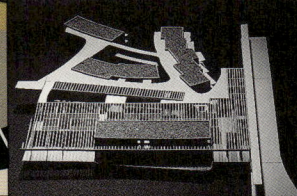

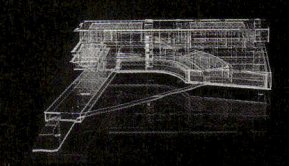

51-55

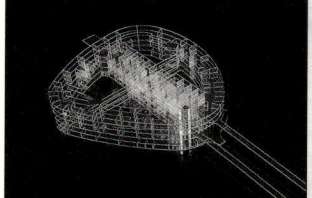

Landeskrankenhaus Hartberg	Universität Klagenfurt, Erweiterung	Studentenwohnheim Universität Innsbruck	ACI Austrian Culture Institut, New York	MAZDA Klagenfurt
Projekt 1992	Projekt 1992	Projekt 1992-1993, 1.Preis	Projekt 1992	Projekt 1993

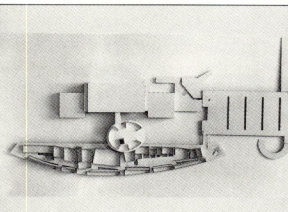

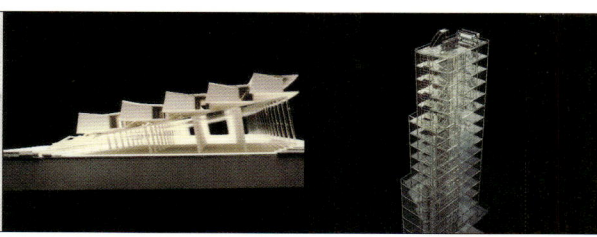

61-65

Studentenheim Alberstraße, Graz	BRG Kepler, Graz Dachgeschoßausbau	Elektrotechnische Institute, TU Graz	"Spreeinsel Berlin"	Dorferneuerung Ruhpolding
Projekt 1993	Projekt 1993	Projekt 1993	Projekt 1993	Projekt 1993

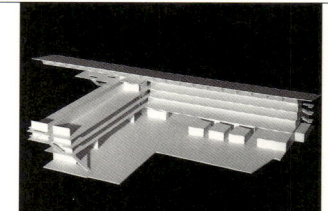

71-75

Hotel "Speicher Barth", Ostsee,	Hörsaal Architekturfakultät, Universität Innsbruck	Botanischer Garten der Universität Graz	Hotel "Hofwirt" Seckau	Haus Schönbrunngasse, Graz - Rosenhain
1994-97	1994-96	Einrichtung 1994	1994	1995-98

81-85

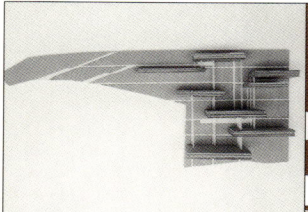

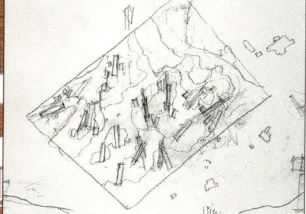

STEWEAG, Graz	EUROPAN, Graz	EUROPAN, Helsinki	Feuerwehrhaus Seckau	Hypo-Bank, Klagenfurt
Projekt 1996	Projekt 1996	Projekt 1996	1996-97	Projekt 1996

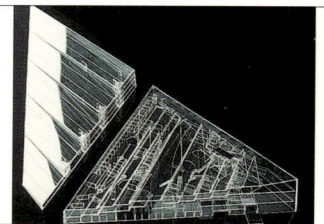

91-95

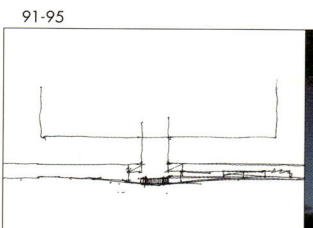

Kaiserin Elisabethspital 1, Wien	Mega-BauMax, Klagenfurt	Handelsakademie Bezau, Vorarlberg	"MUMUTH" Musiktheater Graz	Geschäftsgebäude "Kaiserin Augusta Allee", Berlin
Projekt 1997	1997, 1. Preis, Ausf. 1997-1999	Projekt 1998	Projekt 1998	Projekt 1998

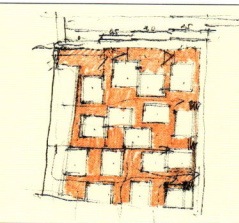

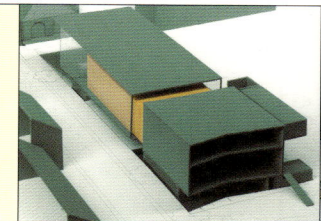

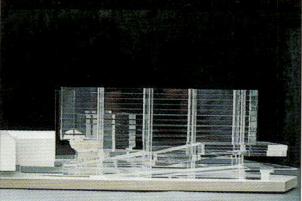

Werkverzeichnis

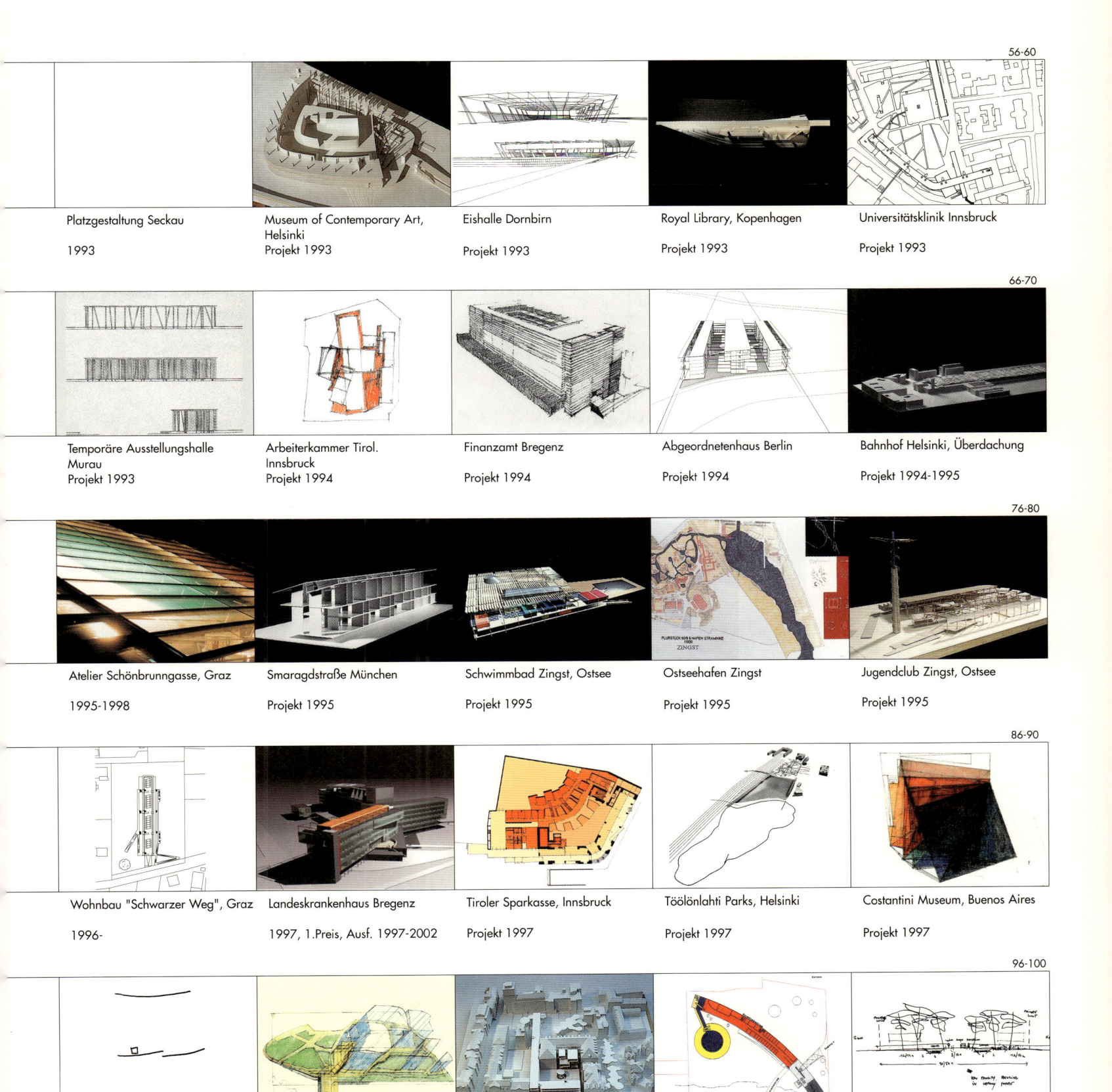

					56-60

Platzgestaltung Seckau
1993

Museum of Contemporary Art, Helsinki
Projekt 1993

Eishalle Dornbirn
Projekt 1993

Royal Library, Kopenhagen
Projekt 1993

Universitätsklinik Innsbruck
Projekt 1993

66-70

Temporäre Ausstellungshalle Murau
Projekt 1993

Arbeiterkammer Tirol. Innsbruck
Projekt 1994

Finanzamt Bregenz
Projekt 1994

Abgeordnetenhaus Berlin
Projekt 1994

Bahnhof Helsinki, Überdachung
Projekt 1994-1995

76-80

Atelier Schönbrunngasse, Graz
1995-1998

Smaragdstraße München
Projekt 1995

Schwimmbad Zingst, Ostsee
Projekt 1995

Ostseehafen Zingst
Projekt 1995

Jugendclub Zingst, Ostsee
Projekt 1995

86-90

Wohnbau "Schwarzer Weg", Graz
1996-

Landeskrankenhaus Bregenz
1997, 1.Preis, Ausf. 1997-2002

Tiroler Sparkasse, Innsbruck
Projekt 1997

Töölönlahti Parks, Helsinki
Projekt 1997

Costantini Museum, Buenos Aires
Projekt 1997

96-100

"Floating Geographies" Jae Cha Kyoto
Projekt 1998

Rhodarium Bremen
Projekt 1998

Freie Universität Bozen, Südtirol
Projekt 1998

Hotel und Meerwasserbad Hohwacht, Ostsee
1998

"Osterholzer Feldmark" Bremen-Nuria Widmann Roquer
1998 (Giencke-Agence Ter)

171

Werkverzeichnis

101-105

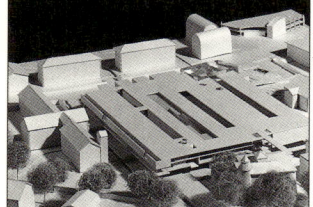

Universität Brixen
Projekt 1998

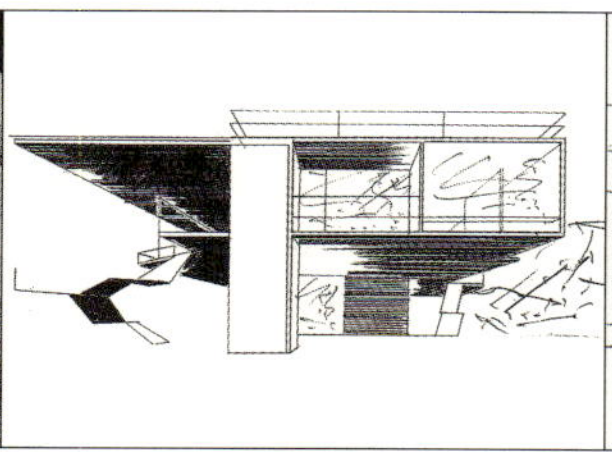

Botanischer Garten, Meran
Projekt 1998

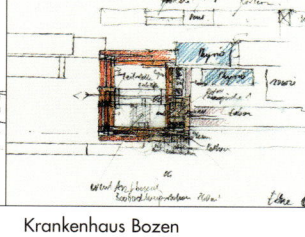

Krankenhaus Bozen
Projekt 1998

Landeskrankenhaus Knittelfeld
Projekt 1998

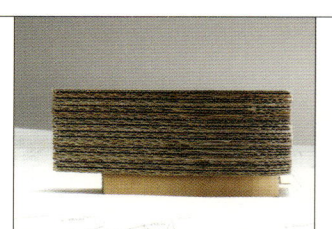

Verwaltungsgebäude "Südtirolerstraße", Bozen
Projekt 1999

106-110

Ausstellung Abtei Seckau
"Die Welt der Mönche"
1999

Stadthalle Graz
Projekt 1999

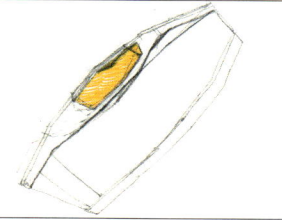

Mega-BauMax, Graz
1999

Gemeindezentrum Hohwacht, Ostsee
1999

Labor- und Verwaltungsgebäude 'Semperit'
Projekt 1999

111-115

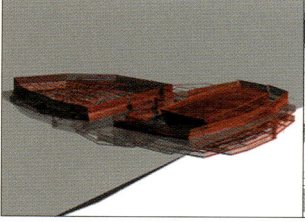

Music Centre Helsinki 1
Projekt 1999

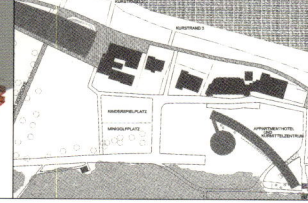

Seepromenade Hohwacht, Ostsee
1999

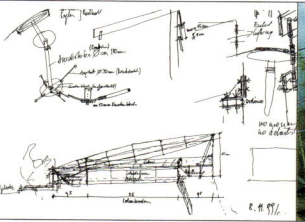

Reithalle Seckau
1999

Abtei Seckau "Zwinger"
1999

Seckau 2000, Ausstellung Abtei Seckau
2000

116-120

New Opera House Oslo
Projekt 2000

Music Centre Helsinki 2
Projekt 2000

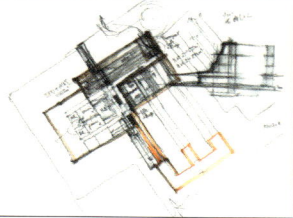

Erdwissenschaftliches Zentrum, Graz
Projekt 2000

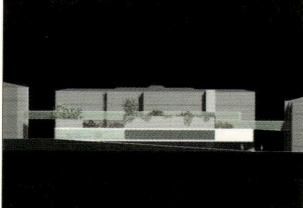

Kaiserin Elisabethspital 2, Wien
Projekt 2000

Loft Weinstraße, Südsteiermark
2000

121-122

Landeskrankenhaus Klagenfurt
Projekt 2000

Bubbles
Anchorage, Los Angeles, Melbourne, 2000-

172

Mitarbeiter-innen / Assistants

Die gezeigten Bauten und Projekte sind auch die Arbeit der nachstehenden Personen. Wir haben uns bemüht die Namen vollständig und die Jahreszahlen richtig anzuführen. Für Fehler und Auslassungen entschuldigen wir uns.

The projects shown in this volume represent the work of the following individuals. We have made every effort to ensure that the names and dates are complete and correct but we apologize for any errors or omissions.

1982
Gis Giencke
Martin Häusle
Karin Peer
Stefan Tschavgov

1983
Fredl Bramberger
Josef Fekonja
Gis Giencke
Martin Häusle
Christoph Kapeller
Karin Peer
Kriton Üründü
Peter Zsivcec

1984
Ruprecht Birlauf
Fredl Bramberger
Athur van den Broek
Josef Fekonja
Gis Giencke
Martin Häusle
Eugen Hein
Thomas Hrovat
Barbara Meixner
Karin Peer
Albrecht Schindler
Kriton Üründü

1985
Fredl Bramberger
Athur van den Broek
Dieter Feichtinger
Robert Felber
Gis Giencke
Martin Häusle
Herwig Illmaier
Christine Kirschner
Gino Kratzer
Heidemarie Krenn
Uschi Märzendorfer
Barbara Meixner
Karin Peer
Albrecht Schindler
Werner Seidl
Stefan Tenhalter
Kriton Üründü
Dietmar Wartschnig

1986
Fredl Bramberger
Athur van den Broek
Dieter Feichtinger
Robert Felber
Gis Giencke
Herwig Illmaier
Martin Häusle
Christine Kirschner
Gino Kratzer

Heidemarie Krenn
Francesco De Luca
Uschi Märzendorfer
Barbara Meixner
Ewald Onzek
Andrea Seidling
Stefan Tenhalter
Kriton Üründü
Peter Zsivcec

1987
Fredl Bramberger
Dieter Feichtinger
Josef Fekonja
Gino Kratzer
Gis Giencke
Reinhard Gritzner
Ulrike Hochgürtel
Herwig Illmaier
Christine Kirschner
Hildegard Kirschner
Illka Laine
Francesco De Luca
Friedrich Mosshammer
Dietmar Ott
Erich Prödl
Peter Rous
Ingeborg Weichart
Kriton Üründü

1988
Fredl Bramberger
Davide Ferrero
Gis Giencke
Herwig Illmaier
Bernhard Kalcher
Rosina Kernbeiß
Gino Kratzer
Illka Laine
Francesco De Luca
Maria Moser
Friedrich Mosshammer
Dietmar Ott
Jürgen Ott
Eeva Liisa Pelkonen
Claudius Pratsch
Eckart Rhode
Peter Rous
Jens Schmahl
Kriton Üründü

1989
Guido Böhning
Athur van den Broek
Davide Ferrero
Susi Fritzer
Georg Giebeler
Gis Giencke
Michael Homann
Rosina Kernbeiß

Bettina Klust
Gino Kratzer
Eeva Liisa Pelkonen
Claudius Pratsch
Petra Reinhart
Eckart Rhode
Peter Rous
Frank Schüler
Kriton Üründü
Susanne Wagner

1990
Guido Böhning
Beatrix Börecz
Athur van den Broek
Robert Clerici
Markus Dorner
Davide Ferrero
Wolfgang Feyferlik
Susi Fritzer
Gis Giencke
Vera Gloor-Kammenhuber
Michael Homann
Rosemarie Hödl
Rosina Kernbeiß
Herwig Kleinhapl
Bettina Klust
Martin Krammer
Gino Kratzer
Reinhard Kropf
Peter Löcker
Erwin Matzer
Eeva Liisa Pelkonen
Claudius Pratsch
Thomas Reiter
Hartwig Sauer
Margit Schmall
Frank Schüler
Kriton Üründü
Susanne Wagner

1991
Artürk Balkas
Günes Aytar
Beatrix Börecz
Robert Clerici
Markus Dorner
Arpad Ferdinand
Wolfgang Feyferlik
Susi Fritzer
Gis Giencke
Rosemarie Hödl
Rosina Kernbeiß
Herwig Kleinhapl
Gino Kratzer
Peter Löcker
Erwin Matzer
Eeva Liisa Pelkonen
Hartwig Sauer
Susanne Schmutzer

Gerfried Stocker
Otto Temmel
Kriton Üründü
Robert Vukic
Anouk de Win

1992
Günes Aytar
Heribert Altenbacher
Nives Anicic
Christian Beck
Robert Clerici
Markus Dorner
Arpad Ferdinand
Wolfgang Feyferlik
Susi Fritzer
Georg Giebeler
Gis Giencke
Uta Giencke
Zsolt Gunther
Reinhard Honold
Rosina Kernbeiß
Gino Kratzer
Herwig Kleinhapl
Erwin Matzer
Gernot Meisl
Markus Mladek
Eeva Liisa Pelkonen
Wolfgang Pöschl
Susanne Schmutzer
David Seel
Gerfried Stocker
Sylvie Tenoux
Robert Vukic
Heiko Weber

1993
Nives Anicic
Robert Clerici
Georg Giebeler
Gis Giencke
Rosina Kernbeiß
Gino Kratzer
Helene Le Merdy
Gernot Meisl
Tanja Pink
Thomas Pucher
Susanne Schneider
David Seel
Stephan Stüger
Sylvie Tenoux
Julian Williams

1994
Nives Anicic
Fredl Bramberger
Arthur van den Broek
Robert Clerici
Gerald Fox
Georg Giebeler

Gis Giencke
Anneli Giencke
Luzie Giencke
Rosina Kernbeiß
Herwig Kleinhapl
Jasminka Kranjcec
Michael Lingenhöle
Tanja Pink
Thomas Pucher
Christian Schmutz
Axel Staudinger
Helmut Stifter
Steffen Strassnig
Sylvie Tenoux
Kriton Üründü
Julian Williams

1995
Nives Anicic
Fredl Bramberger
Arthur van den Broek
Robert Clerici
Birgit Ecker
Wolfgang Feyferlik
Gerald Fox
Susi Fritzer
Gis Giencke
Anneli Giencke
Luzie Giencke
Uta Giencke
Ursula Kachler
Elisabeth Kahlen
Rosina Kernbeiß
Herwig Kleinhapl
Angelika Kohlbach
Michael Lingenhöle
Erhard Mastalier
Claudius Pratsch
Christian Schmutz
Rupert Schwarz
Franz Sdoutz
Nicole Seyer
Sylvie Tenoux
Kriton Üründü
Claudia Wemmers

1996
Carolin Auer
Arthur van den Broek
Wolfgang Feyferlik
Sandra Flury
Susi Fritzer
Gerald Fox
Gis Giencke
Anneli Giencke
Luzie Giencke
Uta Giencke
Elisabeth Kahlen
Hans Kaponig
Rosina Kernbeiß

Herwig Kleinhapl
Angelika Kohlbach
Michael Lingenhöle
Hans Peter Machnè
Erhard Mastalier
Daniela Niessl
Franz Sdoutz
Nicole Seyer
Sylvie Tenoux
Kriton Üründü
Claudia Wemmers

1997
Arno Casanova
Jae Cha
Marjan Colletti
Wolfgang Feyferlik
Sandra Flury
Doris Fritz
Susi Fritzer
Anneli Giencke
Gis Giencke
Luzie Giencke
Uta Giencke
Rosina Kernbeiß
Bruno Kurz
Hans Peter Machnè
Romana Maichin
Claudius Pratsch
Nuria Widmann Roquer
Sylvie Tenoux
Hernan Trinanes
Arzan Sam Wadia

1998
Eleonore Adam
Walter Buck
Marjan Colletti
Marianne Durig
Johannes Ebner
Sandra Flury
Doris Fritz
June A. Grant
Anneli Giencke
Gis Giencke
Luzie Giencke
Uta Giencke
Radek Hala
Rosina Kernbeiß
Thomas Klima
Philipp Leube
Hans Peter Machnè
Thomas Mitterer-Kuhn
Michael Mumelter
Claudius Pratsch
Bettina Richter
Sylvie Tenoux

1999
Wolfgang Beyer

Walter Buck
Marjan Colletti
Marianne Durig
Sandra Flury
Doris Fritz
Michael Gattermeyer
Anneli Giencke
Gis Giencke
Luzie Giencke
Paul Giencke
Uta Giencke
Armin Hess
Oliver Hosp
Herfrid Hueber
Anton Hüttmayr
Markku Hyttinen
Rosina Kernbeiß
Hans Peter Machnè
Marco Micheli
Nina Mochar
Katharina Mörz
Helmut Pfandl
Martin Prettenthaler
Wolfgang Säumel
Tanja Schmidt
Gerhard Tauber

2000
Steve Amoah
Daniel Bauer
Brigitte Beichl
Wolfgang Feyferlik
Doris Fritz
Susi Fritzer
Anneli Giencke
Gis Giencke
Luzie Giencke
Paul Giencke
Uta Giencke
Josef Glas
Reinhard Hohl
Anton Hüttmayr
Markku Hyttinen
Rosina Kernbeiß
Nina Mochar
Patrik Pedó
Helmut Pfandl
Juri Pobitzer
Jürgen Rögener
Wolfgang Säumel
Gunnar Schillig
Nicole Steiner
Gerhard Tauber

Statiker / Static Calculation Engineers

Ove Arup	Gewächshäuser Botan. Garten Universität Graz
Christian Aste	Hörsaal Universität Innsbruck
	Mega-Baumax Klagenfurt
	Reithalle Seckau
	Holzpavillon Murau
	Mega-Baumax Graz
Hermann Goldbacher	Rote Bühne, Graz
	Abtei Seckau
Graber & Szyszkowitz	Gewächshäuser Botan. Garten Universität Graz
Christo Grigorow	"Odörfer", Klagenfurt
Manfred Petschnigg	"Odörfer", Klagenfurt
	Doppelturnhalle Kepler Gymnasium Graz
Kriton Üründü	Haus Schönbrunngasse, Graz
	Haus Schmidt, Gnas
Alois Winkler	Haus Benedek, Graz
	Haus Reischl, Lavantegg
	Wohnbau Carl Spitzweg Gasse, Graz
	Abtei und Stiftgymnasium, Seckau
	Landesarchiv Kärnten, Klagenfurt
	Kirche Aigen im Ennstal
	Stadthalle Graz
	Hotel "Speicher Barth", Ostsee
	Museum of Contemporary Art, Helsinki
	Royal Library Kopenhagen

Künstler / Artists

Mike Klammer
Fritz Panzer
Albrecht Schindler
Br. Bernward Schmid OSB

Dank an / Credits to

Anneli, Fritz, Gis, Ilse, Luzie, Pauli, Uta Giencke

Heribert Altenbacher, Christian Aste, Christian Bartenbach, Raimund Baumgartner, Charlotte + Wolfgang Benedek, Fricke Biedermann, Peter Blundell Jones, Fredl Bramberger, Elisabeth + Fritz Brandstätter, Monika + Arthur van den Broek, Walter Buck, Hansi Buxbaum, Gertrude Celedin, Jae Cha, Akhtar Chauhan, Robert Clerici, Marjan Colletti, Roger Connah, Heribert Capelare, Peter Cook, Bernhard Copony, Helmut Cronenberg, Sokratis Dimitriou, Günther Domenig, Dieter Dreibholz, Fröydis + Tor Esmann, Karl Heinz Essl, Dieter Feichtinger, Robert Felber, Walter Felber, Heimo Fell, Arpad Ferdinand, Wolfgang Feyferlik, Sandra Flury, Colin Fournier, Dorothy Frankl, Konrad Frey, Doris Fritz, Susi Fritzer, Dietmar Fröhlich, Strohmayer-Klein-Grienschgl, Joseph Giovannini, Friedrich Golds, Erich Gutmorgeth, Bernhard Hafner, Peter Hagg, Fritz Hakl, Karsten Harries, Martin Häusle, Raimund Herms, Rainold Höhs, Reinhardt Honold, Hans Peter Hörtnagl, Eilfried Huth, Klaus Kada, Ursula Kattinger-Dreibholz, Peter Kautsch, Rosina Kernbeiß, Helmut Kirchmeier, Hans Jürgen Kirmse, Mike Klammer, Herwig Kleinhapl, Josef Krainer, Hans Kropf, Vladimir Krstic, Craig Kuhner, Josef Lackner, Walter Laggner, Rüdiger Lainer, Gerhard Leder, Hans Lehofer, Peter Liebentritt, Langdon-Krickser-Zapatero, Francesco De Luca, Eric Machold, Brigitte Marschall, John Maruszczak, Merete Mattern, Margareta Maxonus, Dietrich Meisl, Gerda Missoni, Helga + Herwig Moosbrugger, Fritz Panzer, Dieter Patschan, Eeva Liisa Pelkonen + Turner Brooks, Josef Poelt, Pickl-Köstenbauer, Arno Pilgram, Helmut Prader, Claudius Pratsch, Doris Rainer, Margarethe + Werner Reischl, Helmut Richter, Peter Rous, Valentin Sabitzer, Helmut Satzinger, Fritz Schabelreiter, Albrecht Schindler, P. Albert Schlick, Ulrike + Roland Schmid, Peter Schneider, Jochen Schöning, Susanne Sorger-Domenigg, Laura Spinadel + Claudio Blazica, Wilhelm Steinböck, Thomas Ster, Alfred Stingl, Masaharu Takasaki, Daniela Treiber, Hans Georg Tropper, Peter Trummer, Stefan Tschavgov, Kriton Üründü, Risto Vainio, Peter Weibel, Horst Welebny, Alois Winkler, Hans Wöbse, Manfred Wolff-Plottegg, Charlotte Yanik, Herta Zotter, Hagen Zurl

*Springer-Verlag
and the Environment*

WE AT SPRINGER-VERLAG FIRMLY BELIEVE THAT AN international science publisher has a special obligation to the environment, and our corporate policies consistently reflect this conviction.

WE ALSO EXPECT OUR BUSINESS PARTNERS – PRINTERS, paper mills, packaging manufacturers, etc. – to commit themselves to using environmentally friendly materials and production processes.

THE PAPER IN THIS BOOK IS MADE FROM NO-CHLORINE pulp and is acid free, in conformance with international standards for paper permanency.